산학협력에 답있다

nobook

목 차

3부 산학협력 성과

4부 정부지원 산학협력 사업

5부 사회적경제

6부 지역혁신 플랫폼

7부 산학협력 활성화 방안

부록 대학의 사회적 경제 형태와 활성화 방안

추천의 글

새로움을 위한 위기와 도전은 대학과 기업에서 찾아야

이근면 초대 인사혁신처장

4차산업혁명의 파고는 상상 그 이상으로 우리의 미래를 시험에 들게 할 것이다. 더욱이 바이러스와의 전쟁도 우리 일상을 송두리째 바꿔 놓았다. 이른바 '포스트코로나' 시대를 준비함에 있어 기술과 지식의 융합이 그 어느때보다 절실해졌다.

이제 창조와 아이디어가 그 어떤 자원보다 더 큰 가치를 만들어 주는 시대가 본격화 된다. 새로움을 위한 위기와 도전은 대학과 기업에서 찾아야 한다.

기술의 상생관계를 계속해서 고도화해 앞으로의 난관을 헤치고 발전의 길로 나아가야 한다. 결국 이는 산학협력이 대학과 기업의 발전은 물론, 지역사회의 발전을 일궈내는 양질의 토양으로서만 가능할 수 있을 것이다.

이제 학교는 학업 이상의 것을 얻을 수 있는 요충지로서 역할을 해야 하고, 기업은 기술의 공동연구, 전문인력 양성 등을 통해 경쟁력을 키워야 한다. 대학의 체질은 산업 친화형 인재를 육성하는 것으로 개선되어야 하고, 기업은 이러한 인재와 대학의 창의적 자산을 기반으로 시너지를 창출하는 형태가 바람직할 것이다. 산학협력은 일자리 창출, 지역 경제 활성화, 창의 인재 발굴 등 점점 깊어져만 가는 우리 모두의 문제를 해결해줄 중요한 열쇠다.

이 책에는 10여년간 산학협력을 생각해온 저자 김동홍 기자의 현장감 넘치는 생생한 경험과 그의 생각이 오롯이 담겨있다. 지혜로움이 가득한 이 지름길을 우리는 모두 같이 걸어가면 좋겠다. 젊은이에게 성공적 창업의 슬기로움 또한 가득히 부어줄 것이다. 이 책이 산학협력 분야에 새로운 꽃으로의 이정표를 세워주길 기대해 본다.

산학협력단장을 경험한 나로서 이 책을 일찍 만났더라면

전민현 인제대학교 총장

현재 세계는 AI, 클라우드, 빅데이터, IoT 등 거의 모든 지식정보 분야에 걸쳐 아무도 예측하지 못할 정도로 눈부신 속도로 발전하고 있다. 우리는 4차 산업혁명시대가 가져올 기회와 도전을 남보다 먼저 내다보고 지혜롭게 대응해야 하며, 대학, 기업, 정부, 출연연 및 지역 등 산학협력의 주체가 모두 함께 철저하게 준비해야 할 것이다. 이러한 측면에서 볼 때 이 책은 정말 시의 적절한 것이다.

미국은 우리가 흔히 알고 있는 '베이돌법(Bayh-Dole Act)' 이전과 이후로 산학협력의 발전을 구분한다. 우리나라는 2003년 산학협력법의 개정 이후 대학들은 산학협력단을 설립하여 본격적으로 산학협력 활성을 추진해 오고 있다. 대부분의 선진국들이 산학협력을 통해 국가경제발전에 좋은 성과를 내고 있듯이 우리 또한 산학협력 활성화를 통해 국가산업발전을 꾀하고 있다. 우리나라 산학협력의 태동기에는 선진국의 산학협력과 산학연클러스트 등을 벤치마킹하며 성장해왔지만 이제는 우리가 한 단계 앞서서 '산학협력 한류' , 'first mover'가 되어야 한다. 그러기 위해서는 우리 산학협력의 현주소! 특히 대학의 산학협력에 대한 분석과 향후의 발전방안이 모색 되어야 할 것이다.

저자가 10년간 발로 뛰며 쓴 이 책의 특징은 우리나라 대학이 수행하는 모든 분야의 산학협력에 대한 종합보고서로서 전문가들의 의견을 구체적 사례중심으로 서술하였기 때문에 누구나 쉽게 이해할 수 있다. 특히 대학의 산학협력 교육과 산학협력사업의 성과 등 산학협력에 대한 거의 모든 분야에 걸친 대학들의 우수사례와 문제해결방안을 제시해주고 있어 더욱 유용하게 활용할 수 있다.

산학협력단장을 경험한 나로서 이 책을 일찍 만났더라면 좀 더 나은 우리대학의 산학협력 체제를 구축했을 것이다. 이 책의 저자는 창업경험자이자 사회적경제 및 산학협력 활성화를 위한 실천가로서 기자가 쓴 저서다. 이 책의 집필과정에는 저자의 네트워크를 통해 수많은 기업, 대학, 혁신기관, 정부부처 등 산학협력 분야의 전문가들의 경험과 의견을 최대한 반영하고 있어 이 책의 내용은 더욱 값진 것이다. 이 책이 우리나라 대학과 정부의 산학협력 정책관리자들에게 유용한 참고서가 될 수 있기를 기대해 본다.

혁신성장을 고민하는 이들에게 새로운 영감을 줄 것

최종천 전)한국경제TV,
현)글로벌경제신문대표이사

한국경제가 최근 불거진 코로나19 사태로 더욱 어려운 상황을 맞고 있습니다. 하지만, 우리나라 국민들은 숱한 어려움을 극복하고 세계 12위의 경제 강국을 이뤄냈기에 이번에도 잘 극복해 낼 수 있으리라 믿습니다. 다만 걱정인 것은 그 과정이 녹록치 않다는 데 있습니다.

한국경제를 이끌어 온 수출 제조업의 하락세가 심각하기 때문입니다. 혁신적인 선도 산업의 육성으로 역량을 집중해 이 위기를 극복해가야 합니다. 그런 의미에서 산업체와 인적, 물적 자원의 보고인 대학이 장벽을 거둬내고 협력해 경제적, 사회적 가치를 창출하는 산학협력의 중요성은 날로 커지고 있다고 하겠습니다.

우리나라는 아직 그 역사가 오래지 않아 산학 간 신뢰가 낮겠지만, 이제라도 산학협력을 통해 혁신기술의 사업화 및 새로운 성장 동력 확보, 그 과정에서 대학도 학령인구의 감소로 인한 위기상황을 타개할 수 있어야 합니다.

이 책을 쓴 김동홍 기자는 10년간 산학협력을 주목해왔습니다. 김 기자가 전국 대학가를 돌며 써 올린 산학협력 현장의 실제 모습들은 혁신성장을 고민하는 이들에게 새로운 영감을 줄 것이라 믿습니다.

이 책을 통해 국내 산학협력이 보다 더 활성화돼 우리경제가 재도약의 기반을 확충할 수 있기를 기대합니다.

책을 내면서

2011년부터 시작했으니 전국 대학의 창업과 산학협력을 취재하고 다닌 지 올해로 10년째입니다. 가끔은 “왜 이렇게 피곤하게 사나”하는 스스로에 대한 연민이 불쑥불쑥 머릿속을 헤집기도 하지만, ‘머리보다는 가슴으로, 가슴보다는 발로 인생을 살아야 한다’는 제 나름의 인생관이 계속해서 현장으로 저를 이끌었던 것 같습니다.

또, 저의 이러한 성향과 함께 산학협력이 담고 있는 방대한 콘텐츠는 지루함을 느낄 새 없이 재미있었습니다. 시대의 변화에 맞춰 대학교육이 어떻게 변해야 하는지, 인적-물적 자원의 보고인 대학이 경제성장에 기여할 수 있는 방안은 무엇인지, 쇠락하는 지역사회에서 대학이 어떤 모습으로 존속해야 하는지 그리고 산학협력을 중심으로 한 대학의 변화가 사회문제 해결에 어떤 의미가 있는지 등에 대한 새로운 ‘앎’과 ‘경험’을 갖게 하는 소중한 학습의 장이기도 했습니다.

어느 순간, 산학협력을 주창하고 다니는 기자로서의 소명의식도 생겼습니다. 보수적 행정기관인 대학이 새로운 사회실천 활동으로 산학협력을 강조하고 나서는 모습은 그 자체로 혁신이었으며, 20~30대에 찾아 헤맸던 사회혁신 방법과 큰 틀에서 궤를 같이하는 것이었습니다.

특히, 저와 같은 기자가 국내 언론환경에서 존재하기 어렵다는 것을 알면서 '한국경제의 마지막 승부처'라 확신하지만, 아직 일반인들에게는 생소한 산학협력 현장을 떠나겠다고 마음먹기도 쉽지 않았습니다. 전국을 다니며 써 올린 기사들은 그 자체로 국내 산학협력의 역사를 기록하는 일일 뿐만 아니라, 산학협력을 더욱 활성화하기 위한 것이라며 '기자 질'을 합리화해 온 제 자신을 스스로 부정하는 일이기 때문이었습니다.

무엇보다 좋은 사람들과의 만남이 버틸 수 있는 힘이 됐음을 고백합니다. 산학협력에 대한 소신과 열정이 충만한 대학 관계자들, 정책의 완결성을 높이기 위해 부지런히 현장에 귀 기울이는 정부 관계자들, 대학과의 협력을 통해 새로운 성장기반을 마련한 기업체 관계자들과의 만남과 사귐은 인생을 함께 사는 소중한 친구를 얻은 기쁨입니다.

이 책은 한국연구재단이 매년 발간하는 산학협력실태 조사보고서 중 2017년 정보를 담은 2018년판 보고서와 지난 10년간 썼던 관련 기사를 연계해 집필됐습니다. 각 분야별 개념과 수치 등은 조사보고서를 인용했고, 이에 적합한 기사를 배치함으로써 독자들의 이해를 높일 수 있도록 했습니다.

아무쪼록 이 책이 새롭게 산학협력을 접하게 된 사람과 산학협력 업무를 하고 있는 사람들, 그리고 새로운 가능성을 고민하는 사람들 손에서 조금이나마 의미가 있기를 바랄 뿐입니다. 또, 우리나라 경제 재도약을 위한 정책을 수립하는 데 책에 담긴 내용과 처방이 밀도있게 다뤄진다면 더욱 반가운 일이겠습니다. 이 책이 나올 수 있도록 도움을 주신 전국 대학의 교수님, 직원분들과 참고문헌을 제공해주신 한국연구재단 김해도 실장님, 한밭대학교 이종원 교수님 그리고 감수자로서 도움을 주신 계명대학교 김창완 교수님께 인사드립니다. 더불어 아내와 초등학교 5학년인 딸 하우, 차를 끌고 전국을 돌아다니는 아들 걱정으로 노심초사하시는 어머님께도 지면을 빌어 인사를 전합니다.

끝으로 누군가 내게 "우리 사회의 시대적 과제를 해결할 수 있는 방법이 있나?"고 묻는다면 자신있게 말할 수 있습니다. "기업과 지역사회, 대학이 서로를 성장하도록 돕는 산학협력이 해법에 하나임이 분명하다"라고.

2020년 6월 15일
김 동 홍

1부 산학혁명 인프라

산학협력단 운영 주요 사례

- 세종대, “기술사업화 전담조직 강화”
- 건국대, 역량있는 직원들 퇴사.. ‘상승세 타던 기술이전 꺾여’
- 경북대, 2015년 연구비 수주 국내대학 7위에서 2017년 11위로 밀려
- 연세대 원주캠퍼스, 2015년 연구비 수주 2년 연속 500억원 돌파 기념식
- 영남대, 기업체와 쌓은 신뢰 기반..
  2016년 기술이전 수입 14억으로 전체 16위
- 군산대학교 산학협력단, 2013년 창립 10주년 산학협력관 준공
- 한국기술교육대, 공용장비 지원서비스 활성화
- 국민대, 산학협력 자립화 기반 구축에 나서
- “부경대의 산학협력·창업현장 가장 모범적”
- 울산과학대 산학협력단, 운영수익 최상위권.. 현장실습 이수 90% 이상
- 대림대, 산•학•관 어우러진 ‘테크페어’ 개최
- 서강대 정옥현 산학교수, 산학협력 유공.. ‘교육부장관 표창’
- 인제대 정관수 실장, 창업유공자로 교육부장관상 수상..
  산학협력 발전에 큰 족적
- 산학협력단 직원들, 산학협력 컨트롤타워 구축 ‘한 목소리’

각 대학 가족회사 주요 사례

- 한밭대 세환에프앤씨솔루션(R&D과제와 상품화지원)
- 원광대 카이테크(수요맞춤형 공동기기)
- 경성대 미스터맨션(창업지원)
- 충북대 파이어킴(미래융합 T-팩토리)
- 금오공대 포유(산학융합연구마을)
- 대구대 케이아이오티(연구소기업)
- 강릉원주대 이레아이에스(창업도약패키지)
- 배재대 스킨리더(창업보육센터)
- 계명대 이스트컨트롤(보육부터 투자까지)
- 경남대 한국전자기술(해외전시)
- 조선대 가온코리아(창업보육센터)
- 호서대 엔씨엘바이오(창업아이템사업화)
- 건국대 퍼플빈(공동개발)
- 전주대 인에코(아이템사업화)
- 전북대 솔라시도코리아(해외시장개척단)
- 영남대 고객가치 검증테스트 YU-VPT
- 전남대 디지털 생체의료소재부품 산업육성
- 동명대 동명보부상
- 경상대 산학협력정책연구소, 가족회사 실태 조사

1. 산학협력단 운영

1) 산학협력 개념

우리나라의 산학협력(동)은 1963년 산업교육진흥법을 제정하고 현장실습생을 파견하며 시작됐다. 이어 2003년 '산업교육진흥 및 산학협력 촉진에 관한 법률(산촉법)로 전면 개정된 후, 2004년 학교기업 설립, 2008년 기술지주회사 설립, 2017년 국가산학연협력위원회 설치 등 24차례 개정을 통해 산학협력 내용을 법으로 규정하고 있다.

산학협력은 산업체의 수요와 발전을 위한 인력 양성, 새로운 지식-기술의 창출 및 확산을 위한 공동 연구와 개발, 대학보유 기술의 이전과 사업화 및 기술자문 그리고 대학이 가진 인력-시설-장비-연구개발 정보 등 유무형의 자원을 공동 활용하는 것을 의미한다.

산학협력 활동을 촉진하기 위해 대학에는 산학협력 전담 조직인 산학협력단(산단)이 설치돼 있다. 2017년 기준 전체대학(418개)의 84.4%인 353개 대학에 356개의 산단이 있다.

산단은 산학협력 계약의 체결 및 이행, 산학연협력과 관련한 회계관리, 지식재산권의 취득 및 관리, 대학의 시설 및 운영 지원, 기술이전과 사업화에 관한 업무, 직무발명과 관련된 기술 제공자 및 연구자에 대한 보상, 산업교육 기관의 교원과 학생의 창업지원 및 기업가정신 함양 촉진 등에 관한 업무를 수행한다.

2) 산학협력단 현황

(1) 산학협력단 인력 구성

전국 대학의 산단에 소속된 인력은 대학 본부 소속 인력을 포함해 전체 7,576명에 이른다. 이 중 2,453명이 정규직원이다. 2013년에 비해 정규직원 비율이 24.6% 증가한 것으로 업무의 연속성과 전문성 강화를 위해 정규직원이 지속적으로 증가했다. 하지만 산단 자체 임용 직원 4,043명 중 49.1%는 기간제 계약직이다. 각종 산학협력과 관련한 정부사업이 한시적으로 진행되기에 사업을 담당하는 직원도 보통 계약직으로 채용하고, 사업이 종료되면 계약을 해지하는 방식으로 운영된다.

이들 산단 직원의 담당 업무는 산업체 연계 업무에 2,788명(36.8%), 연구관리 지원에 2,190명(28.9%), 연구기획에 952명(12.6%), 기타 1,646명(21.7%)으로 구분된다.

이 가운데 산업체 연계 업무가 2012년 1,907명(31.9%)에 비해 5%가량 증가했음이 눈에 띈다. 연계 업무 비율의 증가는 산단이 단순한 연구비 관리에서 업무 중심이 기술이전, 창업 등 산학협력을 기반으로 한 연구 성과 활용도 제고로 업무 중심이 기술이전으로 이동하고 있음을 의미한다고 하겠다.

일반대학 중 산단 인력 수 1위는 성균관대 131명, 2위 서울대가 123명, 3위 연세대 110명 순이다. 전문대학은 1위에 한국폴리텍VII대학 75명, 2위 한국폴리텍IV대학 65명, 3위 한국폴리텍VI대학 62명 순으로 분포해 있다.

(2) 산학협력단 수익

2017년 산학협력단의 전체 운영수익은 7조 875억원이다. 2013년보다 1조 938억원 증가한 규모이고, 2016년에 비해서도 8.8%(5,741억원) 늘어나는 등 지속적으로 증가하고 있다. 산단의 운영수익은 '산학협력 수익', '지원금 수익', '간접비 수익', '전입 및 기부금 수익', '운영 외 수익' 등으로 구성된다. 일반대학 운영수익 순위는 1위가 서울대 6189억, 2위 연세대 3854억, 3위 고려대 3161억 순이다. 전문대학 운영수익 순위는 1위 두원공과대 228억, 2위 한국폴리텍Ⅶ대학 창원캠퍼스 123억, 3위 한국폴리텍Ⅱ대학 인천캠퍼스 114억 순이다.

전체 대학의 산학협력 교육 및 연구수익은 5조 5,828억원 규모이다. 2013년 3조 7,010억원 대비 50.8% 증가했다. 전체대학의 교육수익 및 과제 수는 9,374억원과 17,658건이었고, 연구 수익 및 과제 수는 4조 6,456억원과 160,547건으로 조사됐다.

이 가운데 교육 수익의 교부처는 중앙행정 기관이 7,977억원, 산업체 및 기타 비영리 법인 등이 731억원, 지방자치단체 666억원 순이다. 연구 수익의 교부처는 중앙행정기관이 3조 7,730억원, 산업체 및 기타 비영리 법인 등이 6,965억원, 지방자치단체 1,761억원 순으로 조사됐다. 대학 연구비의 약 86% 이상을 행정기관이 부담하고 있는 상황이다. 일반대학 교육 및 연구수익 1위는 서울대 793억, 2위 한국과학기술원 728억, 3위 포항공과대378억 순이다. 전문대학 1위는 동서울대 34억, 2위 한국폴리텍 특성화대학 13억, 3위 한국폴리텍 Ⅳ 대학 11억 순이다.

한편, 스위스 경영개발원(IMD 2012)은 우리나라의 산학 간 지식이전 지수가 5.19점(세계 25위) 수준이라고 밝혔다. 연구개발 투자규모 세계6위(49.8조원), GDP대비 R&D투자비중 세계 2위(4.03%), 연구 인력 1천 명당 13.3명으로 세계 3위 등 세계 최고 수준의 R&D강국임에도 불구하고 산학 간 지식이전은 미흡한 상황이다. 이는 우리나라 연구개발 성과의 산업적 활용 수준이 아직 주요 선진국에 비해 부족함을 의미하는 것으로, 대학보유 기술의 이전율만 보아도 2011년 우리나라는 16.4%, 미국은 2010년 25.4%였다. 산단이 보유한 지식기술의 산업체로 이전이 활성화되는 과정에서 우리나라 대학의 연구 풍토가 개선되고, R&D의 생산성이 높아지는 선순환 체계 마련이 요구된다고 하겠다.

3) 산학협력단 운영 주요 사례

세종대, "기술사업화 전담조직 강화"

세종대가 2012년 대학 기술이전 전담조직(TLO) 역량강화 지원사업에 선정돼 화제가 됐다. 당시 산학협력 활동이 두드러지지 않았던 대학이라 의외라는 지적들이 있었지만, 세종대의 지식재산권 보유 수준은 남달랐다.

특히 과학기술분야 전임교원들의 경쟁력이 상당한 수준이다. 2011년 기준 1인당 특허등록 건수가 0.34건으로 국민대, 연세대와 공동 16위를 기록했다. 1인당 기술이전 건수에서는 0.107로 13위, 1인당 기술이전 기술료는 294만7000원으로 10위를 기록하고 있었다. 이는 당시 서울대 318만2000원에 이어 2위로, 한양대, 고려대, 아주대, 숭실대, 성균관대, 연세대보다 높은 것이었다.

이와 같은 기술이전과 관련한 경쟁력이 '선도TLO 지원 사업'에 선정될 수 있는 요인이었다. 2013년 세종대 산단 소속 직원은 총 17명이었다. 이 가운데 변리사2명, 회계사 1명은 학교 직원으로 채용돼 산단에서 근무 중이다. 당시 전국 369개 대학에 속해 있는 34명의 변리사 가운데 2명을, 공인회계사 14명 가운데 1명을 보유하고 있었다. 한편, 2017년 세종대의 기술료 수입은 7억84백만 원으로 전체 28위였다.

건국대, 역량있는 직원들 퇴사.. '상승세 타던 기술이전 꺾여'

건국대가 2011년 기술이전 수입 13억2천여만 원으로 사립대 중 7위, 전체 대학 중 9위를 기록해 주목을 받았다. 과학기술 전임교원 1인당 921만원 수준이었다.

당시 서정향 산학협력단장은 산학협력을 중심으로 한 실용적 연구 풍토가 기술이전 증가로 이어졌다고 설명했다. 대학의 대표적인 강세 분야인 바이오 생명공학과 농축산, 수의학, 의생명과학과 함께 항공우주공학과 정보기술(IT), 첨단 메모리 소자, 신소재 융합기술 분야도 활성화를 띠고 있었다.

또, 수입 증가와 함께 지식재산권 보유도 활기를 띠고 있었다. 2009년부터 2012년까지 출원한 특허가 1106건이었다. 등록건수는 2012년 200여건으로 매년 증가세였으며, 2013년 1월부터 10월까지 특허출원 285건(국내 258건, 해외 27건), 특허등록 250건 (국내 245건, 해외 5건)등 지식재산권 보유가 점차 강화되고 있었다.

하지만 기술이전 수입에서 건국대는 2016년 10억5천여만 원으로 전체 24위, 2017년에는 30위 밖으로 밀려났다. 이러한 침체는 역량 있는 직원들의 퇴사가 원인이었다.

산학협력도 결국 사람이 하는 일로, 대학에 실용화 가능한 특허기술이 없어서가 아니라 전문역량을 가진 사람이 부족해서 건국대의 산학협력이 퇴보했음을 알 수 있었다.

경북대, 2015년 연구비 수주 국내대학 7위-> 2017년 11위로 밀려..

경북대가 2015년 연구비 총액이 1466억원으로, 국내 대학 중 7위, 국립대 가운데서는 가장 많은 연구비를 수주했다고 발표했다.

2014년 1302억 원보다 12.6% 증가한 수치였고, 과제 수는 총 2848개로 국내 3위, 국립대 1위였다. 2010년 연구비 총액 1000억원을 돌파한 후 지속적으로 상승세였다. 당시 홍원화 경북대 산학연구처장은 "이러한 연구비 증가는 그동안 꾸준히 쌓아온 산학협력 선도모델의 창출 실적과 대학의 연구경쟁력을 인정받은 것이다"며 "앞으로도 대학의 연구 역량을 한층 강화할 수 있도록 다양한 지원시스템을 구축·운영하겠다"고 밝혔다.

이후 2016년에도 1499억으로 7위를 기록했던 경북대가 다음해인 2017년에는 1348억 원으로 11위로 밀려났다. 국립대 순위에서도 전남대, 부산대에 이어 3위에 그쳤다. 특히 2017년 경북대의 인문사회 분야 연구비 수주액은 97억 규모로, 전체 30위인 홍익대 101억에 미치지 못해 30위 밖에 머물렀다.

연세대 원주캠퍼스, 2015년 연구비 수주 2년 연속 500억원 돌파 기념식

2014년 4월 연세대 원주캠퍼스에서 '연구비 2년 연속 500억원 수주 기념식'이 진행됐다. 2012년 서울과 분리해 독립 운영을 실시한 이후 2년 연속 연구비 수주 500억 원 달성을 기념하는 자리였다.

연세대 원주캠퍼스는 독립운영이 확정된 후 원주캠퍼스 교수들이 국가R&D사업 수주 등 각종 연구사업 수주에 집중했기 때문으로 분석했다. 특히 2013년 산학협력선도대학(LINC) 육성사업, BK21 플러스 미래기반창의인재양성형 7개 사업(단)팀, 한국국제협력단(KOICA) 용역사업 등에 선정된 것이 주요했다.

영남대, 기업체와 쌓은 신뢰 기반.. 2016년 기술이전 수입 14억으로 전체 16위

영남대가 2016년 기술이전과 산업체 연구과제 수주에서 괄목할 만한 실적을 거뒀다. 2016년 2월 ㈜현우테크에 김성철 화학공학부교수가 개발한 '유착방지막 용도의 생체적합성 고분자 필름 및 생체적합성 고분자 필름 제조 방법'을 정액기술료 4억원과 영업이익 4%를 받기로 하고 기술이전 계약을 체결했다. 또, 자동차부품 분야 세계적 기업인 지역의 중견기업 에스엘그룹과 고태조 교수 등 기계공학부 교수들이 4억원 규모의 산학공동연구과제를 수주했다.

이희영 LINC사업단장은 2012년부터 LINC사업을 수행하며 기술이전과 기술사업화에 집중해 온 그동안의 노력이 결실을 맺은 것이라고 평가했다. 실제 영남대는 2011년 17건에 그쳤던 기술이전 실적이 2012년 25건, 2013년 36건, 2014년 60건, 2015년 66건으로 매년 큰 폭으로 증가했다. 5년간 220여 건의 기술을 이전해 55억 원의 정액기술료 수익을 거뒀다. 기술이전 건당 평균 2500만 원 수준임을 감안하면, 현우테크와 체결한 계약 내용은 대단한 규모였다.

2016년에는 75건의 기술을 이전해 전체대학 18위에 기록됐고, 기술료 수입도 14억 43백만원 16위를 달성했다. 이러한 결과는 산학 간 신뢰 축적이 쌓였기에 가능했다. 2012년 결성된 영남대 LINC 사업단은 기업지원센터를 설치했다. 이곳에서 가족기업을 발굴하고 산학협력협의체 활동을 함께하며 산학 간 협력 수요를 발굴했다. 4억원 규모의 연구과제를 공동 수행한 에스엘그룹과도 지난 4년 동안 맞춤형 사원 재교육을 시작으로 다양한 산학협력 활동을 하며 신뢰를 축적해왔다.

한편 2017년 영남대의 산학협력은 산업체에서 활동하는 교원 수가 80명으로 전체 5위, 특허등록은 163건 24위를 기록했고, 기술료 수입은 7억85백만 원으로 2016년에 미치지 못했다.

군산대학교 산학협력단, 2013년 창립 10주년 산학협력관 준공

산학협력에 관심이 높아지고 업무가 다양해지면서 전용공간을 조성하는 대학이 많아졌다. 그 중 군산대는 2013년 12월 창립 10주년을 맞아 산학협력의 집적공간인 산학협력관 준공식을 거행했다.

준공된 산학협력관은 연면적 5473㎡(약1656평), 건축면적 1341㎡(405평)의 지하 1층, 지상 6층 건물로, 1~2층은 산학협력단, 산학협력선도대학(LINC)사업단, 홍보 및 전시실 등이 들어서고, 3~5층까지는 산학협력사업단과 기업 부설연구소, 창업교육지원센터 등이 입주해, 산학협력

관련 연구소 및 사업단, 관련 부서 등이 집적했다.

2003년, 47억원의 예산규모로 정규직원 1명, 계약직원 2명으로 출발한 군산대 산학협력단은 10년 후인 2013년 20여명의 직원과 480억원 수익을 창출하는 조직으로 성장했다.

한국기술교육대, 공용장비 지원서비스 활성화

대학보육 장비의 기업체 활용은 상호 신뢰를 축적해 보다 질 높은 협력으로 발전하기 위해서도 중요한 산학협력 업무이다. 고용노동부 지원을 받는 한국기술교육대는 타 대학에서 보유하기 어려운 고가의 장비를 구비하고 공용장비센터를 통해 기업체에 장비 지원 서비스를 제공하고 있다.

대학은 추가 장비 구입 시에 기업의 수요를 파악한다. 특히, 기업들을 상대로 수시로 장비기술 교육을 개최해 장비활용에 필요한 전문인력 양성도 실시하고 있으며, 이를 산학협력에 파트너인 가족회사에게는 사용료 할인 혜택도 제공 중이었다. 그 결과 2012년도 70여개 업체에서 1만여 건 이상의 장비를 이용했고, 2013년 기준 43점의 공용장비에 더해 단열재 열전도, 나노 분석기 등을 신규로 구비할 예정이었다.

이러한 활동으로 한국기술교육대는 2016년 대학 설비자산사용료 실적 순위 15위(13억 8천만원, 63대 운용), 2017년에는 12위(15억원, 77대)를 기록했다.

한편, 공용장비 활용센터는 한기대를 포함해 180개 대학이 운영하고 있으며 공동활용 연구장비 구입가격은 총 1조 5054억 93백만 원이다. 9,460대를 공용장비로 활용해 814억 98백만원 사용료 수입을 올렸다.

사용료 실적 순위는 서울대(79억 91백만원, 589대), 포항공대, 한국과학기술원 순이며, 전문대학은 영진전문대(9억 64백만원, 42대), 오산대, 경기과학기술대 순이다.

국민대, 산학협력 자립화 기반 구축에 나서

정부의 재정지원 사업이 없어도 자체적으로 산학협력 프로그램을 지속할 수 있는 산단의 자립화가 전국 산학협력단에 과제로 제기됐다.

이러한 가운데 국민대가 2016년 '자율주행자동차 집중지원센터(ICC)' 설립을 통해 자립화를 이뤄나가겠다고 밝혔다. 그동안 자동차 관련 연구기관 및 완성차 업체들과 쌓아 온 협력관계를 바탕으로 기업협업센터(ICC)를 설치한 국민대는 이곳에서 기업들과의 공동기술개발, 재직자 교육, 연구/시험평가, 기술이전 등을 수행해 운영 재원을 조달할 계획이다. 또 ICC를 기점으로 자율주행자동차 분야에 대한 역량을 지속적으로 확대하고, 전문 인력 양성에도 나설 방침이다.

이에 더해 산학협력 자립화 방안의 하나로 LINC HALL을 산학협력관 건물 내에 마련했다. 기업지원시스템의 새로운 플랫폼 명칭인 LINC HALL은 자립기반이 취약한 신생기업을 육성해 세계적 경쟁력을 갖춘 강소 기업을 육성하겠다는 산학협력단의 의지가 함축된 기업지원 공간이다.

연면적 257.09㎡인 이곳에서는 창업/아이디어 사업화를 위한 기술지도와 교육이 진행되며, 특히 창업 소상공인을 위한 임시 판매 공간으로도 활용할 계획이다. 당시 임홍재 LINC사업단장(기획부총장)은 "자율주행자동차 집중지원센터를 통해 시대를 앞서가는 창조형 인재를 양성해 기업지원 수준을 한 단계 높이겠다."고 말했다. 이어 "많은 기업들이 산학협력을 목적으로 우리학교를 찾아오고 있다"며, "기업들이 대학과 협력하기에 가장 좋은 환경과 시스템을 갖춘 새로운 산학협력의 허브(HUB)가 되겠다"고 강조했다.

"부경대의 산학협력·창업현장 가장 모범적"

2017년 3월 최양희 미래창조과학부 장관이 부경대를 방문해 "부경대학교의 산학협력 및 창업지원 사례가 가장 모범적이고 도전적이며 과감한 것 같다. 부경대와 부산시와의 협력도 매우 인상적이다."고 말했다. 부경대가 이러한 평가를 받을 수 있었던 것은 33만 ㎡ 규모의 용당캠퍼스를 통째로 지역 기업들에게 개방하고 있었기 때문이다. 대연캠퍼스로 용당캠퍼스에 있던 학과들을 이주시킨 부경대는 '드래곤밸리'로 불리는 이 곳에 250여개 기업체 소속 700여명의 직원들이 상주하며 연간 300억 원대 매출을 올리고 있었다.

최 장관은 이날 연구개발특구이자 영남권 유일의 신기술창업집적지역이며, 산학협력과 창업 지원을 위해 국내 처음 기획된 드래곤밸리를 전국 최고의 연구개발(R&D) 단지로 키우겠다는 부경대에 지원을 약속하고 돌아갔다.

한편, 부경대는 2019년 산학연협력단지조성사업에 선정돼 이곳을 한국형 유니콘 캠퍼스로 키우고 있다.

울산과학대 산학협력단, 운영수익 최상위권.. 현장실습 이수 90% 이상

전문대학 중에서는 2013년 방문한 울산과학대 산단이 인상 깊었다. 직원 12명과 학교기업 소속 12명 총 24명이 소속돼 있었다. 각종 정부 지원사업 등으로 연간 약 100억 원대 운영수익을 올리며 전문대 산단 중 운영수익 순위에서 최상위권이었다. 2017년에도 107억으로 4위를 기록했다.

당시 울산과학대 산단은 5개의 선진직업교육센터를 운영 중이었다. 지역 산업체에서 필요로 하는 현장인력 양성을 위한 교육과정에 맞춰 설립됐다. 또한 센터를 중심으로 자동차, 조선해양, 정밀화학, 에너지 플랜트 등 다양한 가족회사 협의회 운영을 통해 산학협력 네크워크 체제를 구축하고 있었다.

특히, 울산지역의 명장 및 산업현장 교수들이 직접 가르치는 전문가·자격증 과정 개설과 선진직업교육센터 등을 통해 현장실습 이수비율이 90%이상 이었다.

대림대, 산·학·관 어우러진 '테크페어' 개최

전문대학 중 2017년 운영수익 101억으로 7위를 기록한 대림대가 그해 10월 '제17회 대림 테크페어'를 개최했다. 2000년부터 시작한 이 행사는 대림대와 지역 산업체, 지자체 기관 등이 상호 교류 등을 목적으로 개최 된다. 행사 기간 동안 대림대·동양미래대·인하공업전문대학이 준비한 수도권 3개 대학 기술정보 교류전도 함께 열려 산업체 인사들과 정보를 주고받았다. 또, 행사에서는 대학의 산학협력 성과물을 비롯해 학과별 졸업작품, 전공동아리 및 창업동아리의 캡스톤디자인 작품, LINC+사업단 프로그램 등이 선보였다. 이밖에 융복합비즈니스센터 전시 및 체험, 구인 구직자 간 취업상담 등이 열렸다.

황운광 대림대 총장은 “대림 테크페어는 산·학·관 및 지역사회 구성원 모두가 상호 협력하는 공동 행사로 긴밀한 산학협력 네트워크 구축에 기여하고 있다”며 “이러한 성과를 바탕으로 최고 수준의 대한민국 대표 고등 직업교육기관이 되겠다.”고 밝혔다.

서강대 정옥현 산학교수, 산학협력 유공.. ‘교육부장관 표창’

2017년 기준 총 6140명의 산학협력중점교수들이 대학에 있다. 산업체 경력자인 이들은 산학협력을 통한 교육, 연구, 창업·취업 지원 활동을 중점 추진하고, 산학협력 실적을 중심으로 평가받는다. 국내 대학의 산학협력 실적 개선에 이들의 역할이 지대하다. 6,140명의 산학협력중점교수는 최초 임용 시 산학협력을 목적으로 채용된 전임교원이 41.4%(2,540명), 최초 임용 시에는 산학협력을 목적으로 채용되지는 않았으나 추후에 산학협력중점교수로 지정된 전임교원이 46.8% (2,873명)이다. 또, 최초 임용 시 산학협력 목적으로 채용된 비전임 교원은 11.8% (727명)로 전국 대학에 포진해 있다.

이들 가운데 서강대 정옥현 산학교수가 2017년 산학협력 유공자로 부총리 겸 교육부장관 표창을 받았다. 정옥현 교수는 2012년부터 서강대 산학협력중점교수로 재직했다. LG전자에서 쌓은 27년간의 연구개발경험을 기반으로 ‘LG전자 산학트랙프로그램’, ‘서강대-LG전자 미래융합기술센터’를 설립해 LG그룹과의 연구과제, 취업·인턴, 현장실습 등을 진행하며 서강대의 산학협력에 기여했다. 또, 중견기업인 KMW와 산학연구소를 설립하고, 산학과제 진행, 각종 국가연구개발사업 신규선정 등 기술이전 및 공동연구 분야에 탁월한 성과를 내어 서강대가 3년 연속 '1인당 기술이전 수입 1위'를 달성하는 데 큰 역할을 했다는 평가를 받았다.

2014년 6월부터는 서강대 오픈이노베이션 센터장을 맡아, 서강대 고유 산학모델인 '아이디어 사업화 플랫폼'을 구축해 공동사업화 법인을 설립(2017년 현재 10개 법인 설립)해 창업 활성화에 기여했고, 웨어러블 로봇 스타트업인 ㈜SG로보틱스(대표 공경철 서강대 기계공학과 교수)와 LG전자가 로봇 역량 시너지를 위해 기술협력 및 투자 MOU를 체결할 수 있도록 연계했다.

인제대 정관수 실장, 창업유공자로 교육부장관상 수상..산학협력 발전에 큰 족적

산학협력 성과 창출에는 직원의 역량도 중요하다. 보통 전임교원인 산단장의 재임기간은 2년이다. 2년이 지나면 대부분 다시 평교수로 돌아간다.

이렇다 보니 관련 업무를 지속하고 있는 산단 소속 직원의 역량이 산학협력 각 분야 실적에 크게 영향을 미친다. 실제로 산학협력이 잘 되는 대학과 그렇지 않은 대학, 잘 되다가 약해진 대학을 보면, 핵심적인 직원의 존속여부가 결정적이다.

인제대 산단에는 산단 설립 초창기부터 근무한 정관수 실장이 있다. 산학협력 직원협의회 회장도 역임한 터라 많은 대학 산단 직원들이 그를 알고 있다.

정관수 실장이 2017년 창업활성화 유공자로 교육부장관상을 수상하며 산학협력 활동에 큰 족적을 남겼다. 이전에는 산학협력 유공자로 교육부장관상을 수상했기에 그의 두 번에 걸친 산학협력 유공 표창은 이례적이었다. 그의 창업유공자 선정 이유를 보면, 인제대가 동남권 지역대학 최초로 엔젤투자클럽을 결성하는 데 기여했을 뿐만 아니라 46개 기업이 참가한 12번의 투자유치 설명회를 개최해 8억 6천만 원의 투자유치를 이끌어냈다. 또, 학생창업 활성화를 위해 창업친화적 학사제도 도입을 주도했으며, 다양한 창업프로그램을 시행해 학생창업 저변을 확대했다.

특히, 창업지도사 1급 자격증을 보유하고 있는 그는 각 대학의 창업교육센터 매니저들을 대상으로 창업전담조직의 인사관리를 교육해 대학 창업교육 활성화에 앞장섰다. 더불어 지난 2014년에는 인제대 학생창업팀인 ㈜소셜빈이 대학창의발명대회에서 대통령상을 수상하도록 지도하는 등 창업교육 및 창업문화 활성화 실적이 탁월했다.

산학협력단 직원들, 산학협력 컨트롤타워 구축 '한 목소리'

산학협력단 직원들은 정부에 산학협력 관련 업무를 통할하는 컨트롤타워가 구축되기를 희망한다. 각 부처에서 일방적으로 내리꽂는 산학협력 사업이 아닌 현장과의 소통을 통해 산학협력 정책과 사업이 마련되기를 바란다. 이를 위해 현장과의 소통창구이자 정부의 산학협력 사업을 통할하는 조직의 설치를 염원하고 있다.

2019년 3월, 전국 산학협력단 소속 관리자들의 모임인 전국 대학

연구·산학관리자협의회가 주최한 제50차 세미나 현장을 방문했다. 이곳에서 만난 고참급 직원들이 산학협력 컨트롤타워를 주장하는 것은 그동안 통일된 지침 없이 정부 부처별로 각각의 목적과 규정, 예산을 가지고 진행돼 온 국가 R&D와 산학협력 사업의 비효율성을 누구보다 잘 알고 있기 때문이다. 또, 기술이전 수입을 현실화하기 위해서도 전문기구가 필요하다는 주장이다.

미국은 기술이전 시 발명자에 대한 보상이 30% 이상으로 법제화돼 있다. 하지만 국내 대학의 경우는 1년에 18~20억 원 규모의 기술이전 수입을 거뒀을 경우 보통 70%는 교수가, 나머지 30%로 특허유지와 인건비, 기술이전 기여자 보상 등에 사용한다.

이러한 연구자의 편익을 지나치게 보장하는 현실에서는 기술이전 기업에 대한 후속관리 미비를 가져와 업체들의 불만을 고조시키고, 이러한 업체들의 불만은 대학 산학협력단의 기술이전 건수와 수입 정체를 가져오는 원인에 하나로 작용한다.

산학협력 컨트롤타워가 설치돼 교원의 특허 기술 개발을 촉진하기 위해 마련된 50% 이상의 발명자 보상 규정을 개정해야 한다. 이를 통해 산학협력단 운영 수익을 현실화하고, 실현된 이익을 기술이전 및 기술 사업화 활성화에 재투입함으로써 국내 전체 산학협력 수준을 제고해야한다는 주장이다.

2. 가족회사

1) 가족회사 개요

대학의 산학협력 파트너가 되는 기업체를 가족회사라고 한다. 가족회사는 대학과 협정을 맺고 공동연구개발, 연구장비 공동활용, 현장실습, 재직자 교육, 장학금 지급, 학생 취업연계 등의 협력 활동을 수행한다.

이들 기업들은 대학이 운영하는 산학협력 집적공간(창업보육센터 등)이나 학교 밖에 위치하며 1개 대학만이 아닌 여러 대학과 협정을 맺기도 한다. 이에 따라 대학들은 가족회사의 숫자 늘리기에서 점차 협력(참여)정도에 따라 지원 수준을 달리하는 방향으로 가족회사 제도의 내실화를 꾀하고 있다.

2017년 기준 235개 대학(대학 129개, 전문대학 106개)이 가족회사 제도를 운영 중이며, 기업 수는 총 72,207개다.

이들 기업의 참여형태는 기타 협력기업이 35.8% (25,821개)로 가장 많고, 현장실습 기업이 30.7% (22,166개), 학생취업연계형이 15.3%(11,065개), 재직자 교육참여형이 6.7%(4,861개) 순이다.

2) 각 대학 가족회사 주요 사례

이재준 케이아이오티 대표는"대구대 LINC+사업단에서 시작품 제작을 지원받았고 이번에 전시회도 함께 참가해 많은 사람들에게 홍보할 기회도 얻었다."며 "창업을 준비하는 예비 창업자나 새로운 기회를 찾고 있는 기업들이 대학을 활용한다면 많은 도움을 받을 수 있을 것"이라고 말했다.

한밭대 세환에프앤씨솔루션(R&D과제와 상품화지원)

한밭대학교 가족회사 세환에프앤씨솔루션은 1년 4개월에 걸쳐 '수목진단 계측기'를 개발했다. 2014년 4월 창업 후 그해 6월에 한밭대 창업보육센터에 입주해 애로기술 해결을 위한 R&D과제와 상품화지원 사업 등 각종 정부과제에 선정돼 제품 개발을 완료했다. 수목진단 계측기는 청진기와 같이 수목의 건강상태를 진단하는 장비다. 국내 영업을 준비하던 중 한밭대 글로벌산학협력센터장인 강희종 교수를 통해 중국 진출기회를 잡았다. 한밭대 LINC사업단이 중국 탕산 국가고신기술개발구에 마련한 산학협력중점기지에 현지 법인을 설립하고 이곳에서 열린 수출상담회에서 중국 창천현 임업국과 30억원 규모의 기술이전 협약을 체결했다.

원광대 카이테크(수요맞춤형 공동기기)

원광대학교와 카이테크의 인연은 각별하다. 이 회사 대표는 자동차 전장품 분야에서 20여 년 근무한 후 카이테크를 창업했다. 그러던 중 2014년 9월 화재가 발생해 공장이 전소됐다. 갑작스레 사업 기반을 잃게 된 이 회사에 원광대 LINC사업단의 가족회사 수요맞춤형 공동기기 구입은 재기를 위한 발판이 됐다. 회사 대표는 원광대에 고가의 첨단 전자기기조립장치(SMT) 구입을 요청했고, 대학은 수차례 조사 끝에 기기 구입을 승인하고 이듬해인 2015년 2월 기기설치를 완료했다. 이로써 새롭게 출발하게 된 카이테크의 재기는 대학 측에도 반가운 일이었다. 회사가 장비사용료를 지불하고 있고, 현장실습생을 받아주는 등 긴밀한 산학협력 파트너가 됐기 때문이다.

경성대 미스터맨션(창업지원)

경성대학교 창업지원단이 추천한 미스터맨션은 경성대 창업동아리를 거쳐 2015년 11월 법인을 설립했다. 2017년에는 팁스 프로그램(민간투자주도형 기술창업지원 프로그램)에 선정됐다. 창업 2년 만에 팁스 프로그램 선정으로 글로벌 진출 기회를 잡은 미스터맨션의 뒤에는 경성대 창업지원단이 있었다. 2015년부터 창업선도대학 사업을 시작한 경성대는 컴퓨터공학과와 법학과 출신이 주축이 된 미스터맨션 창업동아리에게 500만 원을 지원해 창업 준비를 도왔다. 이어 아이템사업화 자금으로 5천만 원과 멘토링 제공, 창업보육센터 입주 등으로 이들을 지원했다. 미스터맨션은 제주도 등에서 일주일 이상 중장기 거주를 원하는 고객과 원룸이나 집을 운영하는 주인을 매칭해 주는 서비스이다. 사이트 오픈 7개월 만에 500개 이상의 숙소가 등록하고 1,000명 이상의 게스트가 예약하는 등 한국형 숙박서비스 플랫폼 시장에서 주목받았다.

충북대 파이어킴(미래융합 T-팩토리)

충북대학교 창업보육센터(미래융합T-팩토리) 입주기업인 파이어킴이 개발한 '소공간용 소화용구'제품이 가스계 소화용구로는 국내 최초로 한국소방산업기술원(KFI) 인증을 획득했다. 파이어킴이 개발한 스틱형 자동 소화장치는 화재로 주변 온도가 100~110℃로 상승하게 되면 장치에 탑재된 캡슐에서 청정소화약제를 방출해 화재를 진화한다. 이 소화용구는 발화원에 직접 작용해 초기진압에 효과적이며, 전원 없이 자동으로 작동되기 때문에 전류 오작동 위험이 없다. 또한 관리와 시공이 간편해 산업시설과 다중이용시설을 포함한 모든 배전반 및 접속함에 장착할 수 있다. 파이어킴의 든든한 후원기관인 충북대 미래융합 T-팩토리는 2106년 8월 개소했다. 이곳에 있는 전문 멘토단이 대학과 연계된 각종 창업지원 및 R&D지원 서비스를 입주기업에 제공해 스타트업의 성공률을 높이고 있다.

금오공대 포유(산학융합연구마을)

금오공과대학교 가족회사 중 사물인터넷 전문업체 포유의 부설연구소는 교수 연구실에 있다. 2015년 5월, 5명으로 출발한 스타트업이 대학 교수 연구실을 사용할 수 있게 된 것은 금오공대가 13개 기업 연구소를 대학 내부에 입주시켜 조성한 '산학융합연구마을' 때문에 가능했다. 포유는 IT융합학부 김영형 교수와 '3D프린팅 기술을 활용한 스마트 핸드드립 머신 개발'을 중소벤처기업부의 산학연협력기술개발지원사업으로 수행하고 있었다. 연 1억 원씩 2년 동안 정부 지원금으로 수행하는 이 연구개발은 3D 프린터의 X-Y-Z 축의 동작 방식과 온수 히터를 활용해 빠른 속도로 핸드드립이 가능한 커피머신을 개발하는 것이다. 전문가 없이도 원하는 원두별, 로스팅 단계별, 고객수별, 농도별 조절이 가능한 핸드드립 기계이다. 포유는 3년 내 10개의 일자리 창출과 특허 2건, 국내에서만 3년 내 38억 원의 매출 달성을 기대했다.

대구대 케이아이오티(연구소기업)

대구대학교가 마련한 '2017 산학협력엑스포' 부스에 가족회사인 케이아이오티도 참가했다. 케이아이오티는 대구대 창업지원단의 지원을 통해 2016년 5월 창업한 후 산학협력단이 보유한 특허기술을 이전받아 연구소기업에 선정됐다. 이후 대구대 LINC+사업단의 주선으로 R&D 과제를 대학 교수와 공동으로 수행해 국내 최초로 3D카메라를 이용한 인원·차량 자동 계수기를 개발했다. 대구 달성군 및 전국으로 판매된 자동계수기는 각 지자체의 빅데이터 정보 수집에 활용되고 있다. 계수기를 개발하며 축적한 기술력은 2017년 장애인주차구역 자동감지기 개발로 이어졌다. 장애인주차구역 자동감지기는 장애인주차구역에 주차된 차량의 번호판을 자동 인식해 지자체의 서버로 전송한다. 이렇게 전송된 차량 정보는 보건복지부 시스템과 연동돼 주차가능 여부를 판단하고 위반 차량에 대해서는 경고 신호와 이동 주차방송을 자동으로 송출하게 된다. 불법 주차 차량에 대해서는 자동으로 과태료 처분이 내려지며, 태양광 충전과 와이파이 통신으로 구동되기에 별도의 전원, 통신 공사 없이 설치할 수 있다.

강릉원주대 이레아이에스(창업도약패키지)

강릉원주대학교 창업지원본부가 소개한 이레아이에스는 스마트 팜 솔루션 기업이다. 2010년 창업 후 스마트 팜 분야에만 매진해 왔다. 시설재배 소프트웨어 개발자 및 현장 적용 전문가들로 구성된 이 회사는 식물공장 컨테이너 개발을 시작으로 USN 기반 농작물 생장환경 관리 시스템 등을 개발하며 5건의 특허와 13건의 프로그램 등록, 3건의 상표

등록 등의 지적재산권을 확보하고 있었다. 회사는 2016년 강릉원주대 창업지원본부가 수행하는 중소벤처기업부의 창업도약패키지 지원사업에 선정돼 제작비용이 부담돼 개발하고 있지 못했던 '배지 함수율 측정 장치' 기술을 보유하게 됐다. 이 기술로 소규모 국내 시설재배 농장들은 고가 장비 없이도 농산물의 생산성과 품질 제고가 가능해졌고 회사는 스마트 팜 전문기업으로 성장세를 구가하게 됐다.

배재대 스킨리더(창업보육센터)

배재대학교 창업보육센터에 입주해 있는 스킨리더는 '2017 벤처창업대전'에서 중기부장관 표창을 수상한 화장품 전문기업이다. 자체 브랜드 'ETTANG(이땅)'제품을 40여 개 국가로 수출하고 있다. 이 회사는 고급 피부 관리숍에서 사용하는 가루 형태의 모델링 팩(고무 팩)을 1회용 용기에 소분해 사용자가 물만 부으면 언제 어디서든 손쉽게 사용이 가능한 '모델링 테이크아웃 컵 팩'을 시작으로 저자극 필링과 온열 마사지가 한 번에 가능한 화산재 크리스탈 히팅 팩, 1회용 모공탄력 팩, 1회분 팩이 하나의 파우치에 담겨 있는 신개념 모델링 팩 등을 잇달아 출시하며 세계 뷰티 시장에서 호평을 받고 있다. 스킨리더가 수출 전문기업으로 성장하는 데는 배재대 창업보육센터의 역할이 컸다. 2012년 배재대 창업보육센터에서 창업한 스킨리더는 센터의 지원을 통해 매년 수차례씩 무역사절단, 해외 화장품 전시회 등에 참가했다. 이러한 해외 판로개척 활동을 통해 세포라, 샐리뷰티 등 대형 글로벌 유통사들과 협력관계를 맺어 2014년 3만3천불, 2016년 4십9만 1천 불을 수출했고, 고용 인력도 2013년 7명에서 2016년 11명으로 늘어났다.

계명대 이스트컨트롤(보육부터 투자까지)

계명대학교 창업보육센터에는 이스트컨트롤이 입주해있었다. 2015년 설립한 이스트컨트롤은 클래식 음악인을 위해 모바일 기기만으로 통합 반주가 가능한 '포케스트라' 를 2017년 당시 개발 중이었다. 계명대 창업지원단이 지원한 이 회사는 블루포인트파트너스로부터 투자를 유치해 TIPS 프로그램에 선정됐고, 이어 홍콩추계전자전 소프트웨어 부문에서 'Gold Award'를 수상했다. 베타 테스트 서비스 중임에도 불구하고 대경 AIC 엔젤투자클럽, 코오롱인베스트먼트, 삼성벤처투자가 초기 투자를 단행했다. 포케스트라가 전 세계 클랙식 반주 시장의 지각변동을 예고하고 있기에 정식 론칭 전임에도 투자유치가 가능했다. 이 회사는 모바일 앱 기반의 클래식 반주 서비스를 제공한다. 일정한 시간에 특정 공간에서만 이뤄졌던 클래식 연주 연습을 어디서든 자유롭게 할 수 있도록 했다. 또 고품질 반주 음원과 함께 이에 맞춰 자동으로 흐르는 악보를 제공하며, 연주사의 템포와 호흡에 맞춰 반주가 나오는 지능형 반주 기능도 제공한다. 뿐만 아니라 시설 대여비, 악보 구입비, 반주자 고용비로 인한 경제적 부담도 획기적으로 줄일 수 있는 서비스이다.

경남대 한국전자기술(해외전시)

경남대학교 등 다수의 대학에서 지원을 받은 한국전자기술은 중국으로 스마트폰 보조배터리를 수출하는 회사이다. 2013년 1월에 창업한 회사는 경남 지역을 대표하는 창업유공자로 2017년 중기부장관상을 수상했다. 이 회사의 제품은 모듈형 케이스 배터리이다. 기존 일체형 제품의 단점을 보완해 그립감과 휴대성을 높였으며 스마트폰 케이스와 배터리팩을 마그네틱으로 탈부착하는 구조로 돼 있다. 사용 편의성뿐만 아니라 디자인과 성능에서도 차별화에 성공했다. 휴대폰의 디자인을 훼손하지 않는 슬림한 모양의 스마트폰 케이스는 외부의 충격에도 쉽게 파손되지 않는 고가의 소재가 사용됐다. 회사설립 8개월 만에 중국 현지 직원을 채용하고 광저우 코트라 수출인큐베이터에 입주해 해외진출에 발판을 마련했다. 이와 함께 경남과기대, 한국외국어대학교 GTEP(지역특화 청년 무역전문가 양성)사업단, 충북대 경영지원센터, 경남대학교 링크사업단 등의 지원을 통해 2013년 창업 이후 해외전시회만 50여 회 이상 참가했다. 이러한 4년여의 해외진출 도전으로 중국 대형 스마트기기 액세서리 유통사인 디신통 그룹과 2016년 65억 원 규모의 판매 계약을 맺게 됐다.

조선대 가온코리아(창업보육센터)

조선대학교 창업보육센터에 공장자동화 전문기업 가온코리아가 있었다. 가온코리아는 2013년 조선대 창업보육센터에서 1인 기업으로 시작했다. 2014년 조선대 창업지원단에서 창업아이템 사업화 지원 대상으로 선정돼 법인 등록을 완료했다. 2017년 벤처창업대전에서 대통령표창을 받은 가온코리아는 반도체칩 검사장비 개발을 시작으로, 실시간 제품공정 모니터링 시스템(MES)과 산업자동화 머신비전(Machine Vision Total Solution) 등을 개발한 스마트팩토리 구축 전문기업이다. 회사는 창업초기 2억 9천에서 2016년에 15억 매출을 올렸다. 특히 일본과 미국에 PCB 검사 장비를 수출하기 시작해 글로벌 기업으로 도약하기 시작했다. 제조업에서 인더스트리 4.0과 지능형공장(스마트팩토리)의 도입은 각종 센서를 통해 데이터가 수집되고, 축적된 데이터를 바탕으로 제조공정이 더욱 스마트하게 변화하는 것을 말한다.

이에 따라 작업자들에 의해 행해지던 매뉴얼 작업은 거의 사라지고, 그 자리에 자동화 장비가 하나 둘씩 자리를 잡게 된다. 이 가운데 가온코리아는 불량검사에 사용되는 머신비전 분야가 전문으로, 이에 대한 기술력을 확보해 왔다. 머신비전 분야의 개발자와 자동화 장비 전문가들로 구성된 이 회사는 반도체회사 장비개발팀에서 프로그래머로 쌓아온 노하우를 바탕으로 지속적인 연구개발을 통해 검사 분야에서 기술력을 인정받고 있으며, 핸드폰 부품 및 자동차 분야의 타이어 검사나 보트체결 검증 분야로도 사업을 확장하였다. 가온코리아는 2017년 당시 중소벤처기업부에서 지원하는 '구매 조건부 신제품 개발사업 기업제안과제'에 선정되면서 자금 부담으로 추진하지 못했던 'Magazine 관리시스템'을 개발해 납품할 예정이었다. 이외에도 대기업으로부터 개발 의뢰를 받아 그동안 반도체 공정에 없던 'PCB Marking Align' 및 'Wafer Reference Die Marking System'을 개발해 제조공정에 투입하는 적용 테스트를 진행 중으로, 테스트가 완료되면 제조공정에서 발생하는 불량을 사전에 예방할 수 있게 돼 반도체 회사의 생산성 향상에 크게 기여할 수 있을 것으로 기대를 모았다.

호서대 엔씨엘바이오(창업아이템사업화)

호서대학교 벤처창업보육센터에 입주한 엔씨엘바이오가 2017년 초 자산운용사로부터 50억 규모의 투자를 유치했다. 2016년 창업한 엔씨엘바이오는 의약품 및 화장품 원료인 펩타이드 생산 및 고기능성 화장품을 제조하는 바이오 벤처기업이다. 회사는 호서대학교 창업지원단을 통해 벤처창업보육센터에 입주한 후 창업선도대학 지원 사업인 창업아이템사업화 대상으로 선정된 후 지속적인 지원을 받고 있다.

건국대 퍼플빈(공동개발)

건국대학교 가족회사 퍼플빈의 펫두유(메디밀)가 미국 수출을 시작했다. 메디밀은 건국대 수의학과 박희명 교수와 반려동물 식음료 기업 퍼플빈, 건국대 LINC+사업단이 공동개발한 제품이다. 2018년 2월 출시한 후 10개월 만에 이룬 성과였다. 건국대 링크플러스사업단 반려동물 ICC 기업회장사인 퍼플빈은 미국 캘리포니아를 포함한 20여 개 주 펫마트와 대형마트, 온라인쇼핑몰 등에 유통하기로 하고 총 64톤 중 1차 32톤(약 12만 달러 규모)을 2018년 12월 수출했다. 이는 한국무역협회가 밝힌 2016년 펫푸드 총 수출액 73만 달러 중 약 16%에 해당하는 규모이다. 또, 독일을 비롯한 유럽과 일본과도 수출 상담이 진행 중이었고, 베트남은 2019년 상반기 중 수출할 계획으로 있었다. 회사는 동물성단백질 위주인 반려동물 펫푸드를 식물성 재료를 이용한 액상형태로 변화시켰다. 특히 Non- GMO, 글루텐프리의 원료와 사람이 먹을 수 있는 100% 휴먼그레이드로 생산해 반려동물 건강에 관심이 높은 미국 반려인의 마음을 움직였기에 펫문화가 발달한 미국으로 수출할 수 있었다.

전주대 인에코(아이템사업화)

전주대학교가 추천한 인에코는 기능성 친환경 건축전문 회사다. 2014년 법인설립 이후 2015년 전주대 창업지원단에서 우수 아이템 사업화 지원 대상으로 선정됐으며, 그해 최우수 졸업기업상을 수상했다. 2015년 9월부터 2018년 3월까지 전북대학교 창업보육센터에 입주해 각종 R&D와 마케팅 등의 지원을 받았다. 인에코의 대표 상품은 벽지를 대신해 사용하는 아이에코블록이다. 아이에코블록은 천연 다공성(표면에 작은 빈틈을 많이 가짐) 물질을 활용한 화학물질을 첨가하지 않은(NO-CHEMI) 제품이다. 습도조절, 악취제거, 유해물질 정화 등 친환경 기능성이 뛰어나다. 또, 천연 원료인 로즈제라늄(구문초 추출액)을 활용해 모기의 접근을 원천적으로 차단하는 방충 기능과 피톤치드 에센스를 가미한 면역력 증진, 천연 차음제인 석고와 섬유질의 특성으로부터 외부 소음을 차단하는 방음 효과 및 내화성 향상 등의 기능을 갖췄다. 여기에 성형이 자유로워 액자, 부조, 몰딩, 액세서리 등 다양한 디자인으로도 응용이 가능하다. 2018년 7월 대한민국보건산업대상에서 기능성 친환경 건축자재 회사로는 처음으로 환경질환예방부문(아토피, 천식, 환경성 피부질환) 보건산업대상을 수상했다. 2018년 당시 전북지역 대학 등과 탄소섬유를 더한 기능성 제고와 IT·LED 기술을 활용한 제품 특히 3D 프린터를 활용해 20% 이상의 비용 절감 효과를 얻기 위한 R&D를 진행하고 있었다.

전북대 솔라시도코리아(해외시장개척단)

전북대학교 가족회사 솔라시도코리아가 베트남과 대규모의 계약을 앞두고 있었다. 전북대학교 LINC+사업단은 2019년 6월 30일부터 7월 5일까지 베트남 호치민시로 2019년 1차 해외시장개척단을 파견했다. 매년 지속하고 있는 전북대 해외시장개척단 활동은 한국에서는 알 수 없는 현지 시장 정보를 얻을 수 있기에 전북대 가족회사들에게 인기가 높다. 솔라시도코리아는 2014년에 설립된 벤처기업으로 태양광 패널과 공기청정기가 주력 제품이다. 솔라시도코리아는 겨울철 태양광패널에 쌓인 눈을 제거하는 기술과 탄소복합재를 이용해 발전 중 발생하는 열을 낮추는 기술을 보유하고 있다. 혹독한 환경에 따른 장애요소를 제거해 태양광 발전 효율을 높이는 기술로, 이번 베트남 해외시장개척단에서도 주목을 받아 현지 업체 2곳과 각각 200만불, 500만불의 MOU를 체결해 총 700만불의 계약 성사를 눈앞에 두고 있었다. 또한, 공기청정기도 베트남 현지에서 많은 관심을 받았다. 정전기식 필터와 탄소복합체 필터를 함께 사용해 초미세먼지와 큰 먼지, 그리고 냄새까지 제거할 수 있는 제품이다. 솔라시도코리아는 전북대 LINC+사업단과의 협력을 통해 매년 세 차례씩 박람회에 참가해 기술 홍보 및 글로벌 네트워크를 지속적으로 형성하고 있다. 2019년 12월에는 중국 심천에서 개최되는 박람회에도 참가할 계획이었다. 전북대 신재생에너지커플링사업단 겸임교수이기도 한 솔라시도코리아 윤창복 대표는 태양광분야 전문가 양성을 위한 다양한 교육과 현장실습지원, 전북대 졸업생 채용 등 전북대의 긴밀한 산학협력 파트너이기도 하다.

영남대 고객가치 검증테스트 YU-VPT

영남대학교가 스타트업의 성공적인 시장 진출을 거들고 있다. 영남대 창업보육센터는 2017년 'YU-VPT(Yeungnam University-Value Proposition Test)'라는 '고객가치 검증 테스트'시스템을 도입했다. 국내 창업기업의 85%가 3년 만에 폐업하는 주요 원인이 시장이 원하지 않는 제품을 출시하기 때문이라고 판단한 BI는 이를 해결할 방안을 찾았다. YU-VPT

를 활용해 고객이 원하는 제품이 무엇인지, 이 제품을 정말로 구매할 것인지에 대해 알 수 있도록 고안됐다. 2017년 처음 시행된 YU-VPT에 12개의 스타트업이 참여했다. 영남대 창업보육센터와 시스템 개발 업체는 창업기업이 개발 중인 제품의 가상이미지와 광고를 만들어 SNS 등을 통해 온라인 판매 테스트를 했다. 테스트를 통해 광고 노출 대비 클릭 수, 광고 내용 검토 후 구매 비율 등 고객의 실제 행동 데이터를 확보했다. 이에 테스트에 참여한 기업들은 '누가 제품에 관심이 있는지', '제품을 구매한 동기가 무엇인지', '가격은 적정한지'등 YU-VPT를 통해 얻은 정보를 제품에 반영하고 시장에 진출함으로써 그 효과를 톡톡히 봤다. 당시 영남대 학생이 창업한 여성 헤어롤 제조기업 에스멜린도 YU-VPT에 참여해 기존 10대에 한정돼 있던 고객층을 20대로 끌어올릴 수 있었다. YU-VPT를 통해 헤어롤의 크기, 재질, 광고 모델 등 다양한 변수에 대해 테스트했고 이를 통해 헤어롤의 굵기, 이미지의 고급화, 소재 변경, 모델 연령 변경 등 다양한 변화를 시도해 20대에 맞는 신제품을 출시했다.

또, 경북 지역에 소재한 아기용 주스 제조 회사인 프레쉬빌은 YU-VPT를 거쳐 기능성음료를 개발해 대형마트와 계약을 체결했다. 정밀부품생산기술 스타트업인 누리티앤피는 주요 고객인 소형정밀부품 생산기업이 가진 애로사항과 구매 의사 등을 검증해 '금속분말사출기술'의 사업화를 추진할 수 있었다.

전남대 디지털 생체의료소재부품 산업육성

전남대학교가 의료산업의 차세대 유망 분야인 '디지털 생체의료소재부품 산업'을 육성 중이다. 이 분야에 종사하는 전남대 가족회사들이 2019년 한 해에만 3141만 1000불(한화 370억 원 상당) 규모의 수출계약을 이뤘다. 전남대 LINC+사업단은 관련 기업들을 상대로 기술사업화 컨설팅을 진행했다. 인증패키지 지원활동은 한국의료기기공업협동조합과 진행하고, 전남대 병원을 통한 임상 컨설팅, 해외 마케팅 지원은 한국치과기재산업협회와 공조하는 산·학·연·병원 간 네트워크를 구축하고 있다. 또, 제품 고도화를 위한 R&D는 광주테크노파크 연계하며, 39종의 장비를 구축하고 있는 대학 내 생체재료개발센터가 임상테스트를 지원한다. 이러한 기업지원 시스템을 바탕으로 지역 중소기업의 경쟁력 강화, 수출계약이 잇따르고 있다. 수출계약은 주로 해외전시회 참가를 통해 이뤄졌다. 2019년 3월 12~16일 열린 'IDS 2019 독일 쾰른 국제치과전시회' 에 참가한 19개의 전남대 가족회사는 공동부스를 운영해 제품의 브랜드 이미지 제고와 함께 대형 전시부스를 주로 찾는 관람객들의 발길을 붙잡았다. 이 전시회에서 10개사가 2400만불 수출계약을 체결했다. 이들 10개 기업은 수출 물량을 소화하기 위해 46명을 신규 채용할 예정이다. 5월에도 대규모 수출계약이 이뤄졌다. 5월 12~15일 말레이시아에서 열린 'IBE 2019 전시회'에서 6개 뷰티 업체가 820만불 수출실적을 올렸다. K-뷰티 강세에 따른 코리아 브랜드 효과와 광주뷰티화장품협동조합 등 산·학·병·연이 연계해 전시회를 지원한 것이 성공요인이었다. 그 외 개별전시회 (중국 CIBE 등) 3개사 3만 3000불, 시장진출연계(두바이 등) 3개사 17만 8000불 등 전남대를 주축으로 구성된 협력 네트워크가 지역 디지털 생체의료부품 산업계의 성장을 이끌고 있었다.

동명대 동명보부상

동명대학교의 대표적 중소기업 지원활동인 '동명 보부상'이 가족회사들의 수출에 일조하고 있다. 동명보부상은 재학생들이 가족회사의 수출지원활동과 이를 통해 글로벌 역량을 함양하는 프로그램으로 2010년부터 진행했다. 2019년 동명보부상에 참여한 9개 기업 제품의 수출실적이 총 675만불에 달했다. 이는 지난2018년 622만 달러 보다 8.5% 증가한 것이다. 비결은 참여 학생들의 역량 강화에서 찾을 수 있다.

동명대 LINC+사업단은 2018년부터 한국어에 능통하고 자국의 문화와 언어가 몸에 밴 현지 출신 유학생을 선발해 그들의 모국으로 가족회사들과 함께 파견했다. 해외 현지기업 입장에선 자국 출신 유학생에게 호의적일 뿐만 아니라, 관련 교육을 통해 배가된 학생들의 업무 미팅 역량은 현지 기업체들의 마음을 열게 하는 데 부족하지 않았다.

이러한 현지 출신 학생들의 활동에 힘입어 동명대 가족회사들은 안정적인 파트너를 발굴하는 등 실적개선을 이뤘다. 러시아에 능한 바기고바 다야나 양(뷰티케어학과1. 카자흐스탄 출신)은 화학제품 제조업체인 그린켐텍과 동행에 러시아 현지에서 진행된 비즈니스 미팅에서 통번역과 수출상담을 도왔다.

또, 베트남 유학생 응웬티타인 양 (국제물류4. 베트남 출신)은 프라즈마 절단기 부품을 제조하는 태원정공의 베트남 호치민VLJF전시회에 함께 참가해 10만 달러의 수출계약 성사를 거들었다. 4개국 언어에 능통한 절자르갈 망다흐나르 (호텔관광3. 몽골 출신)은 이신기계와 지난해 5월 말레이시아에서 열린 MITEC전시회에 참가해 수출 상담과 함께 MOU체결

등을 지원했다. 중국 유학생 갈격(정보통신공학과4. 중국 출신)은 유체커플링을 제조하는 ㈜기원솔루텍의 중국 현지 기업 미팅에 통역으로 참가해 제품 설명과 가격 협상 등을 지원해 수출 계약 체결에 공헌했다.

경상대 산학협력정책연구소, 가족회사 실태 조사

산학협력에 대한 가족회사들의 만족도를 조사, 분석하고 있던 경상대 산학협력정책연구소장의 발표를 2019년 10월 대경강원권 산학연협력 활성화 포럼에서 들을 수 있었다.

발표자료에 따르면 대학과 펼치는 산학협력 활동에 중소기업들이 높은 만족도를 나타내고 있는 만큼 이를 고도화하기 위한 정책마련이 시급한 것으로 나타났다. 특히 산학협력에 더 많은 기업체를 참여시키려면 대학과의 협력활동에 대한 인센티브 확충과 함께, 흩어져 있는 산학협력 프로그램을 통할하는 컨트롤타워를 구축해 종합적인 정보를 제공해야 효율성을 높일 수 있다는 지적이 실태조사를 통해 밝혀졌다.

전국 122개 기업체를 상대로 한 조사에 따르면 기업들은 산학협력을 벌이는 이유로 '기업에 도움이 되므로'(64.8%), '정부지원사업에 선정되기 위해'(41%), '지역 내 네트워크에 참여하기 위해'(41%) 순으로 응답했다. 또, 각종 프로그램에 대해 70% 이상이 높은 만족도를 나타낸 반면 주문식 교육, 계약학과 등 정부 부처별로 시행되는 인력양성 프로그램은 61.5점으로 가장 만족도가 낮았다. 이는 전체 취업자의 77%가 50인 미만 사업장에 종사할 만큼 소규모 기업이 다수를 차지하는 국내 상황에서는 맞춤형 교육이 간단치 않은 현실임을 반영한 것으로 풀이된다.

이종호 소장은 "공통의 교육 수요를 가진 중소기업들을 모아서 규모의 경제를 실현해야 하는 대학과 교육협력을 하도록 하는 게 효과적"이라며, 수요에 비해 과잉 공급되고 있는 중소기업 재직자 교육의 난립과 이에 대한 조정 필요성을 언급했다.

기업들은 산학협력에 대한 의지는 높지만 전담인력 부족과 경험, 자금 등 여건 미흡을 애로사항으로 꼽았다. 그러다 보니 대학과의 산학협력 활동을 통한 제품의 품질향상에 대해서는 긍정적으로 응답했음에도, 실제 성과인 생산비 절감(45.3점)과 매출액 증대(47.7점), 직원 재교육 및 훈련비용 절감(45.1점) 등에 대해서는 평균 이하로 답했다. 이는 대학의 지원을 수용할 만한 역량이 부족한 데 따른 것으로, 실제 기업의 성과로 연결될 수 있는 보다 내실 있는 협력활동이 필요함을 의미한다.

특히, 산학협력 활동을 촉진하기 위한 지원제도는 여전히 미흡했다.

수년 전 도입된 산학협력마일리지 제도는 별 실효성이 없었다. 이 제도는 교육부가 대한상공회의소와 함께 대학과 기업 간의 산학협력 선순환 체계 마련을 위해 도입한 기업 인센티브 제도로, 산학협력 활동에 참여한 기업에게는 정부사업 신청 시 가점을 부여하게 된다. 그런데 설계 당시 중소벤처기업부(당시 중소기업청)가 배제되면서 '앙금 없는 찐빵'이라는 우려가 있었고 이런 우려는 현실로 나타나고 있다. 조사결과 '전혀 모른다'가 81%, '알고는 있으나 적립실적은 없다'도 18%에 달했다. 기업들은 무관심했고, 적립했더라도 사용처가 마땅치 않다고 응답한 것이다. 산업통상자원부(우수기술연구센터 사업, 산업현장 핵심기술 수시 개발), 과학기술정보통신부(기업부설연구소 연계 후속 연구개발, 첨단 융복합 콘텐츠 기술개발) 등에만 사용할 수 있기에 당연한 결과이다.

포럼에 참석한 모 대학 LINC+사업단장은 "산학협력마일리지를 활성화하기 위해서는 무엇보다 중소기업지원 총괄 부처인 중소벤처기업부의 참여가 필요한 상황"이라며 "중기부가 참여해야 이 제도는 강화될 수 있다."고 강조했다. 한편 산학협력통합 플랫폼인 국가과학기술지식정보서비스, 국가연구시설·장비 활용종합포털, 창업포털사이트(k-스타트업), 대학기술사업화 통합지원시스템 등에 대한 인지도 조사에서는 국가과학기술지식정보서비스만 42%가 알고 있었고, 나머지는 30% 수준에 그쳐 보다 적극적인 홍보활동이 필요한 것으로 조사됐다.

2부 산학협력 교육

각 대학 캡스톤디자인 주요 사례

- 제주대, 캡스톤디자인 작품 "경매로 판매"
- 순천향대 컴퓨터공학과 '버스타버스타'팀, 2013년 전국대회 대상 수상
- 목포대, 국제 캡스톤디자인 경진대회 개최
- 동아대, 캡스톤디자인 성과 '대단'
- 한국산기대, '캡스톤디자인 + 창업 연계' 효과 탁월
- 전북대 학생팀, 전국 캡스톤디자인 경진대회 대상
- 원광대 학생 창작품, 2700만원에 기업체에 이전
- 공주대, 전국 대학생 금형 3차원 CAD기술 경진대회 개최
- 코리아텍 학생들 '기술이전 수입료' 1년새 두 배 '껑충'
- 우석대 학생팀, 전국 캡스톤디자인 대회 3관왕
- 창원문성대, 학생 아이디어 작품 '이동형 오일 정제기' 상품화 나서
- 한밭대 학생 작품, 3천만 원에 기업체로 기술이전
- 인제대 학부생들, 캡스톤디자인 수업 통해 국제 논문 썼다
- 동요 부르는 칫솔·구기자 스카프… 전문대 학생들의 기발한 아이디어
- 대학생 창작품 '캡스톤디자인'.. 창의성 빛내는 교육으로 자리매김..

현장실습 대학별 주요 사례

- 한양대 에리카캠퍼스 ‘장기 현장실습 도입’
- 호서대 창업경영실습, 창업동아리에게 창업현장 기회 제공
- 영남이공대, ‘글로벌현장학습’ 전국 최다 선정
- 원광대, 학교기업에서 현장실습한 이수현 학생, 교육부 장관 표창
- 영남대, 현장실습교육 내실화..‘현장실습 매칭 박람회’
- 동명대, 졸업 전 ‘현장실습’ 반드시 필요.. “타 지역 대학생 현장실습도 중개”
- 서울과기대, 중기부 R&D 지원 산업인턴 사업.. 취업 경쟁력 ‘쏠쏠’
- 한서대 “현장실습으로 취업에 자신이 생겼어요”
- 현장실습의 개선과제
- “현장실습에 학점 주는 건 옳지 않아”
- ‘장기현장실습’ 통해 새로운 채용문화 정착하길

학교기업 주요 사례

- 울산과학대 종합환경분석센터
- 계명대 학교기업 TDB
- 한성대 1호 학교기업 스튜디오116
- 한국해양대 마린에듀텍
- 공주대 학교기업 프린세스
- 원광대 원네이처
- 국민대 협동조합 나인스튜디오

- 용인송담대 송담이노텍
- 부천대 제펫스튜디오
- 연성대 카페 플래닛37
- 동서울대 시예
- 전북대 전북대햄
- 학교기업을 사회적기업으로..

계약학과 & 주문식 교육 주요 사례

- 기술사관 육성사업
- 창원대-한국세라믹기술원, 학·연 협동연구 석·박사 과정
- 영진전문대학, 공항서비스 인재 양성
- 공주대, 중소기업 계약학과 석사과정
- 한국산업기술대, 논문 없는 석·박사제
- 한국기술교육대, 일학습병행대학 학과 추가 신설
- 성균관대 스마트팩토리융합학과
- 창원문성대, 명장 기술도제
- 재교육형 '중소기업 계약학과' 3개 대학 추가 신설
- 대림대, 반도체 장비반
- 삼육보건대, 기술사관육성사업
- 영남이공대, 산업체 맞춤형 인력 양성

1. 캡스톤디자인

1) 개념

캡스톤디자인(capstone design)이란 학생들이 산업체(또는 사회)가 필요로 하는 과제를 선정하고, 이를 창작품으로 해결하는 활동을 말한다. 캡스톤디자인이 창의성과 실무능력, 팀워, 리더십을 배양하는 데 효과적인 교육으로 알려지면서 졸업 필수 요건으로 지정한 대학이 늘어나고 있으며, 이공계뿐 아니라 인문사회 계열로도 확산되고 있다.

또, 2012년 제주대를 시작으로 캡스톤디자인 작품을 기업체로 이전하는 사례가 증가하고 있고, 학생 중 상당수가 캡스톤디자인을 아이템으로 창업에 나서기도 한다. 2017년 250개 대학이 운영했고, 213,225명이 이수했다. 일반대학은 동서대, 동아대, 영남대 순으로, 전문대학은 우송정보대, 두원공대, 오산대 순으로 참여 학생이 많았다.

2) 각 대학 주요 사례

이상백 제주대 단장은 “학생들의 참신하고 다양한 결과물을 기업과 도민들에게 소개해 LINC사업에 대한 관심도를 높이는 한편 기업과의 긴밀한 접촉을 통해 우리학생들이 향후 제주 산업을 견인할 창의적인 인재로 성장하는 데 많은 도움이 될 것으로 기대한다”고 행사 의미를 밝혔다. 또 “내년부터는 도내 기업의 고민을 교수와 학생이 팀을 구성해 해결해 나가는 임무수행 방식으로 캡스톤디자인 프로그램을 확대 해 나갈 예정"이라고 밝혔다.

제주대, 캡스톤디자인 작품 "경매로 판매"

제주대 LINC사업단이 2012년 12월 캡스톤디자인 결과발표회를 개최하며 출품작품 중 일부를 도내 기업체에게 경매 방식으로 판매하며, 캡스톤디자인의 새로운 가능성을 제시했다. 이전까지 캡스톤디자인 작품은 학생 실습용 교육 정도로만 인식돼 왔다. 이때 풍력, 청정헬스푸드, 뷰티향장·물, 휴양형 MICE 관련한 68개 출품작 중 13개 작품이 12개 기업체에 약 2700만원에 판매됐다. 이러한 방식의 캡스톤디자인 전시 및 판매가 이후 전국 대학으로 확산됐으며, 전국적인 캡스톤디자인 경매 시스템이 구축되는 등 캡스톤디자인에 대한 인식개선을 불러왔다.

순천향대 컴퓨터공학과 '버스타버스타'팀, 2013년 전국대회 대상 수상

2013 캡스톤디자인 전국경진대회는 산학협력선도대학(LINC)사업에 참여하는 일반대학에서 144점(공학 98, 비공학 46), 전문대학에서 57점(공학 41, 비공학 16)을 출품했다. 이 가운데 일반대학 11점, 전문대학 10점이 최종 수상작으로 선정됐다. 이 중 대상을 수상한 순천향대 버스타버스타의 작품은 '버스 승객 분산 유도시스템'으로 등하교시 버스를 이용하며 느꼈던 불편함을 해소하기 위해 개발됐다. 교통카드 리더기의 체크 수를 분석해 버스 내 승차 인원을 헤아려 현재 도착 예정인 버스와 그 다음 버스의 차내 혼잡도를 전광판과 모바일 애플리케이션을 통해 표시한다. 이를 통해 버스 승객이 분산돼 한층 쾌적하게 목적지까지 갈 수

있도록 했다. 시스템은 모두 5개의 모듈로 이뤄져 있다. 승객 수를 헤아리는 버스카드 리더 모듈, 버스 운행 과정을 알 수 있는 운행 시뮬레이션 모듈, 정보를 통합 관리하고 수·송신해주는 서버 모듈, 버스 정류장에서 정보를 알려주는 디스플레이 모듈, 승객 개인에게 정보를 제공하는 스마트폰 애플리케이션 모듈이다.

목포대, 국제 캡스톤디자인 경진대회 개최

목포대가 2014년 1월, 제3회 국제 캡스톤디자인 경진대회를 개최했다. 대회에는 해외 4개국 8개 대학 소속 24개팀과 7개 국내-외 협력팀, 목포대 재학생으로 구성된 45개팀이 참가했다. VIP팀(목포대 정보전자공학과)이 출품한 '쿼드콥터를 이용한 무선 영상 전송 시스템'은 특허 출원하고, ㈜에스엠소프트웨어와 기술이전을 협의 중이었다. 이날 대상은 물리학과 팀의 '세탁기 모터를 이용한 풍력발전기 제작'이 차지했다.

해외 최우수상은 중국팀(남해대)의 '미풍을 활용한 S모양의 압전풍력발전기'와 미국팀(포틀랜드 주립대)의 '진동에너지의 효율적 저장을 연구'에 돌아갔다. 당시 목포대 국제 캡스톤디자인 경진대회는 국내대학뿐만 아니라 해외 대학에서도 개최 노하우를 배우려는 문의가 계속됐다.

동아대, 캡스톤디자인 성과 '대단'

동아대는 2013년 한 해 동안 약 3,500명이 '캡스톤디자인' 교과목을 수강했다. 이 중 '동파방지용 수도꼭지' 외 51건이 국내 특허를 출원했고, '컨테이너 보안을 위한 엠투엠 데이터 통신장치 및 방법'과 '안정장치를 구비한 일회용 가스용기' 2건이 국제특허(PCT)출원, 2건이 유상 기술이전 됐다.

특히 김재일 교수의 지도 하에 김효철(신소재공학과) 학생 외 4명이 진행한 '안전콘센트'는 2011년 11월 국내 특허 출원에 이어 2013년 7월 특허 등록됐고, 2014년 2월 기업체로 이전되기도 했다.

한국산기대, '캡스톤디자인 + 창업 연계' 효과 탁월

캡스톤디자인을 졸업 필수 과목으로 운영하는 산기대가 작품을 창업으로 연계하기 위해 2014년 7월 '제1회 캡스톤디자인 기반 교육형 창업경진대회 시상식'을 개최했다. 시상식에서 서경원(전자공 4) 학생팀은 '가정용 택배보관함'을, 김동주(게임공 4) 학생팀은 3D 가상현실 게임을 출품해 공동으로 대상을 수상했다.

가정용 택배보관함은 스마트폰의 고유번호를 등록하고 안드로이드 앱을 연동해 자동으로 문을 여닫을 수 있도록 제어하는 등 창의적 기능성이 높은 평가를 받았다. 3D 가상현실게임 역시 온라인 마켓에서의 상용화 가능성이 돋보인다는 평가였다. 대상을 받은 2개 팀을 비롯한 창의상(3팀), 발명상(3팀)에게는 오는 9월 열리는 중화권 최대 발명 및 신기술 전시회인 타이베이 국제발명전시회 전시부스 지원과 실전창업동아리 가입 특전, 특허출원 등의 다양한 혜택이 차등 지원됐다.

전북대 학생팀, 전국 캡스톤디자인 경진대회 대상

전북대학교 기계공학과 학생들로 구성된 '쇄골브레이커'팀(김우승, 박창운, 이정원, 이현배, 한상원)이 2014년 10월 서울 코엑스에서 열린 전국 캡스톤디자인 경진대회에서 대상인 교육부장관상을 수상했다.

이 팀의 작품은 '메카넘휠을 이용한 지게차'다. 전후좌우를 자유롭게 이동하고 제자리에서 360도 회전까지 가능하도록 설계된 이 작품은 학생들이 직접 기획 및 제작 등 1년간의 연구 개발 과정을 거쳐 탄생한 작품이다. 이정원 학생(기계공학 4)은 "좀 더 편리한 지게차를 생각했다"며 "이렇게 큰 상을 받을 줄 몰랐다. 평생 잊지 못할 것 같다"고 소감을 진했다.

원광대 학생 창작품, 2700만원에 기업체에 이전

2016학년도 1학기 캡스톤디자인(종합설계) 전시회가 7월 열렸다. 이공계열과 비이공계열로 나눠 열린 대회에는 총 71개 팀 작품이 본선에 올라왔다. 이공계열 대상은 '비상재난대응에 효과적인 원격탐사장치' 아이템을 출품한 전자공학과 두더지팀에 돌아갔다. 두더지팀 팀장 김대규(전자공학과 4년) 학생은 "최근 발생한 지진으로 인해 비상재난 시 위기대응 능력이 요구되고 있다"며 "원격탐사장치가 재난현장에서 응급구조 환자를 신속히 수색할 뿐만 아니라 지질학 등 다양한 분야에서 활용되는 계기가 될 것으로 믿는다"고 수상소감을 밝혔다.

비이공계열 대상은 '군산 특산물인 흰찰쌀보리를 이용한 흰찰쌀보리잼' 을 출품한 바이오나노화학부 F.Y.I 팀이 차지했다. F.Y.I 팀장 안영지(바이오나노화학부 4년) 학생은 "인공적으로 첨가된 단맛을 지양하고, 건강한 단맛을 추구하고자 흰찰쌀보리잼을 개발하게 됐다"며 "이 제품이 웰빙식품시장에서 각광 받을 수 있도록 더 연구해나가겠다"고 포부를 밝혔다.

한편 이번 경진대회를 통해 ㈜라파프로폴리스와 치카치카 팀의 '수용성 프로폴리스 첨가 치약개발 기술' 이전계약을 비롯해 '스마트 연계형 다기능 창문 개발기술'과 '스마트폰 연계형 지문인식 잠금장치 기술'이 알에스티와 기술이전계약을 체결했다. 또 '미용 비누 개발 기술'도 기술이전 계약을 맺는 등 학생들의 창의 아이디어가 기술이전계약으로 성사된 건수는 총 26건에 계약금이 2700만원에 달했다.

공주대, 전국 대학생 금형 3차원 CAD기술 경진대회 개최

한국금형공업협동조합이 주관하는 '제13회 전국 대학생 금형 3차원 CAD기술경진대회'가 전국 27개 대학 166명의 대학생이 참가한 가운데 2016년 8월 공주대 천안캠퍼스에서 개최됐다. 이번 대회는 3D Mold 설계, 3D Press 금형설계로 나뉘어 역대 가장 많은 대학생이 참가했다.

한국금형공업협동조합 박순황 이사장은 "금형은 사람의 손에서 최종 완성되는 만큼 인재가 가장 중요하며 참가 대학생들은 미래 우리나라 금형산업은 물론 국가 주력산업을 이끌어 갈 핵심인재"라며 "보다 원대한 꿈과 목표를 가지고 앞으로도 금형기술 습득에 더욱 매진해 달라"고 당부했다. 한국금형공업협동조합은 2004년부터 3차원 금형설계 능력이 우리나라 금형산업의 품질경쟁력을 좌우한다는 판단아래, 대학생들을 대상으로 금형 3차원 CAD기술경진대회를 개최해오고 있다. 이 대회는 지난 2007년부터는 뿌리기술경기대회의 금형분야 공식 대회로 진행되고 있다.

코리아텍 학생들 '기술이전 수입료' 1년새 두 배 '껑충'

한국기술교육대 학생들이 만든 기술 및 공학 분야 작품의 기술이전 수입료가 2016년에 전년보다 두 배 이상 늘어난 1800만원에 달하고, 건수도 3건에서 9건으로 늘어났다.

대학은 1995년부터 졸업 요건의 하나로 졸업연구 작품제를 운영하고 있다. 전문이론과 창의적인 기술력을 겸비한 인재 양성을 위해 3·4학년 학생들이 산업현장에 적용 가능한 작품을 직접 설계·제작하는 전공심화 과정이자 대학의 대표적인 공학교육프로그램이다. 매년 10월에는 교내에서 졸업연구작품 전시회를 개최한다.

2015년 10월 7~8일 열린 졸업연구작품 전시회에서도 총 224점의 자동차, 전기·전자, 로봇, 컴퓨터, 디자인, 건축, 에너지, 화학 분야의 작품이 전시 됐다. 모두 3~4학년 학생들이 평균 6개월간의 기간 동안 직접 기획·설계·제작한 작품들이었다.

우석대 학생팀, 전국 캡스톤디자인 대회 3관왕

2016년 10월 열린 LINC페스티벌 '캡스톤디자인 옥션마켓' 대회에서 전 부문 수상자로 우석대 Safety팀이 선정됐다. 이 팀은 구명조끼에 태양광 패널을 부착해 개인 스마트폰과 LED램프로 위치정보를 정확하게 파악할 수 있도록 한 '안전한 해상활동을 위한 위치추적 구명조끼'를 출품했다.

Safety팀은 이번 대회에서 옥션에 참가한 60개 기업 중 14개 기업이 선택해 최다 옥션상, 7800만 원의 모의투자금액을 모아 최고 옥션상, 이어 현장투표와 SNS로 집계한 인기상까지 석권했다. 송창섭(유통통상학부 4년), 박성현(보건의료경영학과 4년), 안성일(대체의학과 2년)으로 구성된 이 팀은 2015년 8월 결성된 창업동아리이다. 그동안 '전자레인지 위생커버', '지역농산물인 박과 옥수수를 이용한 주스와 차', '뒷 굽이 움직이는 등산화' 등의 아이디어로 창업대회에 출전해왔다. 이렇게 쌓아 온 노하우를 바탕으로 이번에 세 부문 동시 수상이라는 진기록을 달성했다.

창원문성대, 학생 아이디어 작품 '이동형 오일 정제기' 상품화 나서

대학은 2017년 3월 중소기업청의 재정지원 사업인 '산학맞춤기술인력양성사업'의 1팀 1프로젝트 경진대회에서 수상한 자동차공학과 백현형 학생 외 5명이 개발한 '이동형 오일 정제기'를 상품화한다고 밝혔다. 이동형 오일 정제기는 산업현장에서 기계장비 및 유압장비 구동 시 필요한 작동오일을 현장에서 바로 정제할 수 있는 장치로, 오일 급유 및 순환만으로 자체청정관리가 이루어질 수 있으며 오일의 수명 역시 연장돼 오일 구매비용과 폐유처리비용을 절감할 수 있다. 또한 제한된 산업분야에만 국한되지 않고 광범위한 산업현장에 적용 가능한 제품이 될 것으로 기대를 모은다.

그동안 학생들의 아이디어 작품은 대부분 경진대회 후 사장되어 왔으나, 대학은 이 작품의 제품화를 위해 경남창원산학융합본부에서 국고지원금 1000만원을 확보해, 제품화를 지원했다. 개발된 이동형 오일 정제기는 금오 ENG에 1대(500만원/대) 납품을 시작으로 본격적인 판매 활동을 시작했다.

한밭대 학생 작품, 3천만 원에 기업체로 기술이전

2017년 10월 전자·제어공학과 창업 동아리 파워영상비전 팀이 이승호 교수의 지도를 받아 개발한 '다양한 환경에서 딥러닝을 사용한 실시간 얼굴인식 및 추적시스템' 관련 기술의 기업이전과 공동연구에 대한 협약이 진행됐다.

이 기술은 인공지능을 이용해 실시간 자동으로 얼굴을 인식하고 추적하는 것으로, 공항의 보안을 위한 블랙리스트 식별이나 실종사고 해결, 보호관찰 시스템 등에 활용할 수 있는 기술이다. 지난 9월 열린 한밭대 캡스톤디자인 공모전인 '제10회 창의적 공학설계 경진대회'를 참관한 기업관계자들이 이 기술의 가치를 알아보고 먼저 기술이전을 제안했다. 이번 협약을 통해 아이티아이㈜에 '얼굴학습 및 인식 시스템' 등의 기술을 3천만원에 이전하고, ㈜큐디스와는 관련 기술의 성과확산을 위한 연구비 3천4백여만원 지원 등 산학공동연구에 나서기로 했으며, 이들 기업체에 학생들의 취업도 이뤄졌다.

인제대 학부생들, 캡스톤디자인 수업 통해 국제 논문 썼다

인제대 다학제 융합 캡스톤디자인팀(권혁진, 김사라, 변지미, 황영하, 천세협)이 쓴 논문이 2019년 3월 의약학 분야의 국제저명학술지' Pharmaceutics' 에 실렸다. 이 논문은 의약품의 흡수촉진을 통해 복용량을 감소시키고 이를 통해 환자의 편의성과 부작용을 개선할 수 있는 방법에 관한 것이다.

학생들을 지도한 제약공학과 장동진 교수는 "이번 연구결과는 의약품 제조에서 흡수촉진을 위해 사용되던 자극성 물질 대신에, 독성이 낮은 물질을 발견하여 사용함으로써 부작용이 적은 안전한 의약품을 제조할 수 있는 새로운 산업적 응용법을 제시해 높은 평가를 받았다"면서 "이 기술을 활용하면 새로운 의약품들의 개발이 가능하다"고 말했다. 제1 저자로서 주도적인 역할을 수행한 권혁진 학생은 "세상을 바꿀 수 있는 연구 수행과 기술 개발에서 큰 보람을 느꼈다. 대학원에 진학해 관련 연구를 계속 수행하겠다"고 전했다.

또한, 다학제 융합 팀뿐만 아니라 단일 학과 학부생들도 국제 학술지에 이름을 올리는 성과를 거뒀다. 물리치료학과 학생들(지도교수 유원규, 신규철, 김도희, 심효민, 정진경 학생)은 요통환자를 위한 치료도구를 직접 개발했다. 이들은 시제품을 특허 출원했다. 이어 임상실험을 통해 얻은 결과를 논문으로 완성해 SCI급 국제학술지 'Technology and Health Care'에 학생 주저자 논문으로 게재했다.

동요 부르는 칫솔·구기자 스카프… 전문대 학생들의 기발한 아이디어

2018년 9월 전문대학 LINC+ 고도화형 협의회가 개최한 2018 비즈니스 모델 박람회가 개최됐다. 행사장에는 15개 대학에서 교수와 학생, 기업체가 협력해 준비한 문화콘텐츠, 드론, 기계, 영상, 패션, SW 등 다양한 30점의 창작품이 비치됐다.

이 중 용인송담대학교 부스에는 '에스컬레이터 핸드레일 클리너'가 전시됐다. 에스컬레이터에 클리너 카트리지를 고정시켜 자동 세척하는 방식이다. 에스컬레이터 손잡이 청소방식을 획기적으로 개선한 제품으로, 승강기 핸드레일에 롤러를 밀착시켜 레일구동 만으로 자가발전 할 수 있도록 고안됐다.

대구보건대 치기공과 학생들이 제작한 어린이용 칫솔도 있었다. 아이가 양치질하는 동안 동요나 녹음된 음성파일이 재생돼, 양치하는 시간이 재미와 흥미 있는 시간이 될 수 있도록 만들어졌다. 시중에 나와 있는 유사 제품이 칫솔에 내장된 노래를 반복하는데 반해 이 제품은 블루투스 기능을 결합해 다양한 동요와 음성파일을 재생할 수 있다.

충남도립대가 출품한 '구기자 머금은 스카프'는 충남 청양군의 특산품인 구기자와 감초 삶은 물을 실크원단에 염색해 제작했다. 충남 대표 공예장인 교수와 헤어뷰티과 학생들이 공동으로 작업했다. 안면홍조 개선, 항염, 항균, 항상화 작용 등에 효능을 가진 웰빙 자연염색 스카프로, 대학은 충남지역 대표 상품으로 키워나갈 계획이다.

대학생 창작품 '캡스톤디자인'.. 창의성 빛내는 교육으로 자리매김..

'2018 LINC+ 캡스톤디자인 경진대회'가 9월 세종컨벤션센터에서 개최됐다. 이번 경진대회는 대학 당 두 점씩 총 110개의 작품들이 선을 보였다.

한양대 에리카캠퍼스 전자공학부 4년(김경우, 송지우, 김재윤)이 제작한 '연기를 투시하는 소방용 헬멧'이 있었다. 특허 출원 중인 이 제품은 화재 현장에 투입된 소방관들이 연기로 인해 한 치 앞도 볼 수 없는 상황을 개선하기 위해 만들어졌다. 기존 열화상 카메라가 부피가 커서 한 손으로 사용하기에 불편할 뿐 아니라 물체와 구조물을 제대로 식별할 수 없는 것을 해결하기 위해, 학생들은 영상과 영상을 융합하는 이미지퓨전(Image Fusion)기술을 임베디드 보드에 탑재하고, 보드를 헬멧에 장착했다. 이렇게 제작된 헬멧을 쓰면 연기 속에서도 시야를 확보할 수 있고, 지휘본부와 영상을 공유할 수 있다.

1년 전부터 대학 인근에 안산소방서 소방관들로부터 조언을 구해 작품을 제작했다는 학생들은 "우리가 만든 제품은 저렴한 열화상 카메라를 사용해도 사물을 비교적 또렷이 구분할 수 있다."며 "열악한 환경에서 일하는 소방관들에게 널리 보급됐으면 좋겠다."고 바람을 전했다.

한밭대 전자제어과 3학년(김현지, 박혜선, 오관석) 학생들이 제작한 'Pet Momentum'은 반려동물이 일정한 시간 동안 가지고 놀면, 간식이 나오는 장난감 형태이다. 둥근 달걀 모양의 딱딱하지 않은 우레탄 재질로 만들어진 제품은 내장된 센서가 일정한 운동에 도달한 경우, 서보모터를 열어 간식을 배출한다. 원거리 통신이 가능해 집 밖에서도 반려동물의 상태를 확인하고 앱으로 제어할 수 있으며, 반려동물이 흥미를 잃은 경우에는 녹음된 주인의 음성이나 백색소음을 출력할 수 있다.

강릉원주대는 위치 에너지를 이용한 발전기 'Gravity Electricity Education Kit'를 출품했다. 전자공학과 4년(김경태, 김성제, 배경오)군과 3D 프린터를 담당한 신소재금속공학과 3년 정준영군이 제작에 참여했다. 작품은 도르래 끝에 추를 매달아 생기는 위치 에너지를 LED등을 밝히는 전기에너지로 전환하는 원리이다. 2M 높이의 도르래에 10KG 추를 달아 양초가 내는 빛의 10배 밝기를 30분 동안 얻을 수 있는 발전기다. 추가 밑으로 다 내려오면 다시 감아서 사용하면 된다. 아프리카나 개발

도상국 아이들이 밤에 어둠을 밝히기 위해 전등 대신 양초를 사용하는 것이, 전등이 비싸서가 아니라 전력공급이 부족하기 때문이라는 것을 알게 된 후 제품을 개발하기 시작했다. 학생들은 “독서용 스탠드와 같이 밤에 책을 읽을 때 사용할 수 있도록 머리 부분을 개선하고 있다”며 “한국국제협력단이나 비정부기구들을 통해 가난한 나라의 아이들에게 희망을 나눠주는 발전기로 쓰였으면 좋겠다.”고 전했다.

2. 현장실습

1) 현황

현장실습이란 대학과 기업(기관)이 합의한 기간 동안 국내·외 산업현장에서 학생이 실습교육을 실시하고 이를 통해 학점을 취득하는 교육과정을 말한다.

1973년 산업교육진흥법의 개정을 통해 '산업교육을 실시하는 학교의 학생은 재학 중 일정한 기간 산업체에서 현장실습을 이수해야 한다'가 삽입되면서 현장실습이란 용어가 처음으로 사용됐다. 이후 현장실습이 부처별 R&D와 연계된 인력양성사업 및 산학협력과 관련한 정부재정지원사업의 인력양성 부분에 성과지표로 포함되면서 2017년 기준 300개 대학에서 153,182명(일반대학 69,411명, 전문대학 83,771명)이 참여하는 규모로 성장했다. 참여 기업체도 93,557개로 2013년 77,177개 대비 21.2% 증가해, 대학 당 평균 312개 기업이 현장실습에 참여한 것으로 나타났다.

이와 같이 대학정보 공시 항목 중 하나인 현장실습 학생 숫자는 양적으로 크게 증가했지만, 참여 학생들의 실습 지원금을 정부지원에 의존하는 등 미국이나 캐나다의 co-op처럼 기업체가 부담하는 자립적은 형태로 운영되지 못하는 점. 또, 현장실습이 4주 이상이 72.5%, 8주 이상은 15.1%이고 12주 이상은 12.4%에 그쳐 단기위주로 진행되면서 고용연계성이 약한 점도 문제로 제기되고 있다.

현장실습의 확대는 대학교육이 '교육-취업'에서 '교육-현장실습(직장체험)-취업'으로 패러다임이 이동하는 긍정적인 신호임은 분명하지만, 교육과 고용으로 연계되는 고리가 약하다 보니 실질적인 청년고용률 상승으로는 이어지지 못하고 있다.

현장실습은 향후 고용과 교육 서비스의 연계 체계 구축을 통해 청년 고용률 제고에 가장 효과적인 3개월 이상의 직장체험(co-op프로그램)이 이뤄질 수 있도록 해야 한다. 이를 위해서는 청년진로지도 서비스의 일원화 및 체계화를 도모할 수 있는 컨트롤타워가 구축돼야 한다.

2) 각 대학 주요 사례

한양대 에리카캠퍼스 '장기 현장실습 도입'

2013년 8월 현장실습 활성화를 위해 '선택형 4+1 학년제'를 도입하겠다고 밝혔다. 방학을 이용해 단기로 진행되는 현장실습만으로는 현장실무능력을 배양하는 데 한계가 있기에 6개월 이상의 장기 현장실습이 가능한 선택형 4+1 학년제를 도입한다는 내용이었다.

한양대 ERICA의 선택형 4+1 학년제는 3, 4학년을 대상으로 방학 중 혹은 학기 중에 운영하는 계절제·학기제 현장실습과 달리 5학기 이상을 마친 재학생들 중 6개월에서 1년 동안 현장실습을 수행하는 프로그램이다. 이 기간 동안에 등록금은 면제된다.

호서대 창업경영실습, 창업동아리에게 창업현장 기회 제공

국내 최초 창업보육센터 운영, 국내 최초 창업학부 개설 등 국내 사립대학 중 창업분야에 있어 선도적 역할을 수행해 온 호서대가 2013년부터 '창업경영실습'을 시작했다. 창업동아리 학생들이 창업보육센터(BI)입주 기업에서 아르바이트를 하면서 창업기업을 현장에서 체험할 수 있도록 마련된 프로그램이다.

호서대 창업지원단은 학생의 전공과 업무가 일치하면 시간당 8,000원을, 그렇지 않으면 시간당 6,000원의 현장 실습비를 지원한다. 학기 중엔 빈 강의 시간을 활용해 일을 하고 방학 중엔 풀타임(주 40시간)으로 업무가 가능하다. 특히 방학 중에 이뤄진 업무는 현장실습으로 인정해 2~4학점을 부여한다.

호서대 관계자는 "학기 중에 일한 것도 학점으로 반영할 수 있게끔 학칙 개정을 요청한 상태"라며 "학생들이 창업동아리 활동을 활발히 할 수 있도록 학업부담은 경감시키고, 동아리 지원금 외에 추가적으로 지원하는 장학금을 이용해 실제 아이템 개발로 이어지게 하겠다"고 밝혔다.

영남이공대, '글로벌현장학습' 전국 최다 선정

2014학년도 글로벌현장학습에 영남이공대는 영어권 37명, 중국어권 11명, 일본어권 4명 등 총 52명이 선정됐다. 이에 국고지원금 3억6천만원을 확보해 전문대학 중 가장 많은 금액을 지원받게 됐다.

글로벌현장학습 지원사업은 당시 교육부가 전문대학생의 글로벌화를 위해 매년 실시하는 사업으로, 2014년 전국 139개 전문대학 중 69개 대학에서 545명이 선발됐다. 선발기준은 대학들의 글로벌 능력과 지원자들의 외국어 성적이다. 영남이공대학은 전체 선정 학생수의 약 10%를 차지함으로써 외국어 능력이 우수한 학생을 가장 많이 보유한 전문대학임을 입증했다.

변용주 국제교류교육원 팀장은 "방과 후 실시되는 수준별 외국어무료특강으로 학생들의 어학실력이 크게 향상됐고, 특히 동하계 방학 중 실시한 글로벌현장학습반, 해외취업반 등의 특별반 운영이 좋은 결과를 이끌어냈다"고 말했다.

이번에 선발된 학생들은 4월과 9월 2차례 걸쳐 영국의 본빌대학, 미국의 브룸필드대학, 캐나다의 톰슨리버스대학, 중국의 서안외사대학 등에서 약 4개월간 어학연수 및 현장학습에 참여하게 된다.

원광대, 학교기업에서 현장실습한 이수현 학생, 교육부 장관 표창

원광대 학교기업 원네이처 현장실습생 이수현(한약학과 3학년) 학생이 현장실습 우수사례 대표자로 선정돼 교육부장관 표창장을 받았다.

2017년 11월 '2017 산학협력 EXPO'에서 열린 시상식은 학교기업에 대한 관심도를 높이고, 현장실습 우수사례를 공유함으로써 현장실습 교육의 내실화를 도모하기 위해 추진됐으며, 대학생 2명과 고등학생 1명이 수상자로 선정됐다.

이수현 학생은 원네이처에서 단기현장실습을 하며 제품제조 및 품질관리 업무 능력을 높이고, 진로를 결정하는 데 큰 도움을 받았다고 밝혔다. 원광대 학생 17명은 원네이처에서 하계방학 6주 동안 현장실습을 수행했다. 또, 12월 동계방학에도 LINC+ 참여학과 학생들이 단기현장실습을 수행할 예정이다. 원네이처는 LINC+사업단과 공동으로 구축한 바이오 분야 고가장비를 활용해 생명과학부, 바이오나노화학부, 생물환경화학과, 식품생명공학과, 한약학과 등 참여 학과 학생들이 소재개발, 제품제조 및 품질관리에 관한 이론과 실무를 익힐 수 있도록 교육하고 있다.

영남대, 현장실습교육 내실화..'현장실습 매칭 박람회'

영남대 링크플러스사업단이 2017년 11월 학생과 기업이 사전 미팅을 통해 서로의 요구를 파악할 수 있는 '현장실습 매칭 박람회'를 개최했다. 현장실습교육은 실무 능력과 경험을 요구하는 기업체의 채용 경향에 따라, 2015년도 우리나라 대학생 16만여 명이 참여할 만큼 대표적인 취업교육으로 진행되고 있다.

하지만, 대부분의 대학에서는 현장실습을 학생과 기업체 간 사전 교감 없이 참여학과 학과장과 행정직원이 임의로 배정한다. 이러다 보니 기업은 업무를 익힐 만하면 떠나야 하는 학생에게 제대로 된 업무를 분장하지 않고, 학생도 처음 접한 기업체에서의 낯선 업무에 별다른 의미를 부여받지 못하고 중도탈락 하는 경우가 다반사였다. 특히, 학기 중 정규 교육과정으로 진행하는 외국과 달리 우리나라 대학은 대부분 여름, 겨울 방학을 이용해 1~2개월 동안 수행하는 단기 실습이 주를 이룸에 따라 현장실습교육의 취지를 제대로 살리지 못한다는 지적이 제기돼 왔다.

이러한 문제를 해결하기 위해 영남대가 개최한 이번 박람회에서는 19개 기업체 인사담당자가 현장실습을 신청한 206명의 학생들과 직접 대면 면접을 진행했고, 70명의 학생을 현장실습생으로 선발했다.

특히, 19개 기업 중 타이코에이엠피(주)는 당초 이공계 여학생 10명을 선발할 계획으로 참여했다가 학생들의 준비 정도를 확인하고 16명으로 늘렸으며, 8주간의 현장실습 후 평가를 거쳐 1월에 정규직으로 채용하기로 약정했다. 상신브레이크㈜는 외국어능력과 엑셀, CAD, CATIA 프로그램이 가능한 10명(경영대학 4명, 기계/신소재/화공 각 2명)을 8주간의 현장실습에 참여시키기로 했다.

취업도 아닌 현장실습을 위한 면접 행사가 잘될 수 있겠는가 하는 당초 우려와 달리, 영남대의 이번 행사가 기업과 학생들의 만족도를 제고한 프로그램으로 소문이 나면서 타 대학들도 주목하고 있다.

배철호 영남대 링크플러스사업단장은 “박람회를 위해 담당자들이 수개월에 걸쳐 학생과 기업의 요구사항을 일일이 파악했다. 업어주고 싶을 만큼 고맙다”고 만족해했다. 이어 “실습생을 늘리기 보다는 기업의 요구사항이 반영된 채용 연계형 중·장기 인턴형 현장실습을 확대할 계획”이라며 “기업이 실습생에게 기꺼이 임금을 지불하면 정부지원 없이도 현장실습이 자립적으로 이뤄질 수 있다. 현장실습의 자립화와 질적 향상에 더욱 노력하겠다.”고 밝혔다.

한편 2017년 영남대에서는 3,4학년 학생 880명이 현장실습에 참여했다. 이 중 700명은 링크플러스사업단을 통해 실습교육에 참여했으며, 4주 단기에 523명, 8주 이상 중·장기에는 177명이 참가했다.

동명대, 졸업 전 '현장실습' 반드시 필요.. "타 지역 대학생 현장실습도 중개"

전국 대학들이 현장실습처 확보에 총력을 기울이고 있는 가운데, 부산의 동명대가 타 지역 학생들의 현장실습을 매칭하고 있다.

특히, 정부가 대학을 상대로 한 산학협력 및 인력양성 사업에 현장실습 교육을 필수 과업으로 지정하고 있고, 상당수의 대학들이 현장실습 이수를 졸업 필수 요건으로 지정하면서, 전국 대학들은 현장실습처 확보 경쟁을 치르는 중이다. 대학들이 현장실습처 확보에 겪는 어려움은 급격히 증가한 현장실습 이수 비율을 보면 가늠할 수 있다.

한국연구재단이 발간한 산학협력활동 조사보고서에 따르면 지난 2016년 305개 대학에서 약 16만 명의 3~4학년 학생이 현장실습에 참여했다. 이는 지난 2012년 대비 44.5% 증가한 것으로, 학생이 증가함에 따라 참여기업 수도 6만3566개에서 9만7413개로 53.2% 늘어났다. 이러한 현장실습 교육의 확대는 통할하는 중앙기구가 없다보니 대학간 치열한 현장실습처 확보 경쟁을 불러온다.

대학마다 현장실습처가 절실한 상황에서 동명대가 타 지역 학생들에게 현장실습을 주선하는 것은 이색적인 일이 아닐 수 없다. 동명대는 지난 2018년 여름방학 때 한양대, 영남대 등 6개 대학 소속 19명의 학생들이 부산지역 전략산업인 기계·자동차·로봇·조선·물류·관광분야 6개 기업에서 현장실습에 참여할 수 있도록 중개했다.

이번 겨울방학에도 동국대, 성덕대 등 16개 대학 51명이 한진중공업, 현대중공업, 기장힐튼호텔, 파라다이스호텔, 신한에어로, 미도아트웍스, 로봇협회, 나노텍세라믹스, 벡스코 등 9개 기업에서 현장실습

교육에 참여할 수 있도록 알선했다. 2019년에는 지역 대표 방송사인 KNN도 동명대 주선으로 타 지역학생들에게 현장실습을 제공할 예정이다.

이들 실습처는 동명대 현장실습센터장이 매주 금요일을 현장실습처 확보를 위한 기업 방문의 날로 정하고 뛰어다녀 섭외했다. 또 원하는 학생들은 동명대 기숙사를 무료로 이용할 수 있으며 실습처로부터 적게는 수십만 원에서 최고 200만 원까지 실습비도 지원받는다.

이러한 동명대의 현장실습 중개 허브 역할은 신동석 산학협력단장(LINC+단장 겸임)의 현장실습 교육에 대한 확고한 철학에서 비롯됐다. 신동석 단장은 "대학 재학 중 현장을 경험해 보지 않고 졸업하게 되면 현실에 발 딛지 않고 구름 위에 뜬 상태로 취업처를 고르게 된다. 그러다 보면 인생에 중요한 시간을 허비하게 된다"며 현장실습 교육에 중요성을 강조했다. 이어 "우리 지역 학생들이 방학에 고향에서라도 현장을 체험했으면 하는 바람으로 시작했다. 청년들이 취업난을 덜어줄 수 있는 효과적인 방법이 있는데 앉아서 구경만 할 수 없다"며 타 대학 학생들을 위한 현장실습 중개의 의미를 담담히 밝혔다.

신 단장의 이러한 현장실습교육 강화에 의지로, 동명대는 매년 3~4학년 재학생 50% 수준인 1500여 명이 현장실습에 참여한다. 이 중 3개월 이상 장기현장실습에 참여하는 학생들은 100% 기업체로부터 실습비를 지원받고 있다. 8주 이하 단기 실습생의 60% 정도도 유급으로 참여한다.

한편, 노동부는 최근 현장실습생이 가진 근로자로서의 성격을 감안해 산재보험 가입을 의무화했다. 통상 월 수령액의 1.8~2.0% 수준인 산재보험료를 기업들이 부담해야 하는 상황으로, 대학들은 현장실습이 위축되지 않을까 노심초사하는 상황이다.

서울과기대, 중기부 R&D 지원 산업인턴 사업.. 취업 경쟁력 '쏠쏠'

중소벤처기업부가 시행한 '지역 중소기업 R&D 산업인턴 지원 사업'을 통해 취업 성공사례를 창출했다. 중소벤처기업부는 2018년 초 공과대 학생들이 중소벤처기업 현장에서 R&D에 참여하는 산업인턴 현장실습 사업을 시행했다.

6개 권역별 기관을 선정해 연간 240명의 공과대 학생을 산업인턴으로 파견하는 이 사업은 현장실습에 문제 중 하나인 단기가 아닌 6개월 장기간 수행을 명시하고, R&D 현장 실습지원이라는 구체적 업무도 제시해 사업 공고 때부터 눈길을 끌었다.

3년간 진행되는 이 사업에 서울·인천권 컨소시엄으로 참여한 서울과기대와 인하대는 40명의 이공계 졸업예정자를 28개 중소 벤처기업에 파견했다. 첫해 사업 종료를 앞두고 다양한 성공사례가 창출된 가운데, 지난해 말 열린 연구 우수성과 시상식에서는 8건의 우수사례에 대해 포상이 이뤄졌다.

이 중 ㈜삼현피에프에서 상온 도로포장재 개발에 참여한 서울과기대 건설시스템디자인학과의 정희승, 최은희 학생은 자질과 품성을 인정받아 해당 기업체에 취업했으며, 향후 상품화를 위한 후속 연구개발에 참여할 계획이다. 또, 캡스톤디자인 작품 제작이 졸업 필수 항목인 서울과기대 공과대 학생들은 이 사업을 통해 기업연계 캡스톤디자인 작품을 제작하며 참여 기업에 대한 R&D 지원을 지속하고 있다.

이동훈 서울과기대 산학연구부총장은 “우리 대학의 발전전략은 기업체와 대학이 긴밀히 협력하는 산학협력 활성화에 있다.”며 “산학협력 대표 프로그램인 현장실습을 6개월간 지원해준 중소벤처기업부에게 감사하다. 앞으로 더욱 내실 있는 현장실습이 이뤄질 수 있도록 최선을 다하겠다.”고 밝혔다.

한서대 “현장실습으로 취업에 자신이 생겼어요”

전국 대학가에서 강단 수업만으로 부족한 현장성을 강화하기 위해 ‘현장실습 교육’이 확산되고 있다. 이 중 한서대는 2019년 240여 명의 3~4학년 학생들이 현장실습에 참여했고, 이 학생들의 현장실습 수기 공모전을 11월 진행했다.

대상을 수상한 유동현 (문화재보존학과)학생은 지난 7월 1일부터 8월 25일까지 8주간 (재)기남문화재연구원 연구지원팀에서 현장실습을 이수했다. 유 군은 발굴 보고서 작성에 필요한 고고학 서적 정리, 수장고 보관 및 박물관 발송을 위한 유물세척 등 복원작업, 복원 완료된 유물을 박물관으로 발송, 수장고 정리 등에 참여했다.

이러한 실습 교육을 통해 유 군은 “다른 작업자에 대한 배려와 존중, 유물복원 절차 체화 및 한 번 훼손되면 돌이킬 수는 유물을 다루면서 주인의식을 가질 수 있었다”며 “현장실습을 통해 배양한 능력을 바탕으로 취업에 자신이 생겼다”고 밝혔다. 이어 “재학 중 현장실습이 필요한 이유를 체감할 수 있었다”고 말했다.

현장실습의 개선과제

“대학 입학 전부터 보안전문가라는 꿈을 가지고 있었지만, 구체적으로 분야를 정하지 못한 상태였다. 그런데 이번 장기현장실습(IPP)을 통해 보안 취약점이 어떻게 발견되고 그것을 예방하는 프로그램이 어떤 프로세스를 통해 만들어지는 지 등을 직접 체험해보고 ‘악성코드 분석가’라는 진로방향을 정할 수 있었다. 실습 동안 정기패치 업무의 비효율적인 부분을 개선하기 위한 프로그램을 개발해 작업 속도를 높였으며, 보안 관련 직종을 꿈꾸는 실습생들과 같이 생활하면서 해킹대회, 자격증 등의 정보도 얻게 되었다. 덕분에 실습기간 중 리눅스 마스터 자격증도 취득했고 올해 복학하면 보안소모임을 다시 꾸려 해킹대회에 나가겠다는 계획도 세웠다. IPP를 통해 구체적으로 목표를 세울 수 있었으며 공학도로서의 자질을 다시 한 번 확인할 수 있었던 시간이었다.”[한국기술교육대 컴퓨터공학부 백지선 학생, ㈜안랩에서 6개월 실습수행]

“단지 추상적으로 힘내라고 노력하면 된다고는 말하고 싶지 않다. 물론 4학년 혹은 더 늦게 인턴을 하는 학우들도 제법 많겠지만, 되도록 일찍 해보라고 권유하고 싶다. 당장 취업을 하는 것도 중요하지만, 장기현장실습을 통해 취업한 후 직장생활을 어떻게 하는 지를 아는 것도 그에 못지않게 중요하다고 느꼈다. 나도 다른 학생들과 같이 실습 전 여러 가지 자격증 준비 같은 걸 했지만, 정작 내 자신이 무엇이 가장 부족하고 필요한 지 실습을 하면서 명확히 알 수 있었다.” [인하대 손준수 아태물류학부, ㈜포워드벤처스(쿠팡) 6개월 실습 수행]

“이번 IPP에 참여해 맡은 나의 직무는 품질관리(QC) 업무를 옆에서 보고 직접 수행하는 실험실 보조연구원이다. 한약재의 GMP(의약품 제조품질 관리기준) 공정을 이해하고 수입한약재의 품질을 관리하며, 한약재 종류에 따른 시험법 목록 확인과 시험을 직접 수행하면서 QC 직무를 체험할 수 있었다. 또한 전공교과 이론을 접목하여 직접실습을 할 수 있어 흥미를 가질 수 있었다. 미흡한 부분이 있을 경우 선배님들이 학생이기에 실수는 당연 한 것이라며 응원해 주셨다."[대구한의대 이제호 제약공학과, 옥천당 6개월 실습 수행]

고용노동부가 2015년부터 실시하고 있는 장기현장실습(IPP)형 일·학습병행제에 참여했던 학생들의 수기 중 일부다. 좀처럼 꺾이지 않는 청년 실업 문제를 해소하기 위해 대학생 장기현장실습이 확산되고 있다. 고용노동부는 4년제 대학단계 일학습병행제인 '장기현장실습(IPP,Industry Professional Practice)형 일학습병행제' 사업을 시작했다. 3, 4학년 학생들이 전공 분야 기업에서 장기간(4~10개월) 체계적인 현장훈련을 받을 수 있도록 지원하는 제도다. 통상 1학기는 학교에서, 2학기는 기업에서 교육을 받게 된다.

그동안 졸업생 중심으로 추진되어 온 일·학습병행제를 대학 재학생 단계의 정규교육과정으로 확대하기 위해 마련된 것이다. 지난해 초 대구대, 숙명여대, 동의대 등 13개 대학이 선정돼 마케팅, 경영지원, 설계 및 생산기술 등 전공 관련 분야의 652개 기업에서 1378명의 학생들이 장기현장실습을 실시했다. 올해도 한남대, 인제대 등 10개 대학이 추가 선정돼 올 2학기부터 3750명이 장기현장실습에 참여하게 된다.

한편, 교육부도 지난 2012년부터 시행하고 있는 산학협력선도대학

(LINC)사업에 주요 내용 중 하나로 현장실습을 다루고 있다. 이 가운데 장기현장실습 시범대학으로 선정된 단국대(천안)의 경우 실습 참여 학생들이 해당 기업에 실제로 취업하는 현장실습의 취업 연계 강화를 위해 실습 기업 발굴 시 취업 약정을 주요 요건으로 제시하고 있다. 산학협력중점교수들이 현장 실습 전 과정에 걸친 밀착관리로 실습 참여 학생들의 80% 이상이 해당 기업에 취업하기도 했다.

또한, 미래부도 최근 대학ICT연구센터를 지정하고 연간 500여명이 참여하는 현장실습 교육을 시작했다.

이렇듯 부처별로 장기현장실습 교육을 강조하고 있지만, 대학 현장에서는 고충을 토로하는 목소리가 높다. IPP사업을 수행하는 모 대학 산학협력단 관계자는 "장기현장실습이 좋은 제도지만 기업에게 줄 당근이 없다"면서 "내년을 기약하기 어려운 중소기업에게 4대 보험료와 임금을 부담하면서까지 인재를 미리 선발하라고 하는 것은 어폐가 있기에 취업을 약정하는 기업 발굴이 가장 어렵다"고 밝혔다. 또 "장기현장실습을 확대하려면 기업에게도 그에 따른 혜택이 있어야 한다"면서 "기업이 먼저 대학을 찾아 올 수 있도록 해야 제도가 정착될 수 있을 것"이라고 토로했다.

"현장실습에 학점 주는 건 옳지 않아"

"현장실습은 고등교육법에 명시된 수업이다. 현장실습 수업은 전문성과 자율성이 요구되는 교육과정의 하나로 대학이 학칙으로 운영해야 하는 것이지, 정부가 강제로 규정하는 것은 법 위반이다. 향후 권고사항 정도의 내용으로 개정하겠다.”

2016년 11월 장기현장실습 발전 방안을 모색하기 위한 세미나가 200여 명의 대학 관계자들이 참가한 가운데 개최됐다. 행사에서 교육부 취창업지원과장은 교육과 근로의 이중성격을 띠고 있는 대학생 현장실습의 성격을 규정하는 데 나서는 애로사항을 언급하며 올해 개정된 고시를 재차 수정할 뜻을 밝혔다. 과장은 “대학생들의 기업체험이 노동을 제공한 것이기에 최저임금법에 준하는 임금을 받아야 한다면 이는 교육이 아닌 인턴활동”이라며 “인턴은 배운다는 교육의 개념보다는 일을 경험한다는 성격이 강한 만큼 엄밀히 말하면 교육이 아닌 노동을 제공하는 인턴활동에 12학점에서 15학점씩 주는 것은 학생들을 상대로 한 대학의 학점 사기”라고 지적했다.

대학생들의 현장실습은 4주에서 8주까지 대부분 방학 중 이뤄지는 단기실습과 인력 미스매치 해결에 효과적인 것으로 알려진 장기현장실습이 12주에서 길게는 6개월까지 진행된다. 학기 중 교육이기에 등록금을 납부하고 현장실습에 참여하는 학생들 중 일부는 ‘제대로 된 교육을 받고 있지 못하다. 근로에 대한 대가를 받지 못했다’는 불만을 종종 쏟아 내고 있다. 특히 교육부가 고등교육법을 바탕으로 시행하고 있는 현장실습 교육에 노동부가 2015년부터 장기현장실습형 일학습병행제 대학을 선정하고 인턴 활동을 독려하겠다고 뛰어들면서 일선 현장에서는 혼란이 가중되고 있는 실정이다.

'장기현장실습' 통해 새로운 채용문화 정착하길

(오창헌 한국기술교육대 교무처장)

지난해 국내 중소기업의 빈 일자리 수가 201,000개에 달했지만 중소기업은 여전히 구인난을 겪고 있다고 한다. 미취업 청년들이 이 빈 일자리를 찾아 들어가면 취업난이 해소될 것으로 보이지만 그리 간단한 문제가 아니다.

원인은 다양하다. 먼저 눈높이 미스매치 문제가 있다. 또한 인문·사회계열과 공학계열 간의 일자리 수요 불균형 같은 전공별 미스매치 문제도 무시할 수 없다. 더불어 선택한 조직과 직무가 적성에 맞지 않아서 입사 1년 이내 조기 퇴사(27.7%, 경총, 2016년 신입사원 채용실태 조사 결과) 하는 경우도 청년 취업난을 부채질한다.

이러한 상황에서 청년 취업난을 해결하는 데는 새로운 일자리 확대 정책도 필요하지만, 청년 취업난의 원인에 대한 분석과 근본적인 대책을 고민해볼 필요가 있다.

청년 취업난을 해결하기 위한 가장 현실적 방안 중 하나는 학생과 기업 간 만남을 활성화하는 것이다. 요즘은 중학생들도 한 학기 동안 자유학기제를 통해 다양한 체험활동 및 진로탐색의 기회를 갖는데, 하물며 인생의 첫 직장 및 직업을 선택하는 대학 졸업생들은 산업현장에 대한 이해와 경험이 부족한 상태에서 제한된 정보만을 가지고 진로 및 직장을 선택한다. 이것이 다양한 미스매치 문제를 가속화시키는 원인이 되고 있다. 이제라도 청년들이 재학 중 전공분야 산업체 직무경험을 통해 자신의 재능과 적성을 파악하고 이에 따라 자신의 진로와 직업을 결정할 수 있도록 해야 한다.

필자는 학생과 기업의 만남의 장으로, 현재 대부분의 대학에서 실시하고 있는 현장실습 제도 활성화를 제안하고자 한다. 우리나라 대학은 재학생을 대상으로 현장실습 제도를 필수 또는 선택으로 운영(2016년 기준, 154,223명 참여)하고 있으나 대부분 1달 정도의 짧은 실습기간, 전공과 무관한 단순작업 등 형식적인 운영으로 인해 현장실습제도 본래의 취지를 달성하지 못한다는 지적을 받고 있다. 더불어 열정 페이 및 안전 문제 등도 사회적 이슈로 부각되면서 현장실습에 대한 부정적인 시각이 있는 것도 사실이다. 하지만, 선진 외국에서 100년 이상의 역사를 갖고 있는 코업 (co-op: cooperative education program. 산학협동교육)과 같은 체계화된 제도를 적용한다면 현장실습제도 본래의 취지 달성과 함께 청년 취업난 해결의 단초로도 활용될 수 있다고 확신한다

필자가 몸담고 있는 코리아텍의 경우 2012년부터 코업을 벤치마킹한 4개월 이상의 장기현장실습(IPP: Industry Professional Practice) 제도를 설계·운영하고 있다. 지금까지 1,800명이 넘는 학생들이 380여개의 기업체에서 장기현장실습을 수행하였으며, 모든 학생이 기업으로부터 월 평균 130만원 수준의 실습수당을 받고 있다. 지난해 IPP 참여학생의 취업률은 비참여학생의 취업률보다 5.3% 높은 87.6%의 취업률을 보였다. 또한 IPP 참여학생의 중소·중견기업 취업률은 비참여학생 취업률 32.8%보다 10.1% 높은 42.9%의 취업률을 보여, 인력난을 겪고 있는 중소기업의 인력채용에도 도움이 되는 것으로 나타났다.

이러한 결과는 학생들의 중소기업 및 제조업에 대한 부정적 인식 개

선, 실제 기업체 근무를 통한 직업에 대한 긍정적 인식 변화, 취업에 대한 자신감 함양 등에 따른 것으로, 장기현장실습이 청년 취업문제뿐만 아니라 눈높이 미스매치 해소에도 기여함을 증명하고 있다. 특히, 2015년부터는 고용노동부가 이를 사업화하여 현재 전국 38개의 4년제 대학에서 이 제도 운영을 통해 청년 취업난 해소에 기여하고 있다. 2016년 기준 13개 대학(IPP형 일학습병행제 참여 1기 대학)의 IPP 참여학생 취업률은 평균 74%로, 전국 4년제 대학 평균 취업률 64.3%보다 9.7%p 높았다. 더불어 13개 대학 전체 취업률 평균과 비교할 때, IPP 참여학생 취업률이 8.8%p 높게 나타났다.

장기현장실습을 통해 기업은 유능한 인재를 조기 발굴하고, 인성·직무역량을 검증하여 채용할 수 있으며, 채용 후 OJT(On-the-Job Training)에 드는 시간과 비용을 절약할 수 있다. 학생은 전공분야 실무경험을 통해 전공직무 역량 및 취업역량을 향상시킬 수 있고, 적성파악 및 진로선택의 기회로 활용할 수 있다. 또한 기업체와 대학에서 받은 수당으로 다음 학기 학비를 마련하는 등 '1석 3조'의 효과를 거둔다. 장기현장실습은 기업과 학생 간 만남의 장을 제공하고 자연스럽게 채용까지 이어지는 등 청년 취업의 새로운 돌파구로 자리매김할 수 있는 현실적인 해법인 것이다.

장기현장실습제도 활성화를 위한 몇 가지 사항을 제언하면 다음과 같다.

첫째, 장기현장실습 전담센터 구축이 필요하다. 제도를 체계적으로 운영하기 위해서는 이를 전담할 조직이 각 대학 또는 지방자치단체에 구축되어야 한다. 더불어 현장실습 전문인력(산학협력 전담교수)을 배치하고 필요한 학사제도 개편 등 관련 인프라를 구축해야 한다. 일정기간(2년 이내) 각 대학에 필요한 인건비 및 운영비를 지원하는 것이 필요하다.

둘째, 정부 부처별 소관 법령 등 제도를 개선해야 한다. 장기현장실습 제도가 활성화되도록 정부 부처별로 흩어져 있는 소관 법령 및 제도를 개선하고 필요한 경우 새 법령을 제정해 통합·운영하는 것이 필요하다. 예를 들어 장기현장실습을 수행하는 학생들의 처우와 관련된 법을 마련하여 학생들이 실습기간에 부당한 대우를 받지 않도록 해야 하며, 참여 기업에 대한 지원(세제혜택, 인건비 지원, 정부사업 가점 등) 관련 법률 검토도 필요하다. 무엇보다도 장기현장실습기간을 공식 경력으로 인정하여 호봉 산정에 반영될 수 있도록 제도적 장치를 마련하는 것도 필요하다. 북미의 경우 Co-op을 수행한 경우 해당 경력을 취업 시 인정하고 있다.

셋째, 장기현장실습을 관리·지원하는 정부 차원의 전담기구 설립이 필요하다. 실습시기, 실습시간, 인정학점, 실습수당 및 실습(교육) 내용 등을 종합적으로 관리·전담하는 정부 차원의 기구가 필요하다. 100년 이상의 운영 경험을 갖고 있는 북미의 Co-op 제도 역시 운영 초기에는 국가, 지방정부 차원의 적극적인 참여와 정책적 지원을 통해 성공적인 제도로 발전시켜 왔다. 향후 4년제 대학뿐만 아니라 전문대학 및 특성화 고교의 장기현장실습도 담당할 수 있도록 해 우리나라 장기현장실습 교육을 총괄하는 중앙기구로 운영하는 것이 바람직하다.

최근 끝난 지방선거 당선자들도 너나없이 청년 취업난을 해결하겠다고 하지만, 지속가능한 새로운 일자리를 만드는 일은 결코 쉽지 않은

게 현실이다. 오히려 있는 일자리에 적합한 주인을 찾아 주기 위한 노력이 청년 취업난을 해결하는데 더욱 효과적인 방법일 것이다. 지금이라도 정부와 경제단체, 대학이 머리를 맞대고 장기현장실습 제도를 활성화하기 위한 방안을 찾아야 한다. 장기현장실습을 통한 채용문화 개선은 청년들에게는 불필요한 스펙쌓기 등 구직활동에 투여한 기회비용을 절감하는 효과를, 기업에게는 신입 직원의 조기 이탈로 발생한 불필요한 낭비를 줄여주는 효과도 창출할 것이다.

3. 학교기업

1) 현황

학교기업이란 학생들의 현장실습 교육에 활용하고 교육기관에서 개발된 기술의 이전 및 사업화, 수익창출을 동시에 충족하기 위한 조직으로 지난 2004년부터 설립되기 시작했다. 학교 또는 산학협력단의 부서 형태로 설치되며 별도의 법인격을 갖고 있지 않다.

특성화고교에 설치된 경우를 제외하고 전체 대학의 학교기업 수는 총 181(일반대학 60개, 전문대학 58개)개로 2013년 160개, 2015년 168개에서 점차 증가했다. 기업체 수의 증가와 함께 전담인력도 916명에 이를 만큼 확대됐으며, 현장실습 이수 학생 수는 2013년 9,830명, 2016년 9,862명, 2017년 8,636명으로 증감을 반복하고 있다.

학교기업의 매출액은 2013년 617억원, 2016년 669억원, 2017년 689억원으로 증가하고 있으며, 제조업이 37.6%로 가장 많고, 전문·과학 및 기술서비스업이 15.5%, 이어 교육서비스업 순으로 분포하고 있다.

일반대학 운영순위는 강원대가 현장실습 이수 905명, 매출 661백만원으로 1위이고 이어, 한국해양대, 전북대, 원광대 순으로 활성화돼 있다.

전문대학은 동아방송예술대가 현장실습 이수 420명, 매출 298백만원으로 1위이고 이어, 용인송담대, 전남과학대, 수원여자대학 순이다.

한편, 공공성을 가진 학교기업이 노동부 지정 사회적기업과 유사한 목적으로 운영되기에 학교기업을 사회적기업으로 인정해 활성화해야 한다는 주장이 제기되고 있다. 대학기술지주회사가 활성화되기 시작하면서 일부 학교기업은 기술지주회사 자회사로 편입되기도 했다.

2) 주요 사례

PCB관련 학교기업을 설립한 한국산업기술대 조진기 교수(산학협력단장)는 "학교기업을 처음 시작할 2004년 당시와 지금의 대학현실은 천양지차"라며 "대학이 청년 일자리 창출과 부족한 재원을 확보할 수 있도록 학교기업 운영 방침에 변경이 필요하다."고 말했다. 이어 "사회적기업이 받는 인건비 혜택을 학교기업이 받을 수 있다면 전국 대학에서 다양한 모델의 학교기업이 탄생할 수 있을 것이고, 별도 법인으로서 생존을 위한 경영활동도 전문적으로 하게 될 것"이라고 전망했다. 계속해서 그는 "사회적경제 육성을 통한 일자리 창출에 역점을 두고 있는 정부의 정책방향과도 부합하는 조치"라며, 이에 대한 정부당국자들의 적극적인 검토를 주문했다.

울산과학대 종합환경분석센터

울산과학대 종합환경분석센터(UCTEAC)는 2001년 산업자원부가 지정한 지역기술혁신센터가 모태다. 2008년 9월 환경부 토양오염조사 전문기관으로 지정받았고, 2009년 교육과학기술부의 학교기업 지원사업에 선정됐다. 2011년 3월 환경부로부터 먹는 물 수질 검사기관으로 지정됐고, 2012년 10월에는 토양환경평가 기관으로 추가 지정됐다.

종합환경분석센터는 2013년 울산과학대 교수 7명과 분석 전문 연구원 12명이 재직 중이었다. 센터는 교육, 연구, 수익사업을 벌인다.

교육기능은 환경화학공업학과의 정밀분석트랙 전공에 개설된 토양오염조사, 먹는 물 수질검사, 기기분석 과목의 현장실습이 이곳에서 이뤄진다. 매년 20~40명의 학생이 전문 연구원과 일대일 멘토링으로 실습교육에 참여한다. 이러한 교육환경을 바탕으로 환경화학공업과의 취업률은 매년 80% 이상을 유지하고 있었다.

수익은 토양오염도 조사와 먹는 물 수질검사로 거둔다. 학교기업이라는 신뢰성을 기반으로, 울산시 토양 및 수돗물 정책과 관련한 각종 감시 및 검증기관 역할을 수행 중이다.

지난 2009~2012년 반환미군기지(춘천캠프페이지) 토양정화 검증 용역과 낙동강살리기 24공구 토양오염조사, 울산 초·중·고 58개교 정수기 수질검사, 울산시 상수원수 수질 검사 등을 지난 3년간 수행해 약 20억원의 수익을 거뒀다. 또, 공익활동으로 사회복지시설 무료수질 검사를 진행 중이고, 울주군 마을상수도 수질 검사(189개소)도 맡고 있다.

계명대 학교기업 TDB

계명대 학교기업 'TDB(Total Design for Bisa)'가 '2013 대구패션페어(DAEGU FAS HION FAIR 2013)'에서 한국전통문화를 모티브로 하는 패션작품과 각종 로고를 상징화한 기념품 등 100여점의 작품을 출품했다.

출품된 작품들은 패션마케팅학과가 쌓아 온 산학협력 기반과 학생

디자인상품의 유통경험 등을 바탕으로 탄생했다. 최근 사업자등록을 마치고 본격적인 운영에 들어간 TDB는 각종 학교, 박물관, 기관, 기업체의 기념품 제작 및 판매는 물론 브랜드 개발, 해외전시 기획 등 기업 컨설팅업무, 온라인을 통한 해외마케팅활동 등 폭넓은 사업을 추진 중이다.

TDB는 그동안 다양한 패션, 유통 브랜드를 선보였으며, 2012년 학생들이 자체 개발한 브랜드 'Secon#(세컨샵)'을 출시했다. 학생의 실무능력 강화와 취업 역량 향상을 위해 개발된 교육프로그램으로 그해 12월 미국 뉴욕에서 'Secon#'브랜드 전시회를 열기도 했다.

이렇듯 계명대 TDB는 학생 교육을 위해 학교가 투자하고 참여 학생들의 열정과 창조성으로 탄생한 학교기업이다. 컨설팅, 패션상품 판매 등 기업운영을 통해 나온 수익은 학교기업과 학생 교육에 재투자하고 있다.

한성대 1호 학교기업 스튜디오116

2014년 9월 현장실무교육과 창업교육 및 산학연계를 목적으로 하는 학교기업 '스튜디오116 '이 출범했다.

대학의 첫 번째 학교기업인 '스튜디오116'은 디자인 전공학생들의 창의적 아이디어를 고감성 제품으로 개발, 유통하는 디자인 기반의 브랜드상품 제조기업이다. 디자인경영 전문가인 제품디자인전공의 김홍배 교수가 운영을 맡았다.

한성대는 다양한 분야의 실무와 교육의 연계를 통해 비즈니스 성과를 창출할 수 있는 현장 지향적 학교기업을 지속적으로 론칭할 계획이다.

한국해양대 마린에듀텍

학교기업 마린에듀텍이 2014년 11년 고용노동부와 한국직업능력개발원이 주최한 '2014년 직업능력개발 훈련기관 역량평가' 우수훈련기관 시상식에서 재직자훈련과정 부문 최고등급인 'A' 등급을 받았다. 전국 393개 기관 중 부산·경남지역 1위에 해당하는 성과로, 마린에듀텍은 2010년 이래 4년 연속 'A' 등급을 받아왔다.

2004년 설립된 한국해양대 학교기업 마린에듀텍은 재학생들의 해기교육 이외에 재직 근로자 및 채용예정자 등을 대상으로 위탁훈련 과정을 운영하고 있다. 대표적으로 선교자원관리(BRTM), 선박조종능력향상교육(SHS), 전자해도표지시스템교육(ECDIS) 등이다.

공주대 학교기업 프린세스

학교기업 설립목적인 수익 창출과 현장실습교육에 성공적인 사례로 손꼽히는 프린세스는 자료도서관 1층에 있는 커피전문점이다. 식품과학부를 중심으로 지난 2011년 설립됐다. 2012년 3억5200만원에서 2015년은 5억1300만원으로 매출이 증가했다.

학교에 기탁하는 장학금도 2014년 5000만원에서 2015년 8000만원으로 확대됐으며, 현장 교육 및 고용창출 효과도 거두고 있다. 전공학과 학생들의 현장실습교육으로 제과제빵(3학점), 외식품질관리 및 분석(3

학점), 외식산업실습(3학점)의 교과목 수업이 이곳에서 진행되며, 3~4학년 재학생 1~2명은 학기와 계절학기를 이용해 현장실습 학점을 이수하고 있다. 프린세스를 통해 12개의 일자리가 창출됐으며, 그 중 1명은 청각 장애인이다.

또, 2013년 6월 공주대 천안캠퍼스에 설치된 금형열처리지원센터가 2015년 교육부 학교기업 지원 사업에 선정됐다. 5년간 15억 원을 지원받아 새로운 장비를 구축했다.

금형열처리지원센터는 대형 고진공 열처리로, 템퍼링 열처리로, 서브제로 열처리로, 초음파세척기와 같은 고가의 장비를 보유하고 첨단부품 및 자동차·가전제품 제조업체의 품질향상과 금형·소성가공·열처리 업체의 기술개발을 지원하고 있다.

센터는 그동안 수백 건의 기술지원 수행과 함께 신소재공학부 신소재시스템공학전공에 7개 과목과 기계자동차공학부 자동차공학전공에 4과목, 기계자동차공학부 기계시스템공학전공에 3과목, 금형설계공학과 13개 과목에 실습처로 이용되고 있다. 2016년 교과 중에 90명, 하계방학 때 12명, 동계방학에 18명이 이곳을 현장실습처로 이용했다. 또 2015년 7250만 원의 장학금을 조성했다.

산학협력본부장 서창호 교수는 "학교기업인 금형열처리지원센터을 통해 첨단부품 제조업체와 자동차 가전제품 등 중견기업의 제품 품질 향상을 지원하고 있다"며 "지역기업의 고부가치 제품과 기술개발, 청년 일자리 창출과 취업난 해소에도 학교기업인 금형열처리지원센터가 효자 노릇을 하고 있다"고 말했다.

원광대 원네이처

원광대 학교기업 원네이처가 2017년 학교기업 지원사업 중간평가에서 '우수' 평가를 받아 계속 지원 대상으로 선정됐다.
교육부는 학교기업 지원 사업을 통해 2015년부터 2016년까지 24개 대학과 23개 전문대, 12개 특성화고 등 총 60개의 학교기업(신규형, 성장형, 자립형)을 지원했다.

중간평가는 1~2차년도(2015~2016년) 사업 실적과 성과를 중심으로 서면 및 대면평가를 통해 이루어졌으며, 원네이처는 특허를 활용한 기능성 화장품 및 식품개발, 품질검사서비스 등으로 수익을 창출하고, 창업실습교육과 창업계획 발표 등 구체적인 창업교육을 통한 취·창업 통합 플랫폼으로서의 역할을 높게 평가받았다.

2015년 학교기업 지원 사업에 선정된 원광대 원네이처는 천연 기능성 화장품인 '수피나(SUPINA)' 3종과 천연 차(茶) 제품 '티스토리(TEASTORY)'3종을 출시해 판매하고 있으며, 생명과학부, 바이오나노화학부, 한약학과, 식품환경학부 학생들의 장단기 현장실습 및 창업실습 기회를 제공하고 있다.

또, 원네이처는 중국 위생허가를 취득하고 중국시장 진출도 시작했다. 2017년 6월 '수피나 국화 마스크팩'이 중국 식품의약품감독관리총국(CFDA, China Food and Drug Administration) 위생허가를 취득했다. 중국 위생허가는 CFDA에서 지정한 중국 내 공인 기관에서 피부자극시험, 미생물검사, 중금속검사 등 안전성에 대한 철저한 분석과 검열이 이루어지며, 추가로 요구한 안전성 평가자료 및 제품에 대한 세부 보고서 등 까

다로운 심사를 거쳐야만 취득할 수 있는 것으로 알려져 있다.

원네이처는 한국화학융합시험연구원(KTR)에서 진행하는 해외인허가 인증지원 사업을 통해 이번에 위생허가 취득에 성공했으며, 중국 화장품 시장 진출을 위한 제품 제작비는 전북생물산업진흥원이 주관한 '전북 바이오활성소재산업 글로벌화 패키지형 지원사업'으로 확보했다.

국민대 협동조합 나인스튜디오

대학은 지난 2014년도 2단계 산학협력선도대학(LINC) 육성사업에 참여하며 영화 편집계에서 독보적인 1인자로 평가받고 있는 김창주 씨를 산학협력 교수로 채용했다.

임홍재 당시 국민대 산학부총장은 2015년 개최된 사회적경제와 관련한 대규모 행사에서 협동조합을 접한 후, 김창주 교수를 중심으로 영화전공 학생들이 참여하는 협동조합 나인스튜디오를 그해 9월 설립했다.

또 국민대는 협동조합에서 한발 더 나가 학교기업으로 할엔터테인먼트를 2016년 6월에 설립했다. 현장교육을 심화하는 동시에 취업률을 증진하기 위한 것으로, 그동안 영화 '특별시민', 드라마 '시카고 타자기' 등의 후반작업(편집, CG, DI 등)에 참여했다. 더불어, 영화관의 엔딩 크레딧에 국민대 로고와 참여한 학생의 이름을 기재하며 홍보효과를 얻고 있다.

특히, 청년 창업가 배출에도 학교기업과 협동조합이 효과적이었다. 2015년 협동조합에서 현장실습을 수행한 김석진 씨가 영상콘텐츠 제작업체 '찐'을 2016년 11월 창업했다. 현재 6명을 고용하고 있으며 4억원 매출목표 달성을 눈앞에 두고 있다. 유진훈 씨도 2017년 1월 창업해 5명을 고용했다.

용인송담대 송담이노텍

2017년 11월 산학협력엑스포 전시장에 용인송담대 학교기업 '송담이노텍'이 전시부스를 마련했다. 자동차기계과, 기계과가 참여하는 송담이노텍은 학생들의 현장실습과 지역 기업들의 시제품 제작에 활용된다.

2014년 설립 이후 2015년 학교기업 지원사업에 선정돼 2억 원의 국고 지원을 받아 3D프린팅 스캐닝과 모델링 분야에 필요한 장비와 시설을 구비했다. 2016년 1억5천만 원 매출과 210명의 학생들이 현장실습처로 이용했다.

송담이노텍 운영을 통한 학생들의 현장 능력 배양은 취업률 상승으로 이어져 2015년 자동차기계과 취업률이 53.3%에서 2016년 75.3%로, 기계과도 68.7%에서 74.5%로 상승하는데 일조했다.

권양구 용인송담대 산학협력단장은 "이 분야에 대한 강자들도 많고 정부지원을 받아 설립된 유사한 공간도 많이 있지만, 3D스캐닝을 이용한 역설계 기술은 우리가 뒤쳐지지 않는다."며, 학내 교수진과 시설, 장비가 가진 강점을 소개했다.

부천대 제펫스튜디오

2015년 설립한 학교기업 제펫스튜디오가 학생들의 취업 경쟁력 강화에 효자노릇을 톡톡히 하고 있다.

3D 애니메이션과 영상콘텐츠를 제작하는 제펫스튜디오는 매년 2억 원 규모의 매출을 올리는 프로젝트에 참여했다. 이를 통해 현장성을 체득하고 관련 업체로 취업한 학생이 2016년 18명, 2017년 11명이었고

매년 10여 명의 학생들은 이곳에 임시로 고용된 후 경력을 쌓아 좀 더 규모 있는 기업체로 진출하고 있다.

특히 취업경쟁력 향상에 필수 과정인 현장실습에는 방학기간 또는 학기 중을 이용해 매년 36~53명가량의 학생들이 참여했다. 수업 일부를 이곳에서 진행하는 교육에도 100여 명이, 각종 실습 프로그램에 참여하는 교과 외 교육에는 2017년 356명의 학생들이 이곳을 다녀갔다. 이렇듯 학생들의 취업경쟁력 확보뿐 아니라 제펫스튜디오는 타 학교기업과의 협력을 통해 시너지 창출에 나섰다.

부천대는 유사한 업종의 학교기업 간 협업이 시너지를 창출할 수 있음에 주목하고 '공동 프로젝트' 수행과 '공동 현장실습' 전개, '공동 창업교육 및 창업실습 프로그램'을 통한 사업화를 타 학교기업들에 제안하고 이를 실현했다. 이러한 학교기업 간 협력시스템 구축이라는 새로운 모델 정립을 인정받아 2018 산학협력 EXPO에서 교육부장관 표창을 수상했다.

사업화에도 본격적으로 뛰어들었다. 창작품인 '콩콩이의 모험' 3D 애니메이션 시제품을 제작하고, 본편 제작을 위한 투자유치에 나섰다. 아카데미 기반의 학교기업에서 좀처럼 볼 수 없는 자체 창작 3D애니메이션을 제작해낸 것이다. 투자를 유치해 국내는 물론 해외시장에도 진출한다면 그동안 학교기업을 현장실습처 이상으로 의미를 부여하지 않았던 관계 당국과 학교기업 설치에 소극적인 학교들에도 큰 반향을 불러올 것으로 기대된다.

제펫스튜디오는 특성화고교 학생들에게도 새로운 교육 기회를 제공하고 있다. 2019년 1월에 전국에서 모인 고교생을 상대로 무료교육이 진행될 예정이다. 제펫스튜디오 운영을 총괄하는 김양수 교수는 "그동안 제펫스튜디오를 통해 꽤 많은 학생들이 취업으로 연계됐다. 앞으로도 학생들이 콘텐츠 부문으로 취업하는 데 있어 정거장 역할을 충실히 수행하겠다"고 밝혔다. 이어 "자체 제작한 3D애니메이션을 가지고 해외시장에 당당하게 서보고 싶다"며 바람을 전했다.

학교기업(School-Based Enterprise)은 학교의 한 부서로 설치돼 운영 중이다. 교육기관 특히, 대학이 보유한 풍부한 인적, 물적 자원을 바탕으로 교육과정과 연계한 기업활동(제조·판매 및 용역 등) 과정에서 학생들의 현장실습 효과(기업이 요구하는 지식·기술, 태도 습득) 극대화와 수익의 학교 발전자금과 학생 장학금으로의 환원, 학교기업을 통한 청년 일자리 창출 및 산학협력 활성화(인력양성, R&D, 기술이전) 등으로 지역경제 활성화에 기여할 수 있는 효과적인 수단으로 주목받고 있다. 하지만 독립된 법인격을 갖지 못해 교육부 지원사업이 끝나면 자립하지 못하고 대부분 사라지는 상황이다.

학교기업 활성화와 관련한 특단의 대책이 필요하다는 주장이 제기되는 이유다.

연성대 카페 플래닛37

2019년 4월 연성대는 학교기업 '카페 플래닛37'을 오픈하고 본격적인 운영에 들어갔다. 카페 플래닛 37(Cafe Planet 37)은 호텔외식경영전공의 교육과정과 연계해 학생들에게 현장실습의 기회를 제공하고 각종 교육프로그램을 운영함으로써 현장직무에 적합한 인재 육성을 목적으로 설립됐다.

카페 플래닛37은 신축된 창의교육센터 4층에 위치하고 있으며, 커피를 비롯한 음료, 제과제빵류, 스낵류 등을 취급하게 된다. 학교기업 대표인 김진배 산학협력단장은 "학교기업 운영을 통하여 수익을 창출하고 창출된 수익을 교육활동에 재투자함으로써 궁극적으로 학교발전에 기여하는 선순환 구조를 마련하는 데 최선을 다하겠다." 밝혔다.

동서울대 시예

성남에 있는 동서울대에는 국내 유일의 시계주얼리학과에서 기획한 제품을 판매하는 학교기업 '시예'가 있다. 이 기업에는 6명의 정직원이 근무한다. 모두 재학 중 현장실습을 통해 선발된 직원들이다. 이곳 출신들이 전문 시계업체로 이직하는 등 활동 무대가 점차 넓어지고 있다.

전북대 전북대햄

전북대 학교기업 전북대햄은 부안지역 특산물인 뽕잎으로 숙성시킨 오리바비큐로 친환경식품 시장에 진출했다. 전북대햄은 이 제품으로 8억 원의 매출을 달성했다. 온·오프라인 판매를 통해 대학과 학교기업 홍보 및 뽕잎에 대한 인지도를 높임으로써 지역경제 활성화에 기여하고 있다. 기존의 햄, 소시지 제품에도 뽕잎을 첨가해 차별화에 성공했다.

학교기업을 사회적기업으로.

지난 2004년부터 설립되기 시작한 학교기업을 사회적기업으로 인정해 대학발 일자리 창출에 유력한 대안이 되도록 해야 한다는 주장이 제기됐다. 이윤창출 보다는 교육을 주목적으로 하는 학교기업이 가진 공익성이 사회적기업과 맞닿아 있기에 인건비 지원 등이 이뤄지는 사회적학교기업으로 지정이 필요하다는 것이다.

2014년도 한국교원대학교 석사논문 '사회적기업으로서의 학교기업 발전을 위한 법제 연구(서병국)'에 따르면, 기존의 사회적 기업도 취약계층에 일자리를 제공해 복지제도의 부족한 점을 보완하고 사회적 기업을 통한 이윤은 다시 취약계층에 지원하는 기업이듯이, 사회적 학교기업도 고용 창출 및 교육서비스를 제공하고, 여기서 발생한 이윤을 다시 양질의 교육서비스가 이뤄지도록 재투자되는 형태로 운영할 수 있다.

서병국은 학교기업은 급변하는 현대 직업사회에 적응할 수 있는 신규인력의 양성과 기존 인력의 재교육을 위해 고안된 학교교육과 일, 경험을 연계시킬 수 있는 새로운 체제의 기업형태라고 강조했다.

최근 제기된 사회적기업의 등록제 전환과 연계해 학교기업을 사회적기업으로 인정받도록 하는 법률적 검토가 필요한 상황이다. 한편 학교기업들의 협의체인 (사)한국학교기업협회는 지난 2016년 9월 국회에서 '청년일자리 창출, 학교기업이 답이다'라는 포럼을 개최했다. 당시 협회장은 "학교기업이 일자리 창출에 유력한 대안"이라며 "학교기업이 가지는 무한한 잠재력과 경쟁력에 대한 공감대를 이번 포럼을 기점으로 확산시켜 가겠다"고 밝혔었다.

4. 계약학과 & 주문식 교육

1) 현황

계약학과란 국가, 지방자치단체 또는 산업체 등과의 계약에 의해 정원 외로 개설、운영할 수 있는 학위 과정이다. 계약학과의 형태는 두 가지다. 특정 기업체 직원의 재교육이나 직무능력 향상을 위한 '재교육형'과 채용을 조건으로 교육과정을 운영하는 '채용조건형'이 있다. 학부 또는 대학원에 신설할 수 있다.

2013년 기준 134개 대학, 648개 학과에서 점차 증가해 2017년도 157개 대학에서 793(일반대학 680, 전문대학 113)개가 개설됐다. 793개학과 중 채용조건형은 117개, 재교육형은 676개이다. 이 중 사업주 단체가 공동으로 대학과 계약학과를 설치하는 3자 계약을 통해서는 263개 학과가 개설됐다.

계약학과 재학생은 16,735(일반대학 14,320, 전문대학 2,415)명이고, 이들은 학사(전문학사 포함)학위 과정에 10,850명, 석사학위 과정에 4,938명, 나머지 947명은 박사학위 과정이다. 계약학과 가운데 공학계열학과는 380개(47.9%)이고, 인문사회계열 계약 학과는 301개(38.0%)였다. 참여 기업 수는 모두 8,248개이다.

주문식 교육과정은 국가·지방자체단체 또는 산업체 등과의 협약에 의해 정원 내로 개설·운영하는 과정이다. 주문식 교육과정은 산업체 경비부담의무가 없으며, 산업체가 주문식 교육과정 이수학생의 채용을 약정 또는 우대하는 형태로 운영된다.

2016년에는 128개 대학, 802개 교육과정 개설됐으며, 2017년도는 151개 대학, 981(일반대학 327, 전문대학 654)개로 확대됐다. 2017년 참여 학생 수는 총 33,486명이다. 이 중 13,960명은 일반대학에, 19,526명은 전문대학에 재학하고 있다. 참여기업 수는 모두 6,870개로 일반대학에 2,174개, 전문대학에 4,696개가 포진해 있다.

2017년 주문식 교육과정 졸업자 수는 17,857명으로 대학은 3,759명, 전문대학은 14,098명이었다. 이 가운데 채용인원 약정형 주문식 교육과정 졸업자 10,487명의 취업률은 53.6%(5,623명)로 나타났고, 이 중 약정 산업체 취업률은 32.1%(3,368명)인 것으로 조사됐다.

계약학과와 주문식 교육과정 비교표

구 분	채용조건형 계약학과	주문식 교육과정
근거	•산업교육진흥 및 산학연협력촉진에 관한 법률 제8조 및 같은 법 시행령 제8조, 제9조 •계약학과 운영요령	• 별도의 법적 근거 없음 • 학칙의 범위 내 자유롭게 운영
정원기준	• 정원 외 운영 • 단 기존 입학정원의 10% 범위 내 모집	• 정원 내 운영
설치절차	• 산업체의 교육 요구 → 대학의 검토 → 계약 체결 → 학칙 개정 → 입시 요강에 따른 학생 모집	• 학칙의 범위 내에서 산업체와의 협약에 따라 자율적 설치 운영
경비부담	• 산업체 : 50%이상~100% 부담 • 학생 : 50% 이하	• 산업체의 경비부담 의무 없음
채용 연관성	• 졸업생의 채용을 조건으로 학과 설치	• 산업체는 교육과정 이수생의 채용을 약정 또는 우대
운영방법	• 별도의 정원 외 학과 신설	• 정원 내 학생을 대상으로 교육과정 설치 운영
신고의무	• 계약서 체결 2주 전까지 교육부 장관 신고	• 법적인 신고의무 없음

*2017 대학 산학협력활동 조사보고서 (p. 50)

2) 주요 사례

기술사관 육성사업

2009년부터 교육과학기술부와 중소기업청이 지원하는 기술사관 육성사업이 시행됐다. 특성화고-전문대-산업체로 연계된 교육과정을 통해 전문기술인력을 양성하기 위한 프로그램으로, 2012년 당시 경기과기대, 대덕대, 삼육보건대, 두원공과대, 구미대, 영남이공대, 청강문화산업대, 청암대, 울산과학대, 충청대, 제주관광대, 공주영상대 12개 전문대학이 프로그램을 운영 중이었다.

이 가운데 경기과기대는 2012년 시행 4년차를 맞아 부천공업고, 산본공업고, 평촌공업고교 1학년 때 기술사관생 참여를 신청한 48명 가운데 36명이 고등학교를 졸업하고 금형디자인과에 입학했다. 이들은 재학 중 필요한 자격을 취득하고 2014년 졸업과 동시에 협약을 맺은 기업체로 취업하게 된다. 또, 협약기업들이 병역특례업체 자격을 취득했기에 산업기능요원으로서 군 문제도 해결할 수 있다. 또 경기과기대는 3개 특성화고에서 기술사관 참여를 신청한 학생들을 대상으로 방과 후 또는 방학을 이용해 금형기술을 교육하며 예비 신입생을 육성 중이었다.

당시 참여하는 학생들도, 전문대 교수들도 긍정적으로 평가하고 있었다. 헌데 본격적으로 성과가 도출되기 시작할 시점인 2015년 노동부가 유니테크 사업을 시작함에 따라 부처 간 중복사업 조정에 따라 2016년 노동부 주관으로 통합됐다.

창원대-한국세라믹기술원, 학·연 협동연구 석·박사 과정

창원대가 창원으로 이전한 한국세라믹기술원과 학·연 협동연구 석·박사 과정 설치를 골자로 한 교육 및 연구에 관한 협약을 2014년 체결했다. 이에 따라 창원대 대학원은 학·연 협동연구 석·박사 과정을 설치했다. 또 연구 인력·장비·시설, 기술정보 등의 상호교류 등을 통해 동남권 지역의 세라믹산업 발전에 협력하기로 했다.

영진전문대학, 공항서비스 인재 양성

국내 전문대학 중 주문식 교육은 영진전문대학이 선도적이다. 자타공히 주문식 교육의 산실이라고 일컫는 이 대학이 2014년 4월에 Safe1㈜조은시스템과 인력양성 공급을 위한 주문식 교육 협약을 체결했다.

이에 따라 영진전문대 경영 계열과 국제관광 계열은 공항 보안업무 관련 인재 양성을 위한 실무 교육을 대폭 확대하고, 조은시스템이 요청한 교육과정을 시범 운영하게 됐다. 2015년부터 40명 정원의 조은시스템 연계 서비스 인재반을 본격적으로 운영할 계획이었다.

공주대, 중소기업 계약학과 석사과정

2014년 7월, 중소기업청 지원 석사 학위과정 '기전공학과' R&D기획과정 입학생 20명을 모집했다. 중소기업 재직자의 장기근속을 유도하고 직무능력 향상을 위해 운영되는 중소기업 계약학과는 등록금의 70%를 정부가 지원하고 30%는 기업과 근로자가 부담하며, 근로자는 최대 15%까지만 부담하도록 돼있다.

수업은 야간 및 주간과정으로 진행되며, 기계 및 전기전자 분야의 신규 아이템 발굴 등 R&D전문가 양성을 위해 전문가 세미나, 기업지원 프로그램 등 다양한 현장 맞춤형 교육으로 운영된다. 공주대 계약학과는 2011년 개설 이래 꾸준히 확대됐다. 2013년 학사 졸업생 124명을 처음 배출하였으며, 2014년 11개 학사과정, 5개 석사과정에 약 500명이 재학 중이었다.

한국산업기술대, 논문 없는 석·박사제

2014년 9월 한국산업기술대 신소재공학과가 산업통상자원부가 주관하는 '기업연계형 연구개발 인력양성사업'에 선정됨에 따라, 기업과 연계한 프로젝트 석·박사과정을 5년 동안 운영한다고 밝혔다.

대학의 산학협력 활동이 주로 학부 위주로 운영되고, 산학협력 성과 역시 논문 평가를 바탕으로 이뤄지는 등 기업의 수요를 충분히 반영하지 못하고 있는 점을 해소하기 위해 도입됐다. 이 과정은 연구인력 모집, 교육과정 설계, 성과 평가 등 사업수행 전 과정에 기업이 참여 한다. 중소·중견기업과 대학원생이 컨소시엄을 이뤄 연구개발, 시제품 제작 등 프로젝트를 수행하며, 참여 대학원생은 연구논문을 제출하지 않고 실무과제 평가만으로 학위를 받는다. 기업과 연계된 대학원 연구인력이 산학협력 프로젝트에 집중할 수 있는 여건을 만들기 위함이었다.

한국산기대는 이 사업에 솔브레인이엔지 등 중소·중견기업과 '융합정보기기 컨소시엄'을 구성하고 '융합정보기기(반도체 · 디스플레이 평가 장비) 글로벌 TOP3 강소기업 육성'을 비전으로 제시했다.

한국기술교육대, 일학습병행대학 학과 추가 신설

한국기술교육대가 2015년 기전융합공학과 신설에 이어 2016년 기계설계공학과, 강소기업경영학과 2개 학과를 일학습병행학과로 추가 개설했다. 이를 통해 대학은 기존의 일학습병행학부를 일학습병행대학으로 승격시켰고 기전융합공학과(42명), 기계설계공학과(41명), 강소기업경영학과(35명) 3개 학과에서 118명을 모집했다. 일학습병행대학 신입생(학습근로자)들은 경기도 및 충청지역의 중소、중견 제조업체에 입사한 지 2년이 안된 마이스터고 및 특성화고 출신 노동자들이다.

전공기초지식, 학업계획, 발표력 및 표현력 등 대학 측의 심층면접을 통해 최종 선발됐다. 수업 형태는 4년 간(8학기) 130학점을 이수하며, 출석수업 50%, 온라인 수업 30%, 현장실습수업 20%의 비율로 교육과정이 운영된다. 출석 수업은 토요일만 진행하며, 교과목은 교양 14학점, MSC(Mathematics, Science, Computer / 수학, 과학, 컴퓨터) 15학점, 전공 101학점으로 구성됐다.

성균관대 스마트팩토리융합학과

성균관대 스마트팩토리융합학과가 2016년 6월 중 중소기업청이 지원하는 석사과정 채용조건형 중소기업 계약학과에 선정됐다. 이 채용조건형 계약학과는 산업체가 채용을 조건으로 교육기관과 계약에 의해 설치·운영하는 학위 과정이다. 졸업 후 중소·중견기업에 2년 이상 의무재직을 조건으로 학생에게 학위과정 이수에 따른 등록금 전액과 매월 연구활동 지원금이 지급된다. 성균관대 스마트팩토리융합학과는 일반대학원 내에 개설되며, 매년 신입생 15명을 선발해 그해 9월부터 첫 학기를 운영했다.

창원문성대, 명장 기술도제

2016년 하계방학을 이용, 재학생들의 취업을 위해 '명장 기술도제 교육프로그램'을 운영했다. 명장 기술도제 교육프로그램은 산업체 명장이 멘토가 돼 재학생들에게 산업현장에서 필요한 실습교육과 직장생활에 필요한 인성교육을 지도하는 프로그램이다.

대학은 2014년 교육부의 특성화전문대학 육성사업 평생직업교육대학에 선정된 이후 30개 과정에 25명의 명장이 참여, 130명의 재학생들에게 고숙련 기술전수 도제교육을 실시했다. 방학을 이용한 명장 기술도제 교육프로그램은 기계분야의 김기현 명장 등 8명의 국가품질 명장, 용접분야의 김일록 명장 등 4명의 대한민국 명장 및 차성민과자점, 코코로베이커리의 대표 제과기능장이 참여해 총 14개 과정으로 운영됐다.

재교육형 '중소기업 계약학과' 3개 대학 추가 신설

중소기업청이 2016년 11월 중소·중견기업 재직자가 주말이나 야간에 대학을 다니면서 학위를 취득하는 재교육형 '중소기업 계약학과'를 설치·운영할 신규 주관대학 3곳을 선정했다.

충북대 화장품산업학과, 동아대 스마트생산융합시스템공학과, 단국대 ICT융복합내진·초고층공학과로, 이들 학교는 정부지원을 통해 석사과정을 운영하게 됐다.

이 사업을 통해 학위 과정을 밟게 되는 학생은 등록금의 65%까지 정부로부터 지원받게 된다. 나머지 금액은 기업과 학생이 부담하되 기업이 정부 지원금을 제외한 비용의 50% 이상을 부담해야 한다. 학생은 학업을 마친 후 소속 기업에서 1년 이상 의무적으로 근무해야 한다. 학과를 운영하는 대학에는 등록금 수입 외에 별도로 학기당 3천5백만 원 수준의 학과운영비가 지급된다. 2016년 현재 중소기업청은 박사 3개, 석사 12개, 학사 17개, 전문학사 12개 과정 등 총 44개 재교육형 계약학과 운영을 지원하고 있었다.

대림대, 반도체 장비반

대학은 한국반도체산업협회 인적자원개발협의체와 2017년 3월부터 반도체 장비반 운영을 시작했다.

한국반도체산업협회 인적자원개발협의체는 산업계의 인력수요를 발굴해 맞춤형 인력을 공급하는 협회 주도의 협의기구다. 협회 산하 회원사들의 인력수급 실태 및 교육훈련 수요를 분석해 산업계 요구 인력 양성에 필요한 반도체 장비와 NCS 및 학습모듈을 개발해왔다. 협약에 따라 대림대는 NCS기반 반도체 장비 교육과정을 운영한다. 또한 우량 회원사인 AP시스템, EO테크닉스, 제우스, 뉴파워프라즈마 등과 긴밀한 협력을 추진, 교육 후 실습과 채용을 연계한다는 데 뜻을 같이 했다. 특히 이 대학 메카트로닉스과는 지난해 비정규 교과과정으로 반도체 장비반을 운영한 경험을 바탕으로 올해에는 전임교수 3명을 충원했으며, 전임교수와 산업체 교수가 공동 참여해 교육과정을 개발했고, 이를 기반으로 한 융·복합 과목을 개설·운영할 방침이다.

지난해 기업 맞춤형 반도체 장비반을 운영한 대림대 메카트로닉스과는 2017년 2월 졸업생 취업률이 81.82%에 달하는 등 전국 최고 수준의 취업률을 기록했었다. 또한, EO테크닉스는 반도체 장비반의 교육을 위해 1억 원 상당의 반도체 장비를 대림대에 기증했다.

대림대는 또, 2018년 3월에는 외식서비스 분야 인재 양성을 위해 ㈜JRW온더보더와 기업 맞춤형 인재 양성을 협약했다. 양 기관은 대학 내 듀얼공동훈련센터에서 일학습병행제를 통한 재직자의 직무능력 향상과 학위 취득을 지원하게 된다.

일학습병행 계약학과인 외식산업과에 입학한 30명의 학습 근로자들은 대학에서 이뤄지는 집체교육(Off-JT)과 기업 현장에서 진행되는 현장직무훈련(S-OJT)을 받게 된다. 이들은 대림대 모체학과인 호텔외식서비스과 졸업생과 동일한 전문학사 학위를 취득할 수 있을 뿐만 아니라 국비로 등록금 전액을 지원받는다.

삼육보건대, 기술사관육성사업

'2018년 기술사관육성사업 인성 및 전공프로그램' 수료식을 2018년 12월 가졌다. 삼육보건대학 의료정보과에서 주최한 수료식에는 박용민 사업단장과 정원수 실무교수 외 32명의 수료자가 참석했다.

염광여자메디텍고등학교와 은평메디텍고등학교 학생들로 구성된 기술사관 학생들은 삼육보건대학에서 지난 9월부터 12월까지 인성 및 전공프로그램을 이수하고 3월부터 대학에 입학하게 된다.

박용민 사업단장은 "삼육보건대학교 의료정보과는 향후 발전 가능성이 매우 높은 학과"라며 "16주간의 교육을 통해 학생들은 의료정보과 전공에 대해 정확히 배우고 이해했을 것"이라고 밝혔다.

영남이공대, 산업체 맞춤형 인력 양성

2019년 11월, 영남이공대가 운영하는 사회맞춤형 교육에는 반도체 장비반, 글로벌자동차 유지보수반 등 13개 학과(계열)에서 14개 협약반이 결성됐다. 이 협약반에는 지역 중견업체, 강소기업, 대구시 선정 스타기업 등 146개 산업체가 참여하고 있다.

이들 협약 산업체는 교육과정을 이수한 학생 중 276명을 채용하기로 약정했다. 대학의 산업체 맞춤형 인력양성은 산업 현장을 옮겨놓은 듯한 미러형 실험실습 교육장에서 이뤄진다. 현장과 유사한 환경에서 교육받은 학생이라야 졸업 후 즉시 현장에 투입해도 직무 수행에 어려움이 없기 때문이다.

이를 위해 대학은 OMRON 첨단자동화 센터, ABB로봇교육센터, 스마트금속 엔지니어링센터, Siemens Academy 센터 등을 기반으로 'YNC 스마트팩토리교육원'을 설립했다.

또 산업체와 함께 개발한 교육과정으로 필수 교과목을 편성했다. 정규 교과목으로 수용하기 어려운 내용은 현장 산업체 인사의 특강, 산업체 인사와 함께하는 캠프, 산업체 현장연수 등 비정규 과정으로 보강한다. 산업체의 요구에 따라 어학교육(외국어교육), 국가기술자격증 교육 등을 이수토록 하고 있으며, 산업체 현장연수 및 방학기간에 실시하는 4주 160시간 이상의 현장실습을 통해 산업체 실무 능력을 강화하고 있다.

5. 학생창업 교육

1) 창업(교육)현황

2017년 창업강좌 이수학생 수는 약 41만명으로, 창업 강좌를 개설한 대학 재학생의 20.9%가 창업 강좌를 수강했다. 개설된 창업강좌 중 전공과목이 6,279개(53.1%), 교양과목은 5,549개 (46.9%)였다.

창업강좌 수 증가와 함께 최근 5년간 창업동아리 수도 지속적으로 증가해 2017년 5,596개의 창업동아리가 운영됐다. 창업동아리를 운영하는 대학은 총 283개로 대학 당 평균 19.8개의 동아리가 있는 것으로 나타났다.

또, 2017년 신규 학생창업기업 수는 217개 대학에서 총 1,503개였다. 2016년 1,191개 대비 26.2% 증가한 수치다. 이 가운데 당해 연도에 매출이 발생한 기업은 총 365개, 매출 총액은 약 202억원, 고용인원은 406명이다.

이와 같이 학생창업(교육)은 점차 활발해지고 있는 추세로, 2011년 중기부가 지역창업 거점으로 창업선도대학을 지정하며 전국으로 창업교육이 확산되기 시작했고, 2012년 LINC사업에 창업교육 활성화가 명시되면서 교양뿐 아니라 전공과 연계된 창업강좌 개설도 잇따랐다.

특히, 2013년 산학협력단에 창업전담기구를 설치할 수 있는 관련 법령의 개정과 대학창업교육 5개년 계획 등이 발표되면서 창업교육이 전국 대학으로 뿌리내렸다.

대학 창업교육 5개년 계획

2013년 9월 교육부, 미래창조과학부, 중소기업청은 대학 창업교육 생태계 조성을 위해 '대학 창업교육 5개년 계획'을 발표했다. 이 계획은 창업 친화적 대학 교육제도 마련, 창업 도전을 위한 환경 조성, 지방대학 여건 및 창업 인식 개선 등 3대 전략과 8개 추진과제로 구성됐다.

먼저 '창업 친화적 대학 교육제도 마련'에서는 창업교육 확대 및 내실화, 창업 친화적 학사제도 마련, 창업교육 전담교원의 전문성 강화를 주문했다. '창업 도전을 위한 환경 조성'은 학생창업 도전 환경 조성, 학생창업 도전의 적극적 지원, 대학의 창업교육 지원 유도로 구성됐다. '지방대학 여건 및 창업 인식 개선'과 관련해서는 지방대학의 창업역량 강화, 창업 우호적 사회문화 조성 의지를 강조했다.

또, 2014년 4월에는 한국연구재단이 산학협동재단, 한국청년기업가정신재단과 공동으로 '창업경력 인정 가이드 북(제목: 기업인재 창업경험자를 주목하라)'을 발간해 창업 경력자의 기업가정신을 인정하는 풍토를 조성하자고 주장했다.

당시 한국연구재단 관계자는 "창업에 대한 인식 개선과 창업 경험자의 기업가정신이 취업현장에서도 우수한 성과로 나타나고 있음을 알리기 위해 가이드북을 제작했다"며 "창업 친화적 사회 분위기 조성을 위해 노력해 나가겠다"고 밝혔다.

2) 각 대학 학생창업교육 주요 사례

창업대학원 5개 추가 지정

2014년 중소기업청은 기존 5개 대학(경남과기대, 예원예술대, 중앙대, 한밭대, 호서대) 외에 국민대·계명대·부산대·성균관대·연세대원주캠퍼스 5개교를 창업전문대학원으로 지정했다.

창업대학원은 실전 창업교육을 통해 우수창업자를 양성하고 현장 맞춤형 창업교육과 컨설턴트 전문가 양성을 목표로 2004년 5개 국책 창업대학원을 지정하면서 시작됐다. 지난 10년간 창업경영·창업컨설팅 전공과정 운영을 통해 창업자 356명과 창업전문가 335명을 양성했다.

이번에 추가 지정된 창업대학원(5개)은 향후 5년간 매년 약 1~3억 원 규모의 정부지원을 받아 자립화 기반을 마련하는 조건으로 개설됐다. 선정된 대학원은 2014년 가을학기부터 30명 내외의 석사과정 학생을 모집해 현장중심 교육 프로그램 운영을 시작했다.

연세대학교 '창업교과의 체계화'

2016년 2월 연세대 창업지원단이 창업교과의 체계화를 추진한다고 밝혔다. 연세대는 창업 단계별로 적합한 강좌를 1~5단계로 묶어 쉽게 검색하고 수강할 수 있도록 했다.

개설된 창업 강좌는 모두 17개로, 교과목 첫 표지에 '창업 101'에서 '창업503'까지 번호표(첫 번호는 1~5단계 의미)를 달아 자신이 찾고자 하는 교과목을 '콕 집어' 펼쳐 볼 수 있도록 배치했다. 예를 들어 찾고자 하는 교과목이 도전정신 고취 또는 문제 해결 방법 등 창업이나 사업 기초에 관한 내용이라면 '창업101(한국의 빌게이츠를 향해)'를 수강할 수 있다. 또 구체적 아이디어 사업화 등 실무 경험 뒤 사회적기업에 도전하고자 한다면 '창업403(사회적 기업과 혁신)'을 선택할 수 있다.(기술창업과정 대학원 개설 과목은 '5'로 표기).

연세대는 학생들의 창업 수요에 맞는 과목을 신규로 개설할 예정이다. 특히, 창업지원단은 교과목 변경과 동시에 창업교육 특성에 적합한 실무 교육 전담 교수진을 영입해 학생들이 생생한 현장 경험을 듣고 느낄 수 있도록 했다.

2015년 1학기부터 '카카오', '옐로모바일' 등 벤처 투자계의 신화로 불리는 DSC인베스트먼트 하태훈 전무가 창업실무 교육을 담당한다. 또, 'Daum' 공동 창업자인 이택경 매쉬업엔젤스 대표가 전기전자공학부 겸임 교수로 임용 돼 창업 강좌를 맡았다. 더불어 연계 과정으로 재학생들이 외부 창업 강좌인 '쫄지마! 창업스쿨' 강의를 수강할 경우 전공 선택으로 1학점을 부여한다.

연세대 창업지원단은 지난 2011년 창업선도대학으로 출발해 2012년 서울시 캠퍼스CEO 육성사업에 선정됐다. 그동안 연세대 창업지원단이 배출한 학생창업가들 가운데 문종수 웨이웨어러블 대표(경제·04학번)는 사물인터넷 기술을 활용한 피부진단기를 개발하고 가능성을 인정받아 아모레퍼시픽에서 투자를 유치했다. 이밖에 시지온 김미균 대표(언론홍보영상·05학번), 김동호 아이디인큐 대표(정보산업공학과·06학번), 윤자영 스타일쉐어 대표(전기전자공학·07학번) 등이 창업지원단의 도움을 받아 창업에 성공했다.

기술창업 성공률 제고에 탁월한 성과.. '아이코어(I-Corps)프로그램 도입'

2016년 아이코어프로그램이 본격 도입돼 현재까지 진행되고 있다. 아이코어는 대학과 연구소가 가진 공공기술의 사업화 촉진을 위해 지난 2011년 미국에서 시작된 창업지원 프로그램이다. 실험실 교수와 연구원, 전문멘토로 구성된 창업 준비팀이 7주 동안 기업가정신 교육을 받으며 고객과 100회의 인터뷰를 진행하는 방식이다.

이러한 과정을 통해 창업팀은 가지고 있는 기술과 시장의 간극을 좁혀 성공 가능성을 높이고, 시장의 요구를 중심으로 다듬어진 기술에 정부 지원과 투자가 더해져 창업하게 한다.

이 프로그램의 한국도입을 위해 당시 미래부와 한국연구재단은 2016년 5월 대학·출연(연) 소속 학생·연구원들로 구성된 40개 청년 예비창업팀을 선발했다. 선발된 예비창업팀은 4주간 미국 현지시장 탐색과 3주간의 국내 교육을 이수하고 클로징 워크숍에 참가했다.

2016년 9월 6일 열린 워크숍에서 미국 조지워싱턴대 책임연구원은 "한국과 마찬가지로 미국도 NSF가 70억 달러, 연방정부가 1720억 달러의 연구개발(R&D) 자금을 지원하지만 시장과 연구자 사이의 간극으로 인해 기술이전과 창업이 미미하다"며 아이코어가 나오게 된 배경을 설명했다. 이어 "연구자들이 7주 동안 100차례에 걸쳐 고객과 인터뷰를 진행해 나가면서 차츰 시장이 원하는 것을 파악하게 되고, 그것을 보완해 가며 기술을 처음 용도와는 다른 방식으로 전환하는 모습에서 기술창업 방식에 아이코어 프로그램이 적합한 것으로 확신한다"고 밝혔다.

한편, 지난해 이 프로그램의 시범사업에 참여한 10개 팀 중 9개 팀이 창업에 성공했다. 카이스트 소속 이동일(박사과정) 씨가 복합식 태양광 발전 및 태양열 시스템을 아이템으로 두잇나우를 설립했고, 유니스트 소속 김경훈(석박사통합)이 뉴스 클리핑 및 요약시스템으로 투어닷투데이를 창업하는 등 6개 팀이 창업을 완료했다. 창업보류 1개 팀을 제외한 나머지 3개 팀도 창업을 준비하는 것으로 파악됐다.

5개 대학 공동 개발 '소셜벤처 강좌' 오픈

5개 대학이 협력해 개발한 소셜벤처 창업강좌가 2019년 10월 K-Mooc(한국형 온라인 공개강좌)에 개설됐다. 건국대, 계명대, 동명대, 동신대, 중앙대 LINC+사업단과 한국청년기업가정신재단은 사회적, 경제적 가치실현을 목적으로 하는 소셜벤처 온라인 강좌를 공동 개발하기로 협약하고 10개월 동안 준비했다.

그동안 한 대학에서 창업 강좌를 개발해 공개한 사례는 있었지만 이번과 같이 여러 대학이 저작권을 공동으로 소유하고 강좌를 개설한 경우는 처음이었다. 한국형 온라인 공개강좌의 저변 확대와 수준 제고, 유사 강좌개설에 따른 비용낭비 절감 등의 효과를 불러올 것으로 기대를 모은다.

이들 대학은 이번에 오픈하는 강좌를 2020학년도 1학기 교과목으로 편성해 학생 교육에도 활용할 예정이며 향후 '고객 발굴 기반 비즈니스 모델 설계'라는 강좌도 추가로 공동 개발할 계획이다.

교원들을 상대로 한 기업가정신 교육

2015년 11월 국민대에서는 한국창업지도사협회와 전국창업대학원 연합이 주최하고, 한국벤처창업학회와 국민대 글로벌 창업대학원이 주관한 '해외석학 초청 기업가정신 교육 세미나'가 열렸다.

이날 초청된 인사는 기업가정신 교육 및 연구 분야 최고석학 중 한 명인 마이클 모리스(Michael Morris) 미국 플로리다 대학 교수였다. 마이클 모리스 교수는 전 세계 창업 교육 전문가들을 대상으로 지난 15년간 매년 '경험적 창업 교육 전문가 과정(Experiential Classroom)'을 진행하는 등 30여년 이상 창업교육 연구에 종사해 온 이 분야 최고 석학 중 한 명이다. 국민대 강연에서 마이클 모리스 교수는 "기업가정신이란 지속 성장의 원천으로 자원의 독특한 조합을 통해 가치를 창출하는 과정"이라며 "21세기는 기업가정신, 기회의 세기이므로 기업가정신교육은 일부 대상에게만 필요한 교육이 아니라 삶의 철학으로서 모든 분야 사람들에게 필요한 교육"이라고 주장했다.

서울과학기술대 학생창업 기업 '성과 대단'

2016년 10월, 서울과학기술대가 마련한 학생창업기업 전시회를 찾았다. 이들의 성과가 대단했다. 창업동아리 활동을 통해 설립한 블루레오는 양칫물을 스스로 뱉지 못해 불편을 겪는 장애인, 환자, 유아, 노인들을 위해 칫솔을 개발했다(제품명 오랄클린). 칫솔모에 형성된 흡입구를 통해 구강내부의 양칫물을 빨아들이고 외부로 배출하는 세계 최초의 전동 석션 칫솔이었다. 국내 노인병원 등으로부터 15억원 규모에 달하는 사전주문을 받아 놓았고, 기능 향상을 위한 연구개발 사업 수주액만 10억 원에 달했다. 또, VC로부터 5.1억원의 투자를 유치해 TIPS프로그램에도 선정됐다.

손바닥 반만 한 크기의 펭귄 모양의 구체관절인형도 눈길을 끌었다. 어릴 때부터 지점토를 이용해 인형 만들기를 좋아했다는 H-nest 신유경 대표(금속공예과, 조형예술 복수전공)는 "만든 인형 사진 몇 장을 커뮤니티에 올렸는데 그것을 보고 사람들이 만들어 달라고 주문해 창업을 하게 됐다."며 "수작업만으로는 밀려드는 주문을 소화할 수 없어서 대량생산 체제를 갖추고 본격적으로 사업에 나섰다"고 밝혔다. 이어 "현재 10개국으로 수출하고 있다. 인형뿐 아니라 제품을 다양화해서 캐릭터제품 기업으로 발전하고 싶다"고 말했다.

이들 2개 팀 외에 서울과기대 창업동아리 10개 팀이 당시 외부전문가들로부터 시장성을 충분히 갖춘 것으로 평가받고 있었다. LINC사업 5년간 쌓아 온 창업지원과 관련한 축적된 역량이 우수한 학생창업기입 배출로 이어졌다는 평가였다.

동신대학교, 특화된 창업프로그램 '동신 상단'

2015년 말 대학 창업 관계자들을 놀라게 한 뉴스가 있었다. 동신대 한약재산업학과 3학년 장민지 학생이 중국 내 제약회사 매출순위 3위인 부인제약에 1억 원 어치의 여행용 휴대용품(제품명 바앤타) 수출계약을 체결했다는 소식이었다.

이런 흔치 않은 성과 창출에는 동신대의 해외창업자 육성을 위한

‘동신산단’ 프로그램이 있었다. 동신대는 성공 가능성 높은 해외창업아이템이 한약재산업학과에 있다고 판단하고 2014년 한약재산업학과에 건강애라는 창업동아리를 결성했다. 이어 천연물방부제 ‘항상싱싱’을 시작으로, 2015년 1회용 바디크린저 ‘바앤타’, 2016년 면역증진 식품인 ‘건강환’에 이르기까지 학과의 특성을 살린 창업아이템을 개발했다. 특히 1회용 바디크린저 ‘바앤타’의 수출을 위해서 중국 광저우와 정지우로 직접 찾아가 시장조사와 바이어 상담을 통해 앞서 말한 성과를 창출했다.

당시 동신대 창업교육센터장은 “건강환의 원가가 높아 판매가격이 고가이지만 바이어로부터 호평을 받고 있는 만큼 조만간 좋은 소식이 있을 것으로 기대한다”며 “좁은 한국시장을 넘어서 세계시장의 문을 두드리는 동신대 창업동아리와 학생창업자들이 동신 상단 프로그램을 통해 세계적인 해외창업자로 거듭나고 있다”고 강조했다.

강원청년 창업 등용문.. ‘20회 강원도 대학생 창업경진대회’

20회를 맞은 강원도 대학생 창업경진대회(창업캠프)가 2019년 11월 열렸다. 이 대회는 도내 창업보육센터 매니저들로 결성된 강원지역창업보육매니저협의회가 주관하는 행사로, 명실상부 강원도 청년 창업가의 산실로 자리매김하고 있다.

올해도 강원도 내 대학별 서류 평가를 거쳐 대학생 창업동아리 20개 팀(80명 내외)이 본선 대회에 참가했다. 대상은 연세대 원주캠퍼스 소속 옴니스팀이 차지했다. 3D프린팅과 AI(인공지능) 기술을 이용해 개인별 특성에 맞춘 안경을 제작 판매하는 소셜벤처 모델이다. 전문 업체들과의 협력을 바탕으로 한 시장진출 전략이 좋은 평가를 받았다. 최우수상은 강원대 연음 팀과 강릉원주대 스와이즈 팀이 수상했다.

7명의 멘토단이 결정한 강원도지사 특별상(창의혁신상)은 강원대 ANTS팀이 선정됐다. 반려견의 모발 검사를 통한 맞춤형 수제간식 생산이 사업아이템이다. 이 팀에게는 강원도 예비기술(지식) 청년창업자 육성사업 우선 선발 특례가 적용돼 4500백만 원의 창업 지원금이 내년에 지급될 예정이다.

강원도내 17개 대학이 모두 참여한 이번 대회는 강원지역 LINC+ 사업단(가톨릭관동대, 강릉원주대, 강원대, 연세대 원주, 한림대)과 중기부 지정 창업선도대학인 가톨릭관동대 창업지원단, 강원대 창업지원단 등 대학 측과 강원창조경제혁신센터가 주최했으며, 강원도, 강원지방중소벤처기업청이 후원했다.

제주대학교, '지역문제 해결 창업동아리 육성'

2020년 1월 제주대학교 창업아이디어 결과 발표회가 열렸다. 교내에 개설된 10개의 창업교과목을 바탕으로 결성된 40개 창업동아리 중 32개 팀이 참가한 이번 대회에는 드론, 태양광 발전, 빅데이터 등 4차 산업혁명부터 제주의 특성, 제주지역 문제 해결과 관련한 청년들의 재기 발랄한 창업 아이템들이 전시됐다.

대상은 산업디자인학부 문화조형디자인전공 학생들로 구성된 나랏말싸미팀(이재령 외 2명)이 차지했다. 한글이 가진 조형적 가치를 디자인에 접목한 '이은'이라는 브랜드를 기획하고, 한글 자음의 기하학적 형태와 모듈적 특징을 이용한 화병 등의 도자기 제품을 제작해 좋은 평가를 받았다.

제주도 특성에 기반한 창업아이템도 다양했다. 사회적기업 창업을 준비 중인 도담 팀(이인원 외 2명)은 폐기물 업체를 통해 수거한 부표와 플라스틱을 감용기라는 압축·분쇄기계를 통해 알맹이 형태로 가공하고, 이를 다시 3D프린팅에 쓰이는 필라멘트로 2차 가공해 교육, 상품개발, 판매 유통 등에 활용할 예정이다. 제주도 난제 중 하나인 해양 쓰레기의 재활용뿐만 아니라 쓰레기를 육지로 반출할 때 발생하는 물류비용 절감 등의 효과도 기대할 수 있다는 평가를 얻었다.

이 팀의 사업 가능성을 관계기관들도 인정해 제주테크노파크가 주관한 디지털 환경공모전에서 최우수상을 수상했고, 제주사회적경제네트워크는 사회적기업가 육성사업 대상으로 사전 선발하고 사업화 지원을 약속했다.

또, 제주 Full팀(최광민 외 6명)은 애기수영과 돼지풀 등 귀화식물이 가진 기능에 지역 특산품인 편귤 추출물을 더해 미스트 토너, 로션, 크림 등의 화장품을 제작했다. 이를 통해 교란식물의 개체수 감소를 유도해 식물 교란을 완화하고 제주 기념품의 다변화도 꾀하겠다는 계획이었다.

3부 산학협력 성과

대학 창업지원 사업

- 창업선도대학 “지역 창업 거점 역할”
- 전남대 기술지주회사 등 초기창업패키지 주관기관 40개 선정
- 대학들 창업에 관심 고조..‘액셀러레이터’ 출현
- 부산대학교 대학발 창업활성화.. “내재화한 창업프로세스 실현으로..”
- 인덕대 “창업지원은 그 자체로 훌륭한 교육
- 한양대 동문 스타트업 아카데미
- 한밭대 BI, ‘대학에 수년째 발전기금 기탁’
- 충북대, 국립대 최초 15억 학생창업전용 펀드 조성
- 성균관대, 창업선도대학 선정.. “창업명문 대학되겠다”
- 인제대 설립 ‘인제엔젤투자클럽’… “경남 창업생태계 초석”
- 드론·나노 바이오 등 신기술 연구… 연세대, 실험실 특화 창업 ‘눈길’
- 한서대 창업보육센터, 항공·해양 스타트업 ‘든든한 지원군’

각 대학별 기술이전 주요 사례

- 영남대학교 '기술이전의 날' 개최
- 경북대학교 25억 원 규모 기술이전 체결
- 군산대학교 기술이전 활성화
- 전남대학교, 기술사업화 성장세
- 국민대학교, 90억 규모 초대형 기술이전 체결
- 창원대학교 기술경영센터 강화
- '인텍바이오' 공공기관서 이전 받은 2개 핵심기술로 급성장

교원창업 주요 사례

- 성균관대학교, "바이오 벤처기업의 잇따라 출현"
- 동아대학교 김재일 교수, 창업가로 변신
- 인제대학교, 교수창업 물꼬 튼 '양재욱 교수'
- 부경대학교 교수창업 1호 이동훈 대표, 발전기금 기탁

기술지주회사 동향

- 출연연 공동기술지주회사 설립
- 산학연 공동연구법인 출현
- 대학기술지주회사, 투자조합 결성.. 자산 직접 운영 가능
- 브릿지사업 참여대학들.. 창의적 자산 기업 투자유치 성공
- "대학 기술지주회사 활성화 걸림돌 걷어내야"
- 대학 기술지주회사, "기술사업화 전문 기관으로 거듭난다"

대학 기술지주회사 주요 사례

- 고려대학교, 43개 자회사 보유
- 삼육대학교, 국내 3번째 기술지주회사 설립
- 서울대학교 기술지주회사 30개 자회사 등록
- 자회사 지분율 20% 이상 규정에 발목..'수아랩'대박에도 서울대는 '빈손'
- 한양대학교, 국내 1호 대학기술지주회사
- 제주대학교, '제주에 특화.. 자회사 보유'
- 세종대학교, 1호 자회사 ㈜세종아이씨티 편입
- 울산대학교, 기술지주회사 2013년 1월 출범
- 건국대학교, 2014년 기술지주회사 설립 기념식
- 경북대학교, '5개 자회사로 기술지주회사 출범'
- 한국해양대학교, 기술지주 1호 자회사 '우신이엠씨'
- 연세대학교, 국내 1호 자회사 코스닥 등록
- 인천대 기술지주회사, 국내최초 외부 기업체가 직접투자
- 한국기술교육대학교, 1회 자회사 '바이오롬'
- 서울과학기술대학교, 기술지주 자회사 1호 '스탠스' 편입
- 포항공대 기술지주회사, '액셀러레이터' 능록
- 한남대학교 '한남기술지주 투자조합 1호' 결성
- "인문사회 교수들도 기술사업화 한다"
- 충북대학교, 2019년, 10개 자회사 보유
- 셀트리온과 조인트벤처 설립
- 한밭대학교, 기술사업화 기술지주로 통합 후 "가파른 성장세"
- 부산대학교 2017년 기준 20개 자회사 보유
- 기술지주회사에 대한 몰이해가 불러온 부산대기술지주의 부실화?
- 국내 기술지주회사 최초 창업전용 공간 조성
- 전남대학교 기술지주 29호 자회사 에스엔제이솔루션
- 한국산업기술대학교 자회사 ㈜링크솔루션, CES 2020 '혁신상'
- 이화여자대학교 1호 자회사 이와이어라이너

1. 창업지원

대학은 산학협력 활동에 일환으로 외부인의 창업을 지원하고 있다. 대학의 창업지원은 창업보육센터(BI)로부터 시작했다. 1997년 IMF이후 BI가 대학을 중심으로 들어서기 시작해 현재 259개 센터가 한국창업보육협회에 등록해있다. 서울의 경우 32개 센터 중 22개를 대학이 운영한다.

BI 중 운영 실적이 우수한 대학을 지정해 지역 창업거점 역할을 부여한 창업선도대학육성사업이 2011년부터 시작됐다. 15개 대학 선정으로 시작해 2019년까지 43개 대학(초기창업패키지 주관기관으로 명칭변경)이 지정돼 창업자 발굴, 창업 교육, 창업보육 등을 수행하며 창업을 지원했다. 또, BI 및 산학협력단, 대학 기술지주회사 등 대학 내 창업지원 조직이 민간중심 창업지원 프로그램인 TIPS프로그램 운영기관으로, 각 부처별 창업지원사업 수행기관으로, 액셀러레이터 등으로 등록하고 대학 내-외부 창업가들의 사업 성공을 돕고 있다.

최근에는 이러한 대학의 창업지원 활동이 더욱 확대되고 있다. 정부의 창업지원 예산 확대에 따른 연쇄 작용으로, 2020년은 16개 부처에서 90개 창업지원사업이 전년 대비 29.8% 증가한 1조 4,517억원으로 진행되면서 대학들의 창업지원은 더욱 늘어날 전망이다.

이렇듯 확대되는 대학의 창업지원사업이 대학 내에서 갈등을 야기하기도 한다. 문제는 대학들이 여러 사업에 운영기관으로 참여하면서 발생한다. 중앙 부처별, 동일 부처 내 담당과별로 창업실적을 챙기면서 대학 현장에서도 각 사업에 맞는 실적을 각각 만들어내야 한다. 이러한 상황은 불필요한 행정낭비로 이어진다.

2016년 가을 모 대학 산학협력단장은 공개된 토론회 자리에서 "유사한 창업지원 사업이 너무 많다. 이번 여름방학에도 4건의 비슷한 내용으로 진행되는 창업캠프 개최를 각각 결제해야 했다."며 "지원하는 정부 부처가 다르다보니 따로따로 개최해야 하고 그에 맞춰 회계처리와 보고서도 각각 만들어야 한다."고 밝혔다. 이어 "심지어는 사업 담당자별로 학생 유치를 위해 경쟁하는 촌극도 벌어진다."고 한탄했다. 계속해서 그는 "이렇게 해서는 투입대비 효과가 떨어질 수밖에 없다. 진정 정부가 창업 국가로 가고자 한다면 창업지원을 통합해 현장에서 효과적으로 운영할 수 있도록 해야 한다."고 주장했다.

또한, 최근 모 국립대학 창업지원단과 기술지주회사는 지난해 함께 했던 IR행사를 올해부터는 각자 하기로 결정했다. 함께하면 규모도 커지고 더 효과적이겠지만 행정처리, 회계처리, 실적 작성을 따로 해야만 하는 상황이 번거롭기에 각자 개최하기로 했다.

일부 대학은 창업사업을 통할하는 창업지원본부를 설치해 창업보육센터, 창업교육센터, 창업지원단 등 대학 내 창업관련 조직을 단일한 리더십체계로 묶어 운영하고 있지만, 부처별 사업 수행은 각각의 사업단이 결성돼 수행할 수밖에 없는 상황이다.

1) 대학창업지원사업

윤석영 부산대 산학협력단장은 “교육과 연구기관이라는 대학 특성에 맞는 창업 사업을 수립하고 추진해야 한다. 사업이 종료되더라도 그동안 쌓은 역량이 대학 내부에서 발현되도록 정책 당국자들의 세심한 주의가 필요하다. 그래야만 우리나라 대학들이 기업가적 대학으로 혁신해 갈 수 있을 것이다.”고 강조했다.

창업선도대학 “지역 창업 거점 역할”

창업선도대학은 2011년 봄 15개 대학을 선발하고 그해 말 3개 대학을 더한 18개로 본격 시작됐다. 중기부의 창업 지원 사업을 패키지로 묶어 지역에서 창업거점역할을 수행하도록 고안됐다.

2013년 초 사관학교식 창업선도대학으로 18개 대학 중 7개 대학을 선정했다. 당시 중진공의 창업사관학교 모델을 대학에도 적용한 것으로, 선정된 7개 대학은 기숙이 가능하고 멘토가 상주하는 창업지원 활동을 펼쳐야 했다.

당시 창조경제를 주창하는 정권 상층부에서 창업선도대학을 대표적인 창조경제 사업으로 강조하면서 2014년 서울 건국대와 경기도의 경기대, 단국대, 충남 순천향대, 전북 원광대 5개 대학을 추가 선정하고 100억의 사업예산이 증액됐다.

2015년에는 5개가 더 늘어 28개 대학이, 2016년에는 6개가 더 늘어 34개 대학이 창업선도대학 사업을 수행했다.

2019년 전체 43개 창업선도대학이 운영됐으며, 2020년 초기창업패키지 기관이 기존 53개에서 40개로 축소되면서 초기부터 창업선도대학 사업을 수행했던 대학 여러 곳이 탈락하게 됐다.

전남대 기술지주회사 등 초기창업패키지 주관기관 40개 선정

2020년 3월 '초기창업패키지 주관기관'으로 전남대학교 기술지주회사 등 40개가 최종 선정됐다.

초기창업패키지는 창업 3년 이내 초기창업 기업을 지원하는 사업으로, 40개 주관기관은 3년간 년 평균 23억원 내외의 정부지원금과 10% 이상의 대응자금을 투입해 창업기업 발굴, 사업화 자금지원, 성장 유도 특화프로그램 등을 운영하게 된다.

지난해 53개에서 올해 40개로 주관기관이 축소됨에 따라 최종 선정 결과를 두고 기관별 희비가 교차했다.

서울권은 건국대, 고려대, 서울대, 숭실대, 연세대, 한양대, N15, 씨엔티테크와 인덕대 등 9개 기관이 최종 선정됐다. 기존 국민대, 서울과기대와 초기창업패키지 전신인 창업선도대학사업을 첫해부터 수행해온 동국대가 제외됐고, 전국 전문대학 중 유일하게 인덕대만 이 사업을 지속하게 됐다.

경인권은 가천대, 경기대, 단국대, 성균관대, 인천대, 한국산업기술대, 인천 테크노파크와 함께 수원대와 인하대가 신규 기관으로 참여하게 됐다.

대경권은 다소 충격적이다. 2011년 15개 창업선도대학선정 당시부터 사업을 수행해 온 경일대와 계명대가 탈락했다. 대신 경북대가 신규로 진입해 기존 대구대, 대구창조경제혁신센터와 초기창업자 육성 업무를 맡게 됐다.

동남권도 초창기 유일한 창업선도대학이었던 동아대가 빠졌다. 동서대, 부경대, 부산대, 영산대, 울산대만 주관기관이 됐다.

호남권은 전남대 기술지주회사가 신규 기관으로 확정됐다. 중기부는 올해 참여기관으로 대학 기술지주회사에도 문호를 개방했다. 이에 따라 전국 70여개 대학기술지주회사 중 전남대 기술지주회사가 초기창업패키지 기관으로 참여하게 됐다. 이 외 기존의 광주대, 군산대, 전북대, 전주대와 수년 전 이 사업을 운영했던 순천대가 재진입에 성공했으며, 원광대가 탈락했다.

충청권은 순천향대, 충북대, 한남대, 한밭대, 수자원공사, 대전창조경제혁신센터가 참여하고, 호서대와 교통대, 충남대가 빠졌다.

강원권은 기존 강원대와 가톨릭관동대 중 가톨릭관동대만 살아남았으며, 제주권은 넥스트챌린지가 선정됐다.

정부는 올해 초기창업패키지 지원사업에 1075억원을 투입해 40개 주관기관을 통해 850여개의 3년 미만 초기창업자를 지원할 방침이다.

대학들 창업에 관심 고조..'액셀러레이터' 출현

우리나라 대학들이 창업기획자로 불리는 액셀러레이터(Aceelerator)로 나서기 시작했다. 2016년 11월 액셀러레이터 등록제도가 시행된 이후 중소벤처기업부에 등록한 37개 액셀러레이터 중 대학은 포항공과대학교 기술지주회사와 고려대 기술지주회사가 2017년 현재 등록을 완료했다.

대학기술지주회사들이 액셀러레이터에 관심을 갖는 것은 등록에 필요한 납입자본금 1억 원 이상, 상근 전문인력 2인 이상, 보육시설 보유 등의 요건을 충족하는 데 별 다른 어려움이 없고, 등록 시 할 수 있는 개인투자조합 결성과 양도차익, 배당소득에 대한 세제혜택 등이 필요하기 때문이다.

특히 창업선도대학들이 2017부터 2억 원 이상의 투자펀드를 조성해야 하고, 교육부가 대학창업펀드 지원을 시작하면서 액셀러레이터로 등록하는 기술지주회사 숫자는 점차 증가할 것으로 보인다.

부산대학교 대학발 창업활성화.. "내재화한 창업프로세스 실현으로.."

부산대학교가 대학발 창업과 관련해 괄목할 만한 성장세를 구가하고 있다. 2018년 만난 윤석영 교수는 산학협력단장 겸 기술지주회사 대표이사, 창업지원단장 등 창업 사업과 관련한 보직 전체를 맡아 창업 프로세스의 내재화를 추구하고 있었다.

그는 대학 내 창업을 활성화하기 위해서는 먼저 교수 평가제도가 개선돼야 한다고 지적했다. 지금과 같은 제도 하에서 교수가 창업하면 '돈을 좋아하는 사람'이라는 불편한 시선을 감내할 수밖에 없기에 창업한 교수가 높게 평가받는 방향으로 평가제도가 변경돼야 한다는 주장이다. 또, 옆에 있는 교수들이 창업한 교수의 수업을 나눠서 책임져야 하는 상황에서는 창업교수가 나오면 같은 과 교수들은 불만을 가질 수밖에 없는 구조적 문제가 있다. 교수 숫자를 늘려서 부담을 최소화하던가 아니면 부담을 나눠가지는 대신 성과를 공유하게 하는 제도적 장치가 마련돼야 교수 창업이 활발해질 것이라 밝혔다.

특히, 부처별로 각각인 창업사업을 수행하며 쌓은 역량이 대학 내부로 축적되기 위해서는 조직의 통합 운영이 필요하다고 강조했다. 정부 부처별로 창업사업이 편성돼 있다 보니 각 부처는 각기 다른 사업을 대학에 요구하고, 이렇게 대학이 창업지원 사업을 수행해서는 대학 창업에 대한 거버넌스가 갖춰지지 못한다고 지적했다.

이러한 문제를 풀기 위해 윤 단장은 기술사업화, 창업지원, 기술이전조직을 통합해 운영하는 체계를 구축했다.

그는 "부처별 단위 사업은 기간이 종료되면 일하던 직원들을 내보내야 한다. 그동안 축적해 놓은 경험과 네트워크가 다 사라지는 것이다."며 "이렇게 해서는 대학발 기술창업 활성화가 제대로 될 리가 없다. 이 문제를 해소할 수 있는 방안을 찾는 데서 우리나라 대학들이 기업가적 대학으로 혁신해 갈 수 있을 것"이라고 밝혔다.

인덕대 "창업지원은 그 자체로 훌륭한 교육"

인덕대는 전문대학 가운데 유일하게 창업분야에서 두각을 나타내고 있는 대학이다. 2020년 초기창업패키지 주관 기관에도 전문대학 중 유일하게 이름을 올렸다.

인덕대의 창업지원 역량은 지난 2011년 15개 창업선도대학에 하나로 선정되면서 전국적으로 알려지기 시작했다. 대학은 2010년 예비기술창업자육성사업에 4년제 대학들을 제치고 전국에서 가장 많은 선정자들을 배출했다. 뿐만 아니라 대학 대표브랜드 사업에서 '창업'분야 우수대학으로 선정됐다.

이러한 인덕대의 창업 역량은 2008년부터 축적한 경험에 소산이었다. 당시 인덕대는 취업에 어려움을 겪고 있는 조형계통 학생들을 상대로 소자본-생계형 창업을 지원했다. 이 과정을 통해 창업 경험을 가지고 취업한 학생들에 대한 기업체의 선호도가 높음을 알게 됐고, 창업경험은 그 자체로 훌륭한 교육이라는 공감대가 내부에 형성됐다.

당시 인덕대 김종부 창업지원단장은 "스스로 회사를 세우고 제품을 만들고 영업과 경영을 통해 세상을 배운 경험은 청년들의 인생에 큰 재산으로 남을 것"이라며 졸업 전 창업경험의 중요성을 강조했다.

한양대 동문 스타트업 아카데미

한양대학교 창업지원단이 개설한 '한양동문 스타트업 아카데미'가 2012년 시작돼 2019년 12월에는 13,14기 수료식이 개최됐다.

한양동문 스타트업 아카데미는 국내 대학 최초로 졸업 동문 등 예비창업자들의 창업 지원을 위해 개설한 교육과정이다.

창업을 준비 중인 재학생과 졸업생 등 85명이 참가한 1기를 시작으로 한양동문 스타트업 아카데미는 매 기수마다 100여명이 참가해 현재까지 788명의 수료생을 배출했고, 이 중 절반이 넘는 420명이 창업했다.

이 아카데미는 기술마케팅, IR/PR 등 예비창업자와 초기 창업가에게 필요한 실전 창업교육이 15주 동안 진행된다.

수료 후 창업한 동문들에게는 창업보육센터 우선 입주와 벤처캐피탈, 한양엔젤펀드 등 창업자금 투자 연계 및 창업지원단의 창업지원금 등 각종 혜택이 주어진다.

한밭대 BI, '대학에 수년째 발전기금 기탁'

한밭대 BI는 대덕캠퍼스 32실을 포함해 총 51실(4344㎡) 규모로 조성돼 초기 창업기업들을 보육하고 있다. 대부분의 BI가 운영비 중 일부를 대학에서 보전받고 있지만, 한밭대 BI는 오히려 운영 수익 일부를 대학에 발전기금으로 내놓을 정도로 안정적인 경영기반을 갖추고 있다.

한밭대 BI가 운영하는 대표 프로그램으로 2005년부터 시작한 주니어 창업경진대회와 2006년 KAIST와 공동주관으로 시작했던 PSV(Pre-Star-Venture) 창업경진대회가 있다. 양 대회가 국내 대표적인 창업경진대회로 전통을 쌓아 오면서 매년 연말이면 성황리에 대회가 개최된다. 지난 2019년 12월에도 제14회 PSV창업경진대회와 제15회 전국 주니어 창업아이템 경진대회가 개최됐다.

충북대, 국립대 최초 15억 학생창업전용 펀드 조성

2015년 충북대가 국립대학 최초로 15억 규모의 학생창업펀드를 조성했다는 소식이 전국 대학 창업 관계자들 사이에서 화제였다. 벤처 창업으로 성공한 윤양택 씨(충북대 컴퓨터공학과 82학번)가 학교 발전기금으로 10억 원 기탁의사를 밝힌 것을 계기로 충북대 산학협력단과 창업지원단이 대학본부를 설득해 자체 출자(5억원)까지 더해 15억 원 규모로 펀드를 조성했다. 충북대는 2000년 창업보육센터 지정에 이어 2009년 Post-창업보육센터로 지정됐고, 2011년 창업선도대학으로 지정돼 총장 직속으로 창업지원단을 설치했다.

2011년부터 2015년 말까지 122개 창업기업, 171명 일반인 창업교육 수료생, 2,500여명의 대학생 창업강좌 수료생을 배출했다. 또, 창업보육센터 입주기업 총매출액은 218억원(기업당 평균 6억원), 155명 고용창출(기업당 평균 4.3명)로, 타 대학 BI와 달리 창업 3년 이내 초기 기업 매출로는 상당히 우수한 기업들을 육성하고 있었다.

성균관대, 창업선도대학 선정.. "창업명문 대학되겠다"

성균관대학교가 2016년 창업선도대학사업을 시작했다. 당시 김경환 창업지원단부단장(글로벌 창업대학원 교수)은 10년 내로 매출액 1조원 달성이라는 비전을 실현하기 위해 체계적이고 실제적인 프로그램을 구성해 운영 중이라고 밝혔다.

성균관대는 1999년 창업보육센터를 설립했다. 이후 기술지주회사, 산학협력선도대학(LINC)의 창업교육센터, 글로벌 창업대학원, 수도권 거점창업교육센터, 수원시시니어창업보육센터 운영 등을 통해 창업 교육과 보육과 관련한 역량을 축적했다. 또, 교수창업기업, 학생창업기업, 창업보육센터 졸업기업 중에서 매출액 규모가 수백억에서 3500억 원에 달하는 코스닥 상장 기업도 다수 배출한 경험을 가지고 있다.

특히 성균관대 창업지원단은 IT, BT, CT 산업에 특화된 지원 프로그램을 마련하고, 중국 엑셀러레이터인 TechCode, 세계한인무역협회(World-OKTA)와 전략적 협력을 통해 중국 및 세계 시장으로 진출할 수 있도록 시스템을 구축해 놓았다. 또, 대학의 이공계 자원과 전문가들이 참여하는 멘토링 플랫폼을 구축하고 (예비)창업자들이 기술과 경영에 있어 최고의 지원을 받을 수 있도록 준비했다.

또한, 성균관대 글로벌창업대학원은 2019년 1월 국내 창업대학원 최초로 스타트업 투자와 보육을 담당하는 액셀러레이터로 '킹고스프링'을 설립했다. 킹고스프링은 대학이 가진 다양한 인프라와 노하우를 활용해 초기창업자에 대한 투자와 전문적인 창업지원을 제공할 계획이다. 킹고스프링은 성균관대 글로벌창업대학원 교수와 동문, 재학생들이 주주로 참여하고, 지분의 일부를 성균관대에 발전기금으로 기탁함으로써 대학과의 긴밀한 협력관계를 구축했다.

김경환 교수는 "2017년 말 벤처캐피탈 킹고투자파트너스를 설립한 후 이번에는 액셀러레이터까지 출범했다. 성균관대 창업대학원 자체적인 창업생태계가 구축됐다"고 밝혔다.

인제대 설립 '인제엔젤투자클럽'… "경남 창업생태계 초석"

제21회 인제엔젤투자클럽 주최 IR 행사가 2019년 2월 김해중소기업비즈니스센터에서 열렸다. 인제대가 주축이 돼 설립한 인제엔젤투자클럽은 경상남도 최초의 투자클럽으로 그동안 스타트업에 대한 투자연계 활동을 수행해왔다.

경상남도는 2019년 1월 침체한 지역경제를 창업으로 극복하기 위해 '경남 창업 생태계 활성화' 계획을 발표했다. 경남창조경제혁신센터의 혁신창업 허브기능 강화 등을 골자로 한 창업생태계 활성화 정책의 첫 번째 과제는 창업자금 활성화다. 경상남도는 경남기반 창업투자회사(VC)를 설립해 경남창업 투자펀드 100억 원을 조성할 계획이다. 또 TIPS 프로그램을 유치해 유망 창업기업을 육성하는 한편, 엔젤투자 활성화를 위한 IR(투자설명회) 지원과 개인투자조합 결성을 지원할 예정이다.

이러한 경상남도의 창업 정책 수립에 있어 인제대의 역할이 지대했다는 지역사회의 평가다. 인제대는 지난 2016년 4월 동남권 대학 최초로, 보직교수와 외부 전문가 11명이 회원으로 참여해 '인제엔젤투자클럽'을 결성했다. 창업초기 기업이 스타 기업으로 성장할 수 있도록 대학이 나서겠다는 의지를 구체화한 것이었다. 당시 차인준 인제대 총장도 수천만 원의 투자를 단행하며 스타트업 지원에 힘을 실었다. 그동안 인제엔젤투자클럽은 매년 6~7회씩 투자설명회를 개최해 30억 원 규모의 투자유치를 연계했다.

이날 열린 21회째 행사도 인제대 LINC+사업단과 경남1인창조기업지원센터, 김해시 중장년기술창업센터가 공동으로 마련했다. 이날 기업설명회에는 경남 도내 5개 기업이 참여했다.

드론·나노 바이오 등 신기술 연구… 연세대, 실험실 특화 창업 '눈길'

2018년 교육부, 과기정통부, 중소벤처기업부는 합동으로 교원과 석·박사 연구원 등 대학 구성원의 창업을 촉진하기 위해 5개의 실험실 특화형 창업선도대학을 선정했다.
전국 43개 창업선도대학 중 선발된 5개의 실험실 특화형 창업선도대학은 랩(연구실) 단위의 창업을 활성화하기 위해 논문 또는 특허 형태로 보유하고 있는 신기술에 기반한 창업팀을 선발해 최장 3년간 팀당 연평균 1억원을 지원해 창업을 촉진하는 사업이다.

이 사업에 숭실대, 전북대, 한국산업기술대, 한양대와 함께 연세대도 참가해 2019년 당시 6개 실험실 창업팀을 육성하고 있었다. 6개 팀 중 연세대 창업지원단장인 손홍규 교수가 이끄는 측량 및 지형공간정보 연구실에서는 드론 영상기반 생활밀착형 융합정보 자동생성기술이 개발 중이다. 다기능 바이오일렉트로닉스 연구실(유기준 교수)은 고효율 저비용 태양광 전지기술을 개발하고 있었다. 나노 복합소재 연구실(홍진기 교수)은 연평균 7.8%~12.3%에 높은 성장률을 보이는 박막 및 초박막 기술시장에 도전하고 있다. 줄기세포 기능 및 분화 증대를 위한 세포 표면 다기능성 다층박막 코팅기술을 개발 중이다. 강도 및 성형연구실(배동현 교수)에서는 자동차 부품용 초경량합금 제조 기술을 개발하고 있다. 지능형 나노바이오재료 연구실(임용범 교수)은 자기조립 펩타이드(2개 이상의 아미노산이 사슬모양 또는 고리모양으로 펩티드 결합을 해 형성된 화합물)기반의 약물전달 구조체를 개발하고 있었다. VR LAB(김시호 교수)에서는 VR/AR 헤드셋 사용자들의 표정과 감성을 실시간으로 인식하고 사용자의 표정을 이용해 기존 입력장치들을 대체할 수 있는 헤드셋 기반의 입력 장치기술을 개발하고 있었다.

특히, 연세대는 자체적으로 조성한 창업펀드 32억 원과 간접투자 펀드 785억 원, 기술보증기금 및 신용보증기금과 맺은 기술 건당 최대 30억 원을(마일스톤 방식) 지원하는 'Campus Start-Up 프로젝트' 및 'U-TECH 밸리' 로 실험실 창업을 활성화할 계획이다.

한서대 창업보육센터, 항공·해양 스타트업 '든든한 지원군'

한서대학교 창업보육센터가 항공에 이어 해양수산 분야로 특화하고 있는 대학의 발전 전략에 적합한 전문 기업들을 육성하고 있어 눈길을 끌었다. 대학이 운영하는 대다수의 BI가 대학 본부의 중장기 발전 전략에 부합하지 못하면서 학내에서 계륵 신세를 면치 못하는데 반해, 한서대는 BI를 대학 발전에 필요한 핵심 정책 기관으로 다루고 있다.

한서대 서산캠퍼스와 태안캠퍼스에 조성된 BI는 2001년 3월 지정 이후 14년 동안 1558억원의 예산을 투입해 태안 비행장을 구축하고 총 46대의 항공기를 도입함으로써 명실공히 항공 특성화 대학의 위상에 걸맞은 항공특화 BI로서의 입지를 굳혔다. 특히 국가지정 전문교육 기관인 비행교육원, 항공관제교육원, 항공기술교육원을 설치해 항공 인력 양성과 연계해 운영 중이다.

또 BI에 해양 스포츠 인력양성을 위한 해양스포츠교육원을 설립하고 크루즈·요트 교육과 면허시험장, 시뮬레이터, 수상계류 시설을 갖추고서 해양 수상관련 스타트업에게 최적의 입주 조건을 제공하고 있다. 이렇듯 항공과 해양 분야로 특화된 한서대 BI에는 관련된 32개 스타트업이 입주해 있다.

우수 사례도 다양했다. 스마트 양식 전문기업 ㈜바다오이에 양식장 부지를 제공해 BI에 유치했고, 농업회사법인 ㈜아람이 한서대 산학협력단으로부터 엔젤투자를 유치할 수 있도록 지원했다. 또, 학생창업기업인 ㈜라온아루의 4억 원대 매출 달성과 농업회사법인 ㈜갓지은의 롯데마트 전국지점 입점을 지원함과 함께 네스글로벌 등의 입주기업들이 한서대 LINC+사업단과 21건의 산학협력 연계 활동을 수행할 수 있도록 지원했다.

이러한 지원에 힘입어 한서대 BI에 6개월 이상 계속 입주해 있는 24개 기업이 거둔 매출은 2017년 138억원에서 2018년에 158억원으로 전년 대비 115% 증가했다. 고용도 69명에서 78명으로 113%를 늘었다. 이 중 엔에이피㈜와 ㈜울트라이엔지는 대학의 지원으로 CES 전시회 참가 등을 통해 수출기업으로 도약하는 발판을 마련했다.

2. 기술이전

산학협력 활동에 성과는 기술 사업화 수치로 구체화 된다. 대학 기술의 사업화는 R&D를 통한 경제적 성과 창출 정도를 나타내는 척도이다. 점차 개선되고 있지만, 여전히 세계 주요 국가에 비해 미흡한 실정이다.

2012년의 경우 국내 SCI 논문 발표 수는 47,066편으로 세계 10위, 국내 대학의 특허 등록건수는 42,120건이었지만, 기술이전은 2,431건에 불과했다. 연간 기술이전율로 따지면 19.5%로, 이는 38%에 달하는 미국의 절반 수준이다. 또한 2014년 기준 대학의 연구개발비(5조5,510억 원) 대비 기술료 수입은 1.05%인 5백80억 원에 그쳤다.

그럼 왜 국내 대학들이 수행하는 R&D가 경제적 성과로 이어지지 못하는가? 이에 대해 고려대 김상시 교수(前 산학협력단장)는 대학에서 사업화 잠재력 있는 성과가 창출되더라도 유관 분야와의 협동 부족, 사업화 자금부족, R&D 성과를 사업화하기 위한 후속연구지원 인색, 대학의 우수 자산과 시장의 연계 부족, 실용화 분야에서 실험·실습 경험 부족 때문이라고 지적했다.

1) 대학 기술이전 조직 'TLO'

기술이전은 대학보유 특허기술이 기술보유자로부터 그 외의 자에게 양도, 실시권 허락, 기술지도, 공동연구, 합작투자 또는 인수·합병 등의 방법으로 이전되는 것을 의미한다.

2003년 산학협력단의 출현과 함께 대학에서 이뤄지는 연구 성과를 산업체로 매개하는 기술이전조직(TLO)이 운영되기 시작했다. 기술이전은 지난 2006년부터 2010년까지 18개 대학의 TLO(기술이전조직)를 지원한 1기 커넥트코리아 사업을 통해 활성화되기 시작했다. 이 사업을 통해 2007년 대비 2011년 일반 대학의 기술이전 계약건수는 109.3%, 기술료 수입은 192.3%, 기술이전 계약 건당 기술료는 39.7%로 증가했다.

국내 대학 산학협력단 내 한 부서 형태로 TLO 조직(기술이전팀, 산학연계팀 등 명칭 다양)이 있으며, 이 가운데 가시적인 성과를 내보이는 TLO는 약 60~70개 정도로 파악된다. TLO가 거둔 수익은 2013년 493억에서 2017년 774억으로 꾸준히 증가하고 있다. 기술이전 계약 건수는 2017년 4,310건이다. 이 중 87.9%는 일반 중소기업으로 이전됐다. 그 외 벤처기업이 5.1%, 대기업 2.9% 순으로 기술을 이전받았다. 전체 대학의 연구개발투자 회수율은 2017년 1.46%로 나타났다. 연구개발투자 회수율은 {(전체대학 기술이전 기술료) / (전체대학 과학기술분야 연구비)} x 100으로 환산한 것이다. 2014년 1.05%에서 점차 개선되고 있지만, 여전히 R&D투자 대비 회수율이 다른 주요국가에 비해 낮은 수준이다. 이에 따라 국내 R&D 운영 체계 개편의 필요성이 제기되고 있다.

기술이전의 실체인 특허는 지속적인 증가세다. 2017년 19,259(해외출원 3,665)건의 특허가 출원됐고, 등록된 특허는 13,236(해외등록 1,537)건이었으며, 특허관련 지출로 651억원이 사용됐다, 특허관련 비용 651억원을 TLO 기술료 수입 774억으로 충당하면 수익이 마이너스는 아니지만,

TLO 수입의 약 60%가 연구자 보상으로 지출됨을 감안한다면 운영인력 인건비도 부족한 상태로 파악된다. (특허비용을 산단이 아닌 본부에서 거둔 연구비로 충당하기도 한다)

실제 2017년 서울대를 보면 41억 72백만 원의 TLO수입을 올렸다. 특허는 국내특허 4,707건, 해외특허 1,562건을 보유하고 있으며, 그해 국내 특허 출원 967건에 등록 615건, 해외 출원 196건(PCT출원 123건)에 등록 149건이었다. 통상 서울대가 기술이전 수입의 약 70% 정도를 연구자인 교수에게 지불한다고 알려져 있음을 감안하면 TLO 수입의 30%로 특허 비용과 인건비를 감당해야 한다. 기술이전 수입 1위인 서울대도 자체 수익만으로 TLO를 운영하기에 버거운 현실로 예측된다.

2) TLO 활성화 방안

대학과 산업체 간 연계고리인 TLO가 활성화되기 위해서는 기술발굴, 이전, 사업화에 이르는 전주기적 관점의 조직 및 인프라를 구축하고 수익창출형 조직으로 전환해야 한다는 지적이 계속되고 있다.

이를 위해서는 인력과 재원의 한계를 넘어서야 한다. 인력으로 보면, 최근 1억 이상의 대형 기술이전 등 그 규모가 커짐에 따라 TLO에 대한 장기적인 투자와 이 분야에 대한 전문인력(변호사, 변리사 등)의 투입이 요구되고 있다. 하지만 2017년 국내 대학 산단 소속 인력의 전문자격보유 현황을 보면 변호사 6명, 공인회계사 25명, 세무사 14명, 변리사 41명, 기술사는 10명뿐이다. 전문자격증 보유 인력이 늘어나고 있다고는 하지만 아직도 국가공인 전문 인력은 부족한 상황이다.

기업들이 대학 보유 기술정보에 접근하기가 어렵고, 대학도 실용성 높은 특허기술을 개발하기 위해서는 전문인력을 통한 기술이전 업무의 선제적 대응으로 TLO역할을 확대해야 한다. 이와 관련해 정부가 특허관리어드바이저, 특허전략전문가 파견 등을 시행했지만, 대학이 장기적인 관점에서 전문인력을 확충하는 게 타당할 것이다.

재원적 측면으로 보면 과도한 특허 출원을 자제해야 한다. 2012년 대학·공공연이 보유 중인 등록특허는 6만7172건에 달한다. 이 중 활용되지 않는 특허의 비율이 72.9%로 집계됐다. 지금도 교수 연구 업적평가가 특허 출원과 SCI논문을 중심으로 이뤄지면서 대학 현장에서는 휴면특허가 쏟아지고 있다. 또, 연구자의 기술료가 적절하게 조정돼야 한다. 현재 기술이전촉진법 시행령에 의해 연구자가 개발한 기술을 이전했을 경우 기술료의 50% 이상을 보상하도록 규정돼 있다. 이러한 국내 보상규정과 달리 스탠포드대학, 예일대 등 미국 대학 대부분은 연구자 보상을 30%로 규정하고 있으며, 일본 동경대학은 발명자 40%, 대학과 TLO 60% 배분 기준을 가지고 있다. 또한 와세다, 교토, 오사카 대학 등 일본 대학은 특허경비, 마케팅 경비 등의 비용을 선 공제한 후 발명자 등에게 수입을 배분하도록 명시하고 있다.

이러한 외국 사례를 감안함과 아울러 TLO 활성화를 위해서라도 이에 대한 규정이 조정될 필요가 있다. 특히 2017년부터 기술이전을 통한 수입이 기타소득이 아닌 근로소득으로 과세기준이 변경되면서 '세금부담이 과하다'며, 교수들이 자신의 연구성과를 기술이전이 아닌 연구용역으로 활용하는 사례가 늘어나고 있다. 통상 1억 원의 기술이전이 성사된 경우 법령에 의하면 산학협력단이 5000만 원, 교수 몫인 5000만 원 중 소득세 등 8.8%만 공제하고 지불했다. 그런데 세법 개정으로 38%까지 세금이 부과되고 있다.

이를 해결하기 위해서는 근로소득 감면구간을 기존 5백만원에서 현실적인 수준으로 상향할 필요가 있다. 감면 구간을 확대해야 교수들의 기술이전 참여가 활발해질 것인 만큼 세무 당국의 전향적인 접근이 요구되는 상황이다.

3) 각 대학별 기술이전 주요 사례

정병석 전남대 총장은 "이번 기술이전은 기업과의 협력으로 대학의 우수기술을 미국시장에 진출시킨 좋은 사례이다."면서 "산학협력단이 수행하고 있는 교육부의 대학 창의적 자산 실용화 지원사업과 연계해 기술사업화의 성공 모델을 구축할 수 있도록 지원하겠다."고 밝혔다.

영남대학교 '기술이전의 날' 개최

TLO를 보유한 대학들 상당수는 매년 기술이전의 날 행사를 개최한다. 대학 보유기술을 소개하고 이전을 희망하는 기업체 간 만남을 위한 자리이다. 영남대가 2014년 1월 개최한 'Tech-Biz 만남의 장'을 방문했다.

스마트IT, 메카트로닉스, 의료기기·소재, 그린에너지 등 34개 기술이 행사장을 찾은 (주)희성전자 등 50여개 기업에 소개됐다. 이날 정우식 교수(화학공학부)의 '질화알루미늄 분말제조 기술'에 대한 기술이전식도 함께 열렸다. 기술이전을 받은 기업은 정밀 화학제품 제조업체인 엘티씨였다.

영남대 산학협력단은 기술이전료 3억원과 2031년까지 해당 기술을 적용해 발생하는 연간 매출액의 1~1.5%(200억원 기준)를 경상기술료로 받게 됐다. 또, 의료용 기기 제조회사인 메디휴와 손수민 교수(의과대학 재활의학교실) 가 개발한 '척추측만증 자세 교정 방석 및 그 운용방법(특허번호 10-1551575호)'에 대한 기술이전 계약이 2016년 12월 체결됐다. 이번 기술이전 계약 체결로 영남대는 정액기술료 1억 3천만 원과 해당 기술을 사용한 제품의 제조 및 판매로 발생하는 총 매출액의 3%를 받기로 했다. 계약기간은 5년이다. 이번 기술이전 계약은 기술보증기금 대구기술융합센터가 기술이전에 대한 중개 역할을 수행해 성사됐다.

경북대학교 25억 원 규모 기술이전 체결

산학협력단이 25억 원 규모의 기술이전 계약을 2017년 7월 체결했다. 이번 계약은 의학전문대학원 김경태 교수가 개발한 '신경감시 장치' 기술을 의료기기 전문기업인 코렌텍에 이전하는 것으로, 선급기술료 5억원을 포함해 기술료 25억원 규모다.

김경태 교수가 개발한 '신경감시 장치' 기술은 기존 척추경 나사못에 신경 감시 장치를 도입해 나사 삽입 시 발생할 수 있는 신경 손상을 예방하는 기술이다. 인공관절 및 의료기기 분야 국내 1위 기업(코스닥 상장 기업)인 주식회사 코렌텍은 △인공 고관절, 인공 슬관절 개발 △의료용 스크류 등 의료기기 개발 사업 등을 진행하고 있다.

군산대학교 기술이전 활성화

2016년 7월 ㈜KCC에 'LCD 파유리를 장섬유 유리제조의 원료로 재활용하는 특허기술'을 이전했다. 이 기술은 김기동 교수(신소재공학과)가 확보한 2건의 특허기술로 ㈜KCC에 5년간 통상실시권을 부여하는 조건으로 이전됐다. 계약금액은 총 1억 원이다. 이날 협약식에서 KCC 측은 앞으로 대학에 숨겨진 가치 있는 기술의 발굴 및 활용에 더 많은 관심과 협력을 해나갈 것이라고 밝혔다.

이 기술은 특허청 지원사업(발명인터뷰 및 공공 IP활용 지원사업)을 통해 마케팅한 기술로, 군산대 산학협력단은 이 기술에 대한 별도의 기술이전 협상을 타 기업과 진행 중인 것으로 알려졌다.

또, 2017년 7월 가시와 기술이전 협약식을 가졌다. 가시는 물리보안사업 중 CCTV에 중점을 둔 경기도 용인 소재 기업이다. 기술이전된 특허는 '유사한 색상을 지닌 다중이동물체의 식별 및 추적을 위한 영상감시 장치 및 방법'으로 주영훈 교수(정보제어공학전공)가 발명했다. 5년간 전용실시권을 허용하고, 선급실시료 3500만원, 경상기술료로 매년 발생된 당기순이익의 3%를군산대 산단이 지급받게 된다.

가시의 대표는 "NEP(New Exellent Product 우수 신제품)인증을 위한 신기술 확보를 위해 영상추적 기술이 필요했는데, IP-PLUG를 통해 여러 기술을 제안 받았고, 그 중 군산대의 특허 기술이 눈에 들어왔다"면서 "기술이전만 시키는 것이 아니라 이전된 기술이 기업에서 상용화 될 수 있도록 연구자를 지원해주는 등 지속적 협력이 가능하다는 것이 매력적이었다"고 밝혔다. 또 그는 "신기술을 확보할 수 있는 방법을 몰라 안타까웠다. 그러다가 특허청에서 운영하는 IP-PLUG를 통해 백화점 쇼핑하듯 원하는 기술을 선택할 수 있어 많은 도움이 되었다. 적극적으로 기술을 찾아주고 상용화 사업을 연계해준 IP중개자 빅영욱 PM(한국지식재산전략원)에게도 감사하다"고 덧붙였다.

전남대학교, 기술사업화 성장세

산학협력단과 마이크로의료로봇센터는 2017년 10월 신생 바이오스타트업인 바이오트와 '줄기세포 기반 마이크로의료로봇'사업화를 위한 기술이전 계약을 체결했다.

선급기술료 20억 원, 경상기술료 매출 2%로 이전된 이 기술은 치료용 줄기세포를 척수 및 손상된 연골 부위에 정밀 유도하는 마이크로의료로봇 기술이다. 이전되는 '줄기세포 기반 마이크로의료로봇'은 전남대 마이크로의료로봇센터가 세계 최초로 개발한 것으로, 전자장으로 줄기세포를 정밀 유도해 환부에 신속 정확하게 부착하는 기술이다.

이 기술의 기반 연구는 산업통상자원부의 '혈관치료용 마이크로로봇 개발사업' 과 '외부 구동형 나노로봇 시스템 개발사업'이며, 공학 및 바이오 분야 전세계 상위 5% 학술지인 'Advanced Healthcare Materials' 표지에 수록됐다. '관절연골 치료를 위한 성체줄기세포 탑재 자기구동 마이크로지지체'라는 제목으로 발표된 이 기술은 현재 줄기세포 분화 촉진을 위한 구조체 최적화 및 세포 고정화 기술의 동물실험 단계가 진행 중이다. 향후 마이크로의료로봇센터와 바이오트는 센터 내에 부설연구소를 설치하고 상용화 개발연구를 진행해 미국 FDA 인증 절차를 거쳐 미국시장에 진출할 예정이다.

이 외에도 다양한 성과를 창출하는 등 전남대 산학협력단의 기술사업화 실적이 성장세를 달리고 있다. 먼저 기술이전 실적이 크게 향상됐다. 2014년 12억9700만원으로 전국대학 순위 15위에서, 2015년 22억 2100만원으로 전년대비 71.2%가 증가해 전국 9위, 2016년에는 23억 8200만 원으로 전국 7위로 뛰어오르며 2년 연속 국립대 1위를 차지했다. 연구비 수주도 2014년 902억 원에서 2016년에 1291억 원으로 증가했다.

전남대 산학협력단은 2006년에 기술이전센터(TLO)를 설치하고 2011년 기술지주회사를 설립했다. 두 축으로 운영되던 대학 기술의 사업화를 통일적으로 추진하기 위해 2013년도에 기술사업화위원회를 구성했다. 이어 2016년 기술경영본부를 신설하고 본부에 기술사업화 허브 조직인 '기술경영센터'를 설치해 기술경영본부 참여조직의 관리, 지원, 협업 등을 주도하도록 했다. 덕분에 그동안 산학협력 활성화를 지향하고 있으면서도 각기 다른 목적으로 운영되던 조직들이 공통의 지향점과 목표를 가지고 움직이게 됐다.

이후 전남대는 최근 3년간 10억 원 이상의 중대형 기술이전 4건을 성사시켰다. 또한 기술이전을 통해 거둬들인 수익의 약 10억원을 기술사업화 및 기술지주회사 자회사에 재투자했다. 기술사업화 조직의 안정화와 전문인력 양성, 혁신적인 제도 개선 및 재투자를 통한 사업화 촉진 등 대학 기술사업화 선순환 구조를 현실화시키고 있다는 평가를 받고 있다.

국민대학교, 90억 규모 초대형 기술이전 체결

2018년 12월 정상택 교수(응용화학과)는 오송첨단의료산업재단과 공동 연구한 '항체 및 단백질 의약품의 혈중 반감기 연장기술'을 뉴라클사이언스에 기술이전 했다. 과학기술정보통신부와 한국연구재단의 바이오의료기술개발사업 지원으로 개발된 이 기술의 기술료는 선급금과 마일스톤을 포함해 90억원 규모로, 국민대 산학협력단 설립 이래 가장 큰 규모의 기술이전이었다.

정상택 교수는 항체 및 단백질 치료제의 신체 내 적정 농도 유지 시간을 증가시켜 약효를 높이고 치료제의 투여 용량과 접종 빈도를 획기적으로 줄일 수 있도록 개선한 플랫폼 기술을 연구했다. 이 기술은 다양한 항체와 단백질 치료제들에 적용 가능하기 때문에 암, 감염성 질환 등으로 인해 빈번하게 정맥·피하주사를 맞고 있는 환자들의 고통을 줄이고 부종, 감염 등 주사에 따른 부작용을 최소화할 수 있을 것이라고 평가됐다. 뉴라클사이언스 대표이사는"이 기술은 미국 아스트라제네카의 바이오의약 부문 자회사인 메드이뮨과 세계적인 생명공학 선도기업인 젠코의 기술보다도 훨씬 더 뛰어난 혈중 반감기 향상 효과를 보이고 있어 사업성과 시장성이 매우 크다"며 "향후 국민대와의 산학협력과 공동연구를 통해 신약 개발의 성공 가능성이 커질 것으로 기대한다"고 밝혔다.

창원대학교 기술경영센터 강화

2020년 1월 기술사업화 창구인 기술경영센터를 산학협력단 직속기구로 배치하고 기술이전과 기술지주회사 업무를 담당 직원이 겸직하는 형태로 단일화했다. 이와 동시에 ㈜본시스템즈와 1억대 기술이전 계약을 체결했다.

창원대 기술경영센터는 대학기술경영촉진사업(TMC), 대학 창의적 자산 실용화 지원사업(BRIDGE)을 수행하며 기술사업화 기반을 마련했다. 특히 2016년 시작한 TMC사업은 창원대의 기술사업화 활성화에 힘이 됐다.

TMC사업은 대학 연구 성과의 기술이전 및 실험실 창업 촉진을 통해 신규 일자리를 창출하고, 신사업 아이템을 발굴하는 등 산학협력 생태계 강화를 위해 추진된 사업으로, 창원대는 부경대·울산대·인제대와 동남권 컨소시엄을 구성하고 참여했다. 이 컨소시엄은 3년간 기술이전 689건, 기술료 수입 88억원, 자회사 40개 설립에 성과를 창출했고, 창원대와 인제대가 기술지주회사를 설립하는 계기가 됐다.

창원대 기술지주회사는 창업선도대학육성사업을 통해 발굴한 빅데이터 기반 스포츠(야구) 구단 선수 관리 시스템을 개발하는 하이볼을 1호 자회사로 편입시켰다. 창원대 박사과정 재학 중인 CEO가 창업한 하이볼은 창원대 엔젤투자펀드, 창업벤처타운 등 대학이 갖춘 창업 인프라를 제공받고 있다. 창원대 기술지주회사는 향후 이와 같은 자회사를 6년간 10개 설립·운영할 계획이다.

'인텍바이오' 공공기관서 이전 받은 2개 핵심기술로 급성장

2017년 3월 자본금 7.3억으로 설립한 회사는 같은 해 11월 벤처기업 및 기업부설연구소 인증을 획득하였다. 이어 2018년에는 원천 핵심기술들과 양산, 인허가 경험 등을 인정받아 한국투자파트너스, 한국산업은행 그리고 한국과학기술지주에서 28억 규모의 초기 시드(Seed) 투자를 유치했다.

이 회사는 고려대와 한국과학기술연구원(KIST)에서 이전 받은 핵심원천기술로 상용화한 제품을 보유하고 있다. 고려대 기계공학부 정석 교수가 개발한 '미세유체 바이오칩에서 밸브 On/off 제어를 이용하여 채널 내의 유동을 능동적으로 제어하여 면역분석의 정확성을 향상시킬 수 있는 기술'을 이전 받아 현장형(POCT, Point-of-Care Test) 정량 면역진단 제품을 상용화했다. 이 제품(상품명 ABSOL)은 작은 병원이나 개인의원에서 호르몬, 종양 등에 대해 투약·처치 전후 진행하는 모니터링을 바이오마커를 이용해 정확하게 검사할 수 있는 시스템이다.

제품은 현재 전립선 질환 스크리닝을 위한 PSA (전립선 특이 항원), 남성 호르몬 검사를 위한 Testosterone, 갑상선 기능이상을 검사하기 위한 TSH (갑상선 자극 호르몬), 비타민 D 부족검사를 위한 Vitamin-D 검사 등에 사용된다. 아울러 패혈증, 심혈관 질환, 산부인과 검사 제품들도 추가로 개발 중이다.

또 다른 핵심 기술은 한국과학기술연구원 뇌과학연구소에서 개발한 '기존 효소기반 면역분석에서 효소·기질 반응 후 광산화 반응을 통해 증폭하여 극미량의 바이오마커 반응 결과를 초고감도로 면역 분석

할 수 있는 기술'이다. 이 기술로 개발한 제품은 초고감도 정량 면역진단 제품(상품명 ABSOL HS)이다. 대형병원이나 전문 클리닉에서 알츠하이머성 치매 및 심혈관 질환 환자들의 상태를 측정하고 모니터링 할 수 있는 시스템이다.

3. 교원창업

교원창업이란 교원이 창업기업의 대표나 임원으로 참여해 활동하는 것을 의미한다. 주요 대학들은 교원창업규정 또는 실험실창업규정을 두어 교원의 창업활동을 관리하고 있다.

교원창업이 산학협력 실적 반영비율의 확대 추세와 맞물려 점차 활성화되고 있다. 국내 대학들이 교원업적 평가 때 사용하는 산학협력 실적 반영비율(2017년)을 보면 SCI논문이 100점, 기술이전 1000만원은 122.7점, 국내특허 1건 104.7점, 해외특허 1건 198.4점, 교원창업 1건은 83.6점이다. 각 분야 전문가인 교원의 창업은 새로운 혁신기업의 출현을 통한 일자리와 경제적 가치 창출, 교육과 연구의 실용성 강화라는 측면에서 긍정적인 변화이다.

교원창업 기업은 대학의 기술지주회사 자회사로 편입하거나, 교수가 독자적으로 사업체를 운영하기도 한다. 교원창업에 대한 우호적인 분위기가 확산되면서 점차 창업기업 수도 증가하고 있다. 2015년 137개, 2016년에 195개에서 2017년에는 총 88개 대학에서 233개의 교원창업기업이 설립됐다. 이 가운데 당해 연도에 매출이 발생한 기업은 88개이며, 매출 총액은 약 50억 원, 고용인원은 213명으로 2016년도 168명보다 26.8% 증가했다.

1) 각 대학 교원창업 주요 사례

성균관대학교, "바이오 벤처기업의 잇따라 출현"

수년 전부터 성균관대 의과대학에서 바이오 벤처기업이 잇따라 출현하고 있다. 2016년 성균관대가 창업선도대학 사업을 시작하면서 나타나고 있는 변화로, 의료 현장에서 확보한 사업 아이템이 창업지원단의 지원을 통해 실제 창업으로 연결되고 있다.

이 중 2018년 말 전국 스타트업 경연대회 '도전 K 스타트업'에서 7위에 오른 ㈜메디노가 있다. 주경민 성균관대 의과대학 교수가 암전이줄기세포연구실 소속 연구원들과 2018년 3월 창업한 회사다. 줄기세포 신경치료제를 개발한다. 성균관대 창업지원단이 개설한 교육과 컨설팅, 7000만원의 사업화 자금을 지원받아 본격 가동된 이 회사는 2곳의 벤처캐피탈로부터 20억원 투자를 유치한데 이어 2019년 하반기 성균관대와 동문들이 설립한 벤처캐피탈 킹고투자파트너스에서도 투자를 검토 중이었다. 주 교수의 창업으로 성균관대 산학협력단은 17억 원 규모의 기술이전 수입을 거뒀으며, 킹고투자파트너스에 출자하고 있는 만큼 메디노의 성공여부에 따라 또 한 번 수익을 실현할 기회를 갖게 됐다. 메디노의 창업 아이템은 주 교수가 2006년도부터 진행해 온 연구가 바탕이 됐다. 중추신경세포의 손상으로 발생하는 퇴행성 신경계 질환(뇌졸중, 척수손상, 알츠하이머 등)을 치료하기 위해서는 손상된 신경세포를 복구해야 하며, 이것은 성인의 뇌 조직에서 추출한 신경줄기세포로 치료제를 개발함으로써 가능해진다. 성인 신경줄기세포 치료제는 윤리적 문제가 없고, 신경재생효과가 높으며, 투여 10일 전에 생산해 환자에게 사용할 수 있다. 모든 신규 척수손상 환자에게 적용이 가능할 뿐만 아니라 치료유전자를 탑재한 신경줄기세포 치료제를 개발하는 필수 플랫폼이 될 것이란 전망이다.

성균관대 창업지원단 관계자는 "의대 교수들의 창업이 활발하다."며 "교수들에게 부족한 경영과 관리 노하우를 충실히 제공함으로써 성공적인 교수 창업기업들을 배출하도록 노력하겠다"고 밝혔다.

동아대학교 김재일 교수, 창업가로 변신

창업지원단장 김재일 교수(신소재공학과)가 교원 창업가로 나섰다. 김재일 교수는 14년 전 동아대에 와서 그동안 14건의 특허를 등록했으며, 이 가운데 1 건의 특허를 동아대 산학협력단으로부터 이전받아 에쓰엠팹㈜이라는 형상기억합금을 이용해 동파 방지 장치를 개발하는 회사를 설립했다.

에쓰엠팹의 제품은 수도계량기, 수도배관장치 등에 부착하는 보조장치로, 온도가 내려가면 자동으로 물을 졸졸 흘려보냄으로써 동파를 방지하게 된다. 개당 3~4만원, 전체 100억 원대 규모로 시장을 전망한다. 회사는 2018년 연구개발특구가 지원하는 연구소성장지원사업에 선정돼 6000만 원, 2019년에도 5000만 원 지원을 받았고, 석사 제자 1명을 청년 TLO지원사업으로 6개월 동안 채용해 개발을 진척시킬 수 있었다.

그는 "새로운 시장을 창출하는 제조업 중심의 창업기업을 많이 만들어야 일자리가 창출된다"며 "이런 방향으로 교수창업 지원책도 마련될 필요가 있다"고 밝혔다. 또 "창업에 관심을 보이는 교수들이 부쩍 늘었지만 창업에 나서는 경우는 극히 드물다"며 "시장의 틈새를 보고 있는 교수들이 부담없이 창업에 나설 수 있도록, 예를 들면 아이디어가 괜찮으면 학교 내부에서 사업화와 관련한 업무들은 전적으로 맡아주는 제도가 있다면 더 많은 교수창업이 나올 것"이라고 주장했다.

동아대는 벤처인증을 받은 교원 창업가에게는 업적평가 시 최대 600점(SCI논문 2~3편)에 해당하는 가산점을 부여해 교원 창업을 독려하고 있다. 이에 따라 2014년 이후 김재일 교수를 포함해 8명의 교원창업가가 탄생했다. 이 중 동아대 창업지원단의 지원으로 창업에 성공한 이선희 교수(패션디자인), 강도영 교수(의과대학), 이재헌 교수(농업분야)가 있다.

인제대학교, 교수창업 물꼬 튼 '양재욱 교수'

2016년 양재욱 교수(의과대학 안과)의 아이바이오코리아를 시작으로 2019년 7월까지 12명의 인제대 교수들이 창업했다. 인제대 교원 창업에 물꼬를 튼 양재욱 교수는 50여 건의 특허를 보유한 안과 전문의로 인제대의 기술이전에도 상당한 기여를 했다. 양 교수는 2013년 'BV 감염 인간각막상피색소 상피세포를 이용한 혈관신생질환용 세포 모델 제조방법' 등 2건의 특허 기술을 이전한 이후 2015년에는 2개 기업에 각각 2000만 원의 기술이전을, 2016년에는 4건의 기술을 1개 기업에 8000만 원에 이전했다. 2017년에도 2건 6500만 원, 2018년과 2019년에도 각각 1건씩 특허기술을 기업체에 이전했다. 기술이전 실적이 두드러진 그가 설립한 아이바이오코리아는 안과질환 치료제를 비롯해 신약 후보물질을 개발하는 바이오벤처기업이다.

또한, 그는 2012년 5월 보건복지부 병원특성화 연구센터 지원사업에 도전해 부산 백병원이 '안신생혈관질환 치료기술개발센터'로 선정되도록 했다. 그동안 이 프로젝트에 선정된 병원이 서울 지역의 국립대를 제외하고는 전무했던 상황에서 비수도권이자 사립대인 인제대의 선정은 당시 일대 사건이었다. 안신생혈관질환 치료기술개발센터는 미세한 신생혈관들로 인해 안 기능 질환이 발생하는 추세에 맞춰, 이를 예방하고 진단·치료하기 위한 연구를 수행하며 관련 기술을 축적하고 있다.

부경대학교 교수창업 1호 이동훈 대표, 발전기금 기탁

교수창업 1호인 이동훈 ㈜선재하이테크 대표이사 부부가 2020년 1월 대학에 발전기금 2억 원을 쾌척했다. 이 대표는 부경대 안전공학과 교수다. 그는 전공 지식(전기안전)을 바탕으로 지난 2000년 직원 5명을 데리고 정전기 제거장치 생산업체인 선재하이테크를 창업해, 18년 만인 현재 종업원 110명에 연 매출액 300억 원대의 강소기업으로 성장시켰다. 이 교수는 경영에 집중하기 위해 정년을 1년 반 남겨둔 2020년 1월말 명예퇴직하기로 하고, 모교(전기공학과 71학번)이자 33년간 재직한 부경대에 발전기금을 기부했다.

이 교수의 창업은 대학의 원천 특허기술력이 얼마나 소중한 것이지를 단적으로 보여주는 사례다. 그는 1996년 '연 X-선을 이용한 정전기 제거 장치개발'이라는 SCI급 논문을 국제학술지에 발표, 이 장치를 국내 최초이자 세계 두 번째로 개발한 사실을 알렸다. 정전기 때문에 생기는 제품의 불량을 막아주는 이 장치는 삼성·LG 등의 평면디스플레이(FPD)와 반도체 초정밀 생산 공정에 필수적으로 사용된다.

이로써 이 교수는 그동안 시장을 독점하던 일본 제품을 완전히 제압해 수입대체에 성공함은 물론 세계 시장점유율 톱3, 국내시장 점유율 90%의 기업으로 성장했다. 지난해 천만불탑 수출기업에 올랐고 지난달에는 부산중소기업인 대상을 받았다.

이 교수는 "기업이 자리 잡기까지 큰 힘이 된 부경대와 동료 교수들에게 작은 보답이나마 하고 싶었다"고 기부 배경을 밝혔다. 그는 "안전·소방·도장·인쇄·금형·용접 등 경쟁력 있는 학문분야가 많은 부경대의 동료 교수들과 학생들이 창업에 도전하길 바란다"고 말했다.

4. 기술지주회사

1) 기술지주회사 현황

2008년부터 설립되기 시작한 산학연협력기술지주회사(이하 기술지주회사)는 대학 보유 기술의 직접 사업화를 위해 통상 산학협력단이 출자해 별도법인으로 설립한다.

기술지주회사는 대학이 보유한 특허 등의 기술을 출자해 자회사를 설립하고 자회사의 성장을 통해 수익을 실현하는 형태로 운영된다.

대학발 기술사업화가 강조되면서 설립이 확대되는 추세로 1호 한양대를 시작으로 2020년 현재 70개 법인이 설립돼 있다. 특히 지자체가 예산을 지원하고, 대학 간 공동으로 설립되는 지역연합형 대학 기술지주회사는 2018년 9월 기준 8개가 설립·운영 중이다. 기술지주회사 전체 자본금은 1,646억원, 전체 자회사수는 704개이다.

기술지주회사가 자회사를 설립하는 방식은 단독설립, 조인트벤처, 자회사편입 등 3가지이다.

단독설립은 대학이 보유한 유망기술을 기반으로 기술과 자본을 초기 출자해 기술지주회사가 단독으로 자회사를 설립하는 방식이다. 단독설립은 출자대상 기술의 완성도가 높고, 단기간에 상용화가 가능한 기술을 중심으로 한 자회사 설립 방식에 적합하다.

자회사 설립을 통한 사업화가 성공적으로 이루어질 경우, 대학에 배당되는 수익 창출 규모가 크다. 단, 대학이 독자적으로 사업화 검증과 현금출자를 해야 하는 부담이 있다. 조인트벤처는 대학이 보유한 유망 기술과 외부기업(기관)과 합작으로 자회사를 설립하는 방식이다.

대학은 주로 기술출자와 연구를 담당하고 외부기업은 자금출자와 마케팅·경영관리·상용화 개발을 담당하는 방식의 협업이 이루어진다. 대학은 상용화 개발에 대한 리스크를 줄일 수 있고 기업은 대학의 우수기술 확보를 통한 전략적 R&D 자원 발굴이 가능한 방식이다. 이 모델이 성공하기 위해서는 협력의 시너지를 확보할 수 있는 파트너 기업의 발굴, 상호 협력의 범위와 역할의 명확화, 지분구조 및 의사결정의 합리성 담보 등이 관건이다.

자회사 편입(기존 기업에 출자)은 대학이 보유한 유망기술 분야의 유관기업에 기술을 출자하여 해당기업의 주식(지분)을 인수하고 이를 자회사로 편입하는 방식이다.

통상 창업 초기기업을 대상으로 하며, 대학보유 유망기술과 관련성이 높은 기업이 대상이다. 자회사 프로세스의 신속한 진행과 저비용 및 긴밀한 협력이 가능하지만, 현금출자에 대한 부담이 있을 수 있으며 기술지주회사의 경영지원이 동반되어야 한다.

한편, 기술지주회사가 기존 산학협력단 소속 TLO와 대학 기술의 사업화라는 업무영역이 중첩됨에 따라 2013년 연세대를 시작으로 기술지주회사로 업무를 통합하고 대학 기술사업화 창구를 단일화하는 대학이 늘어나고 있다.

2) 기술지주회사 동향

출연연 공동기술지주회사 설립

2013년 7월 1일 미래창조과학부와 17개 출연연 원장들이 공동기술지주회사 설립을 위한 MOU를 체결했다. 출연연 공동기술지주회사는 자본금 530억원 규모로 2013년 53억원을 출자해 설립하고 2014년 262억원, 2015년 215억원을 추가 출자하기로 약정했다.

지주회사는 자회사에 대한 초기투자뿐만 아니라 성장단계별 추가 자금 지원을 위해 자본금 530억원을 레버리지로 활용해 민간 벤처캐피탈, 공공기관, 미래부 등과 공동으로 2015년까지 총 2000억원 규모의 펀드 설립을 단계별로 추진할 예정이라고 밝혔다.

또, 출연(연) 원장들은 성과확산전담조직(TLO, Technology Licensing Office)의 인력과 예산을 대폭 확대하고 TLO 조직을 재정비해 2015년까지 독립형 성과확산 전담조직으로 개편하는 등 기술이전 역량을 강화하기로 했다. 구체적으로 이들은 기존 기획부서 내 소규모 부서로 운영했던 TLO 조직을 기관장 직속의 독립부서로 개편하고 인센티브 제공 등을 통해 TLO 근무자의 장기근속을 유도하기로 했다. 더불어 정규직 전담인력을 2012년 140명에서 2015년 232명으로 확충(66% 증)하고, 전담인력 중 변리사·기술거래사 등 전문인력 비율을 2012년 56%에서 2015년 76%로 높이며, 출연(연) 총 예산 중 성과확산부서의 예산 비율을 2012년 1.76%에서 2015년까지 3% 이상으로 확대하기로 했다.

산학연 공동연구법인 출현

대학·정부출연연구기관(이하 출연연)·기업이 기술과 자본을 출자해 연구개발과 사업화를 공동으로 추진하는 '산학연공동연구법인'이 2012년 2곳에 이어 2013년에도 2개사가 추가 설립됐다.

공동연구법인은 기술 보유자인 대학·출연(연)과 수요자인 기업이 공동으로 참여하는 연구개발전문회사이다. 기존의 공동연구가 기업의 수요 반영 미흡과 지식재산권 소유 분쟁 등으로 성과 창출에 제약을 받는 반면, 공동연구법인이 주도하는 연구개발은 지식재산권 소유와 성과배분을 명확히 할 수 있는 장점이 있다.

2013년 운영을 시작한 ㈜지안산업은 전북지역대학연합기술지주회사가 현물 2억1000만원, ㈜씨엠디기술단이 현금 2억원, 현물 1억8500만원을 내어 자본금 5억9500만원으로 시작했다. ㈜이노켐텍은 충남대가 현물 8400만원, ㈜시온텍과 코아텍㈜이 각각 현금 5000만원을 내어 자본금 1억8400만원으로 출발했다.

대학기술지주회사, 투자조합 결성.. 자산 직접 운영 가능

2016년 4월 5일 개최된 국무회의에서 대학기술지주회사의 업무 범위에 '투자조합 운영'이 추가되는 것을 골자로 하는'산업교육진흥 및 산학연협력촉진에 관한 법률 시행령(이하 산학협력법 시행령)' 개정안이 의결됐다.

산학협력법 시행령 개정으로 대학기술지주회사는 투자조합을 결성한 후 투자 대상(주로 자회사)과 투자금액을 정하는 등 직접 자산을 운용할 수 있게 됐다.

그동안 대학기술지주회사는 투자조합을 결성하더라도 직접 운영할 수 있는 법적 근거가 없어, 운영을 전문투자조합에 위탁하였고, 위탁운용사는 사업 초기 투자 위험이 높은 대학기술지주회사의 자회사 및 대학(원)생 창업자에 대한 투자를 꺼려 대학발 창업 활성화에 장애가 되어 왔다.

교육부는 이번 시행령 개정이 대학기술지주회사의 활성화를 위한 출발점이 될 것으로 기대하고, 열정과 우수한 아이디어를 가진 창업자들이 보다 원활하게 재정 지원을 받을 수 있도록 대학기술지주회사에 대한 규제개혁을 지속적으로 추진하겠다고 밝혔다.

브릿지사업 참여대학들.. 창의적 자산 기업 투자유치 성공

대학이 보유한 창의적 자산 실용화를 지원하는 브릿지사업이 2015년 시작되면서 대학기술지주회사의 자회사 설립이 한층 활발해졌다.

대학 창의적 자산 실용화지원(브릿지 BRIDGE)사업단이 참가한 2016년 10월 열린 페스티벌에서 전남대학교에서 기술이전을 받은 주)바이오리진과 고려대학교 기술지주회사 자회사인 주)팜스빌, 연세대학교 기술지주회사 자회사인 주)옴니센스가 투자유치에 성공했다.

이날 투자유치 행사에는 전국 20개 BRIDGE 사업단(참여대학 52개)과 연계된 43개 창업기업이 참여했고, 이들 기업 중 선발된 12개 기업이 투자자들 앞에서 기업을 설명했다.

또, 투자유치 설명회 이후에는 BRIDGE사업단 협의회(회장 최문근), 한국기술지주회사협회(회장 강준희), 기술보증기금(이사 박기표),한국벤처캐피탈

협회(이사 김종술) 4개 기관이 참여해 '대학 창의적 자산 투자 활성화를 위한 업무협약'체결식이 열렸다.

이번 협약을 통해 4개 기관은 향후 대학 창의적 자산(기술, 콘텐츠, 노하우, 아이디어 등)에 대한 사업화 지원, 대학기술 기반 창업기업의 성장 지원을 위한 투자유치 행사 정례 개최, 펀드결성 등을 통한 대학기술기반 창업기업의 투자유치 지원, 투자유치 활성화를 위해 필요한 제도개선사항 발굴 및 정부 건의 등을 공동으로 추진할 예정이다.

"대학 기술지주회사 활성화 걸림돌 걷어내야"

2018년 11월 21일 개최된 제4차 규제혁파를 위한 현장대화에서 R&D 결과의 기술사업화에 걸림돌이었던 각종 규제개선 과제 중 대학 기술지주회사 개선안도 논의됐다.

그동안 기업들은 대학이나 출연연구소 등 공공기관 보유기술을 이전받을 때 독점적 사용권의 확보를 원하지만, 기술이전 및 사업화촉진법에 명시된 '통상실시권을 받으려는 자가 없는 경우'에 한해 전용실시가 가능하다는 모호한 규정에 발목이 잡혀왔다. 이와 관련해 정부는 시행령을 개정해 공공기관 보유기술의 전용실시 허용조건을 구체화하겠다고 밝혔다.

또, 기술지주회사와 자회사 간 발생하는 장애도 걷어내기로 했다. 그동안 대학들이 산학협력단이 출자해 설립한 기술지주회사에 투자를 확대하려고 해도 정부 R&D 간접비를 통한 투자기간에 제한(설립 후 5년)이 있어 투자확대가 여의치 않았다. 이를 올해 12월 규정을 개정해 1회 5년 연장을 허용하기로 했다. 더불어 기술지주회사의 자회사 지분 보유비율도 2019년 하반기 관련법을 개정해 기존 20% 이상에서 10%로 완화해 자회사를 확보하기 위한 기술지주회사의 자금확보 부담을 덜기로 했다.

기술거래 전문기관 거래수수료 지급근거도 마련한다. 그동안 공공연구기관의 내부 기술이전 조직(TLO 등) 구성원에 대한 기여자 보상규정(기술료의 10%)은 있었지만, 기술이전에 기여한 외부 전문기관에 대한 수수료 규정이 없어 기술거래 기관이 성장하지 못했다. 이를 내년 초 개선하기로 했다.

기술지주회사가 대학의 산학협력단을 거치지 않고 직접 발명자에게 보상할 수 있는 방안도 올 12월 산학협력법 개정을 통해 시행한다고 밝혔다. 기술지주회사가 사업화 성과를 특허 발명자에게 보상하는 과정이 그동안은 자회사 → 기술지주회사 → 대학산학협력단 → 발명자 순이었다. 이와 같은 불필요한 단계는 특허 소유자가 기술지주회사에 기술이전을 기피하게 만들어 왔다.

대학 기술지주회사, "기술사업화 전문 기관으로 거듭난다"

2020년 2월 성균관대학교 기술지주회사가 중소벤처기업부에 액셀러레이터 등록을 완료함에 따라 전체 산학연 협력 기술지주회사 70개사 중 13개사가 액셀러레이터 지위를 갖게 됐다. 액셀러레이터 등록은 투자조합 결성 등을 통해 기술사업화 역량의 강화를 의미하는 것으로, 이에 따라 대학발 기술창업이 한층 활발해질 전망이다.

액셀러레이터 증가에 따라 투자운용사(GP)도 확대되고 있다. 지난달 12일 마감된 '한국모태펀드 2020년 출자사업' 중 교육계정에 8개 대학 기술지주회사가 투자자금 312억 결성을 목표로 227억원 규모의 모태펀드 출자를 요청했다.

교육계정을 신청한 기술지주회사는 카이스트청년창업투자지주, 충남대학교기술지주(주)와 와이앤아처(주), 국민대학교기술지주와 특허법인 지원, 숙명여자대학교기술지주와 젠티움파트너스, 강원대학교기술지주와 에스아이디파트너스(주), 미래과학기술지주, 고려대학교기술지주, 포항공과대학교기술지주, 연세대학교기술지주, 벤처박스주식회사와 충북대학교기술지주와 서울과학기술대학교기술지주 총 10개 투자조합이다.

교육계정 펀드는 대학 기술지주회사 자회사와 대학 구성원 등의 초기창업기업에 투자될 예정이다.

이와 함께 엔젤계정에도 카이스트청년창업투자지주, 미래과학기술지주, 충남대기술지주, 부산지역대학연합기술지주와 부산대학교기술지주, 포항공과대학교기술지주 총 5개 조합이 265억 결성을 위해 138억의 출자를 요청했다.

또한 50개 기술지주회사가 정회원으로 참여하고 있는 한국기술지주회사협회 임원진도 새롭게 변모했다. 협회는 2010년 설립해 올해 10년차로, 최근 8대 회장에 김원용 중앙대 기술지주회사 대표(중앙대 연구부총장)가 취임했다. 산학협력에 대한 열정으로 10여 년간 중앙대 산학협력단을 이끌어온 김원용 교수는 현재 전국대학산학협력단장·연구처장협의회장도 맡고 있다.

신임 회장의 취임에 이어 고려대학교 기술지주회사 장재수 대표, 포항공과대학교 기술지주회사 유주현 대표가 신임이사로 위촉됐다.

3) 대학 기술지주회사 주요 사례

강준희 산학협력기술지주회사협의회 제5대 회장은 "산학협력 기술사업화는 지역경제발전과 더불어 대학의 재정자립화나 R&D능력 개발, 학생의 사회진출지원 등 대학의 생존에 지대한 영향을 미칠 것이며, 그 중심에 대학기술지주라는 최고의 '산학협력플랫폼'이 존재하고 있다"고 밝혔다.

한밭대 관계자는 "우리 대학에서는 지난해 에어사운드와 같은 교수 창업 2건과 6개의 학생창업 기업이 탄생했다"며 "연인원 1300여 명이 참여하는 창업 교육과 수십 개의 창업동아리가 실제 창업으로 이어지고 있다."고 밝혔다. 이어 "창업교육을 통해 탄생한 교내 창업기업이 기술지주회사 자회사로 이어지는 선순환 시스템을 마련했다."고 강조했다.

고려대학교, 43개 자회사 보유

고려대 기술지주회사는 2009년 9월 설립돼 2019년 기준 43개의 자회사를 보유하고 있다. 교육부의 대학창업펀드 운영 및 팁스(TIPS)프로그램 운영사로 선정돼 스타트업을 육성 중이다.

2012년 고려대 기술지주회사는 98억원의 자본금을 바탕으로 8개의 자회사를 보유하고 있었다. ㈜오라픽스, KU디지털 미디어랩㈜, 퀀텀바이오솔루션즈, 스트롱홀드테크놀로지 등이었다.

계속해서 자회사를 늘려 온 고려대 기술지주회사는 2019년 11월 6~8일 열린 '2019 산학협력 엑스포'에 자회사 ㈜티랩스의 'TeeVR'기술을 활용한 3D공간 체험존을 운영했다.

도락주 교수(전기전자공학부)가 설립한 티랩스는 '가상현실(VR) 공간지도' 모델링 전문 기업이다. '티스캐너'(사진)를 통해 공간을 스캔하고 3D 공간지도를 완성한다. 이를 통해 어디서나 보고 싶은 지점에서 풀3D로 VR 공간 지도를 볼 수 있고, VR 공간 지도 안에서 자유롭게 움직일 수 있다.

또, 자회사 ㈜엔도로보틱스는 2019년 말 과학기술일자리진흥원이 실험실 창업 활성화를 위해 개최한 '2019 Uni-tec 실험실 창업 데모데이 대회'에서 대상을 차지하며 주목을 받았다.

이 회사는 내시경용 보조 수술 로봇의 세계 최초 상용화를 앞두고 있다. 의과대학 소화기내과 3명의 교수와 공과대학 기계공학과 3명의 교수와 박사가 창업멤버로, 이들은 지난 10여 년간 합동연구를 통해 최적화된 수술 로봇 및 수술법을 개발해왔다. 엔도로보틱스가 개발한 수술 로봇은 전신 마취 없이 사람의 위장과 대장에 진입해 무절제 수술법으로 외부 흉터 없이 암세포를 제거한다. 수술 후 환자의 신체에 흉터가 남지 않을 뿐 아니라, 수면마취만으로 수술이 가능하고, 회복기간(입원기간)이 3일 이하로 매우 짧아, 치료비용 또한 절반 이하로 감소가 가능하다. 특히 내시경 수술 로봇에 필요한 소형화와 함께 휘어진 장기 경로를 따라 동력을 전달하는 기술을 보유해 의료계의 비상한 관심을 받고 있다.

삼육대학교, 국내 3번째 기술지주회사 설립

삼육대는 2009년 1월 국내 대학 가운데 세 번째로 5억 원의 자본금으로 기술지주회사를 설립했다. 2012년 당시 유산균을 응용한 건강보조식품과 다이어트 제품을 개발하는 SU건강케어와 천연소재로 생활용품을 생산하는 SU생활건강에 지분을 투자해 자회사를 보유하고 있었다.

또, 2019년 나노 버블을 약물 전달체로 활용하는 기술로 의학계 주목을 받고 있는 앤투비(대표 박명환)가 자회사로 설립됐다. 앤투비는 2019년 6월 삼육대 화학생명과학과 박명환 교수 팀이 설립한 산학연공동연구법인이다. 삼육대 기술지주회사 SU홀딩스가 기술과 현금을, 민간기업 ㈜JHC가 현금·현물(연구장비·시설 등)을 출자해 삼육대 기술지주회사 자회사로 등록했다. 앤투비는 박명화 교수가 의학 분야에서 거의 사용하지 않고 있던 마이크로 및 나노 버블을 활용한 미세버블 산업을 접하고, 이를 바이오 소재 분야에 적용하는 내용으로 10여 건의 특허를 국내·외에 출원 및 등록하고 창업했다.

서울대학교 기술지주회사 30개 자회사 등록

서울대 기술지주회사는 2008년 10월 한양대에 이어 두 번째로 설립했다. 자본금 98억원으로 4년간 34개의 기술특허(약 42억원 규모)와 20여 개의 자회사를 만들었다. 특히, 2011년에만 총 8개의 자회사가 추가 설립·편입되면서 활성화했다.

이후 지속적으로 확장해 2019년 6월 말 기준 38개의 자회사가 설립됐고 2020년 30개 자회사가 등록돼 있다. 그동안 대학창업펀드 운영 등에 힘입어 4개의 투자조합이 결성되었고, 18건의 투자가 이뤄졌다.

이 중 2012년 만난 유니솔루션플러스는 금형내압제어 시스템과 합성수지 사출성형장치를 가지고 있었다. 회사가 보유한 기술은 플라스틱 사출시 금형 구멍에 일정 이상의 압력을 가해 성형 수지에 포함된 수분과 가스 발생을 억제하는 신기술이다. 당시 서울대 기술지주회사 대표이사는 2014년 별세한 홍국선 교수였다. 18년간 산학협력의 현장을 누비며 국내 대학 기술사업화를 리드해 온 홍국선 대표는 변리사, 국제변호사, 기술거래사 등 22명의 전문인력들로 기술지주회사를 구성하고 서울대 기술사업화의 활황을 예고했다.

서울대 기술지주회사는 스타트업을 3개월간 집중 양성하는 '비더로켓' 프로그램을 운영한다. 이 프로그램 '시즌 3'가 2016년 11월 시작됐다. 비더로켓은 스타트업이 '고객이 만족할 수 있는 제품 개발'에 집중할 수 있는 환경을 조성해 성공적으로 시장에 진출할 수 있도록 지원하는 프로그램이다. 3년째인 시즌 3에는 초기 투자 전문 벤처캐피탈 스프링캠프와 전 세계 6만 명이 사용하는 글로벌 코워킹스페이스 위워크(WeWork)가 후원했다.

'시즌 3'에는 총 7개 팀이 본선에 진출했다. 본선 진출 팀은 각종 지원과 함께 이듬해 3월 초 예정돼 있는 '런칭데이'를 통해 타겟 고객군, 투자자, 언론사 앞에서 제품 및 서비스를 홍보할 수 있는 기회를 얻게 된다. 한편 비더로켓 시즌 1, 2 본선에 진출했던 14개 팀 중 총 7개 팀이 투자를 유치하였으며 그 중 한 팀인 수아랩은 서울대학교 기술지주회사의 직접 투자로 TIPS 프로그램에도 선정됐다.

자회사 지분율 20% 이상 규정에 발목..'수아랩' 대박에도 서울대는 '빈손'

서울내 기술시주가 AI스타트업 수아랩을 키웠음에도 불구하고 자회사 20%이상 지분 보유 규정으로 인해 중간에 지분을 매각한 사례는 관련 시행령 개정을 촉발시켰다.

수아랩이 2019년 2300억 원에 미국 기업에 M&A 되면서 투자사들이 큰 수익을 거뒀다. 하지만 서울대기술지주회사는 2014년 수아랩이 사업을 시작할 당시 투자했던 1억원(전체지분의 15%수준)을 중간에 매각해 수익을 거둘 수 없었다. 2013년 단 2명으로 시작한 수아랩은 2014년 서울대 기술지주회사가 동문 스타트업 발굴을 위해 시작한 비즈로켓 시즌1 프로그램에서 수상자로 선정됐다. 지주회사는 운영하는 창업보육센터에 수아랩의 사무공간을 제공하고 2015년에는 첫 투자회사로 수아랩을 선정하고 1억 원의 초기 투자를 단행했다. 또, 기술 및 경영 자문을 통해 수아랩이 중기부가 막 시작한 TIPS(민간투자주도형 기술창업지원) 대상 기업에 선정될 수 있도록 지원했다.

하지만 기술지주회사의 자회사 지분율이 20% 이상이어야 한다는 규정에 의해 보유하고 있던 수아랩의 지분을 수익없이 매각해야 했다. 몇 년 더 가지고 있었다면 최소 수십 배의 수익을 실현할 기회를 얻었을 터이지만 규제에 발이 묶여 놓쳐버렸다.

한양대학교, 국내 1호 대학기술지주회사

2008년 10월 자본금 44억2500만원으로 국내 첫 번째 기술지주회사를 설립했다. 2012년 당시 에코메트론, 이더블유비엠 코리아, 트란소노, 플립 등 8개 자회사를 보유했다.

첫 대표이사는 한양대 재료공학과 출신 이성균 씨였다. 그는 벤처회사를 설립하고 300억원대 M&A(인수 합병)를 통해 거둔 수익일부를 기술지주회사에 출자하며 대표이사로 취임했다.

2012년 당시 자회사 중 이더블유비엠 코리아는 SSD(Solid State Drive) 개발을 시작으로 SSD 펌웨어(firmware)와 SSD 모듈 개발을 진행 중이었다. 향후 UFS (Universal Flash Storage), 차세대 모바일 저장 장치에 기대를 걸고 있었다. 송용호 한양대 융합전자공학부 교수의 특허 기술인 '페이지단위 매핑기법을 이용한 플래시메모리 관리장치 및 방법'과 '로그단위 매핑기법을 이용한 플래시메모리 관리장치 및 방법'을 기술이전 받았다.

2014년 1월, 한양대 기술지주회사 첫 번째 대표이사이자 협의회 회장으로서 5년여 동안 대학기술지주회사 활성화에 노력하던 이성균 대표가 사임했다. 그는 사임사에서 "대학 내에서 조차 대외적인 명분 등 필요시만 활용하고 기술지주회사를 천덕꾸러기 취급하는 대학도 한두 곳이 아닌 것으로 압니다. 주식회사인 기술지주회사가 대학의 한 부서처럼 취급당하고, TLO(기술이전조직)와의 갈등이 존재하는 등 구조적인 고민도 있습니다. 근거법은 교육부에, 지원은 산업부와 미래부로 나뉘어 주인 없는 어려움 또한 우리의 현실입니다. 저도 협의회 회장을 역임하면서 가장 난해하고 해결이 쉽지 않은 부분이기도 했습니다."라며 기술지주회사가 처한 고충을 털어놓았다.

이후 한양대기술지주회사는 내부 교수가 책임을 맡았다가 다시 외부인인 제닉의 창업자 유연호씨를 대표이사로 선임하고 2018년 교육부의 대학창업펀드 2호 투자 운용사로 선정됐다. 한양대 기술지주회사가 설립한 한양대 개인투자조합은 27억4000만 원을 투자 금액으로 결성하고서 스타트업에 대한 투자를 시작했으며 그해 11월 교육용 모바일 P2P 플랫폼 업체 오누이에 1억 원 규모의 초기 투자를 단행했다.

제주대학교, '제주에 특화.. 자회사 보유'

기술지주회사는 2012년 8월 1일 설립됐다. 자본금 15억2000만 원 전액은 제주대 산학협력단이 출자했다. 2013년 말 ㈜제주햄, ㈜제주마유, ㈜바이오텍제주 등 자회사 3곳이 설립돼 있다.

이 회사들은 모두 BT분야 기술을 출자받아 제주도의 청정이미지를 연계한 제품을 생산하고 있었다. 제주햄은 제주도산 돈육을 재료로 한 육가공식품을, 제주마유는 제주 마유(말기름)를 원료로 한 화장품류를 생산·제조하고, 바이오텍제주는 제주대 학교기업에서 기술지주회사 자회사로 전환된 경우로 제주도산 농산물을 원재료로 비타민류 및 액상차류를 생산·제조하고 있는 기업이다.

수년 전 운영경비 조달 등이 간단치 않았던 제주대 기술지주회사는 중기청의 창업도약패키지 주관기관으로 선정돼 창업지원 업무를 수행했다.

세종대학교, 1호 자회사 ㈜세종아이씨티 편입

세종대 기술지주회사는 2012년 12월 설립하고 1호 자회사로 ㈜세종아이씨티를 편입시켰다. 세종아이씨티는 2011년 3월 유성준 컴퓨터공학과 교수가 창업한 시스템통합(SI) 업체로, 당시 세종대 통합정보시스템을 개발 중이었다. 행정관리, 연구관리, 경영정보, 부속기관 등 각각 사용하던 시스템을 통합한 것이다. 또 포털, 원격강의, 그룹웨어, 도서관 등 각종 유관 시스템과의 연계를 통해 유기적인 업무가 가능하도록 편의성을 높였다. 특히 이 시스템에는 하나의 인증서를 이용해 암호화와 전자서명을 제공하는 방식의 기술이 적용됐다.

울산대학교, 기술지주회사 2013년 1월 출범

기술지주회사가 2013년 1월 출범했다. 울산대 기술지주회사는 기술가치평가사 등 6명으로 교내 산학협동관 4층에 자리를 둥지를 틀고, 세1호 자회사로 ㈜에쓰이보트를 설립했다. 이 회사는 조선해양공학부 박노식 교수팀이 개발한 전기추진선박 특허기술을 활용해 소형 전기어선과 태양광 발전시스템을 적용한 소형 레저보트를 개발하는 회사다.

건국대학교, 2014년 기술지주회사 설립 기념식

기술지주회사는 2014년 2월 17일 설립 기념식을 개최했다. 교수들의 사업화 가능 기술 2건(평가금액 26억5천만 원)과 산학협력단 출자금 4억 원 등 모두 30억5천만 원의 자본금으로 설립했다.

당시 건국대 기술지주회사는 열처리 약독화 기술을 활용해 저(低)단가·고(高)교차방어능 백신을 생산하는 수의과대학 송창선 교수의 '차세대 동물용 백신 개발 기술'과, 3D 인체데이터를 이용해 맞춤형 의류를 제작할 수 있는 시스템인 공과대학 박창규 교수의 'i-Fasion 기술'을 각각 보유한 2개 자회사로 시작됐다.

또, 2017년 3월 설립된 건국대 기술지주회사 자회사이자 학생 창업기업인 팜스킨이 스타트업 전문 액셀러레이터 매쉬업엔젤스로부터 시드 투자(보통 스타트업에게 처음 하는 투자로 씨앗을 뿌린다는 의미)를 받았다.

팜스킨은 건국대 축산대 학부생과 대학원생으로 구성된 초유 가공 기술 개발 스타트업이다. 팜스킨은 자원화 되지 못하고 버려지는 연간 4만 톤에 이르는 초유와 이를 처리하는데 어려움을 겪고 있는 농가들의 문제를 해결하고자 독창적인 초유 가공 기술을 개발했으며, 이 기술을 바탕으로 초유를 함유한 자연친화적 기능성 화장품 개발에 성공했다.

경북대학교, '5개 자회사로 기술지주회사 출범'

경북대 기술지주회사는 2014년 3월 설립 기념식을 개최했다. 경북대 산학협력단은 2012년 기술지주회사 설립을 위한 타당성 검토를 마치고, 교육부 설립 인가를 거쳐 자본금 10억원을 출자해 2013년 6월 설립했다. 대표이사는 당시 김흥근 경북대 산학협력단장이 맡았다.

경북대는 2014년 1월 연구개발 주도형 화장품 제조업체인 ㈜루비크라운에 지분 출자를 통해 1호 자회사로 편입한 것을 포함해 총 5개의 자회사를 보유했다. 또, 무효소 혈당 센서 물질 나노용액(사범대학 과학교육학부 이광필 교수)과 미생물 대사공학을 이용한 식물성 오일유래 기능성 지방산 생산 및 유도체 합성(농업생명과학대학 식품공학부 김학렬 교수) 등의 자회사 설립이 검토 중이었다.

한국해양대학교, 기술지주 1호 자회사 '우신이엠씨'

한국해양대 기술지주회사는 2014년 12월 학내 종합연구관에서 현판식을 가졌다. 한국해양대 기술지주회사는 산학협력단이 현금 2억 원과 현물(기술) 2억 4천8백만 원을 출자해 설립했다.

자회사 1호는 ㈜우신이엠씨다. 이 회사는 'LED 경광등의 동기점멸 제어장치' 기술을 핵심으로 하는 연구소기업으로 한국해양대 기술지주회사가 기술을, ㈜우신에이이펙이 현금을 출자해 자본금 12억 4천만 원 규모로 출발했다. 한국해양대 기술지주회사는 향후 10년 목표로 자회사 17개 설립, 자회사의 총 매출액 규모는 800억 원, 100명의 일자리를 창출할 것이라 밝혔다.

또, 한국해양대 자회사 ㈜저스티스어드벤처가 2017년도 부산대표 창업기업에 선정됐다. 한국해양대학교 기술지주회사의 자회사로 해양벤처진흥센터에 입주해 있는 ㈜저스티스어드벤처는 소프트웨어 개발 스타트업이다. 2016년 8월 설립된 이후 2017년 5월 연구소기업으로 등록됐다.

미래창조과학부가 주관하는 'K-Startup 글로벌 로드 쇼 참여기업'으로 선정돼 네덜란드 암스텔담에서 개최된 TNW Conference에 참가했으며, 최근에는 오스트리아 빈에서 유관기관 미팅을 하는 등 내년 1월 해외현지법인 설립을 추진하고 있다.

연세대학교, 국내 1호 자회사 코스닥 등록

2013년 TLO와 기술지주회사를 통합한 연세대학교 기술지주회사가 2015년 1월 자회사인 라파스 보유주식 일부를 설립 3년 만에 우선매수권이 있는 라파스 정도현 대표이사에게 매각했다고 밝혔다. 라파스는 2019년 코스닥에 상장됐다.

라파스는 연세대학교 정형일 교수의 생분해성 마이크로니들 기술을 도입, 마이크로니들 패치를 생산하는 기업이다.

연세대 기술지주회사는 총 30억 원 이상의 규모로 진행된 이번 지분매각을 통해 투자금의 7배에 달하는 수익을 실현했다. 이는 그동안 대학 기술지주회사에서 간헐적으로 이루어지던 투자금 회수와는 규모와 성격이 완전히 다른 것으로, 국내 대학 기술지주회사 최초의 투자회수 사례로 볼 수 있었다.

당시 김은경 연세대학교 기술지주회사 대표이사는 "자회사 지분매각을 통해 대규모의 이익을 달성함으로써, 대학 기술지주회사 역사에 큰 이정표를 연세대 기술지주회사가 세울 수 있었다는 점에서 매우 기쁘다"며, "앞으로 제2, 제3의 라파스 사례를 만들기 위해, 기술지주회사의 내실을 다지는 동시에 대학이 보유하고 있는 창의적 자산을 활용한 자회사 설립을 적극적으로 추진해 나가겠다"고 밝혔다.

인천대 기술지주회사, 국내최초 외부 기업체가 직접투자

2016년 3월 국립 인천대기술지주회사가 국내 중견기업인 다산에이디, 금원하이테크, 이노소프트기술 3사로부터 2억원의 직접투자를 유치했다.

대학 기술지주회사에 대학 외 지자체가 정책적 투자를 하거나 지역 기반 은행이 투자를 한 경우는 있었지만, 산학협력에 파트너인 기업체가 직접투자를 한 것은 국내 처음이었다. 당시 인천대기술지주회사는 그린파이오니아 등 10여 개의 자회사를 인큐베이팅하고 있었으며, 이번에 투자된 자금은 신규 자회사 설립이나 기존 자회사에 추가 투자할 계획이다.

강준희 인천대 기술지주 대표이사는 "투자자들은 특정사업에 직접 투자함으로써 발생할 수 있는 위험부담을 줄이고 자회사들에 대하여 투자 우선권을 갖게 될 것"이라며, "향후 민간 투자유치 모델을 보다 정교화해서 산업체와의 협력을 더욱 확대해가겠다"고 밝혔다.

한국기술교육대학교, 1회 자회사 '바이오롭'

기술지주회사의 제1호 자회사인 바이오롭이 2016년 10월, 설립 8개월 만에 대덕특구 연구소기업 등록 심의를 완료하고, 2년간 4억원을 지원 받게 됐다.

'상지 재활치료 로봇'을 개발하는 바이오롭은 유지환 코리아텍 기계공학부 교수가 대표를 맡고 있다. 연구소기업 등록에 따라 법인세와 소득세를 100% 면제받게 됐다. 전국 340만개 중소기업 중 연구소기업 등록기업은 300개 수준에 불과하다.

더불어 바이오롭은 코리아텍 기술지주회사와 공동으로 '기술이전사업화(R&BD) 사업'(특구의 연구소기업 등록 회사만을 대상으로 지원하는 국책사업)을 신청, 2016년 하반기 신청 기업 중 최상위 점수로 선정됐다. 사업기간은

2018년 10월까지 2년이다. 전국 50개 대학기술지주회사 및 300개 연구소기업 중 이처럼 자회사와 대학기술지주회사가 공동 참여해 수주한 사례는 처음이다.

또, 코리아텍 기술지주회사 자회사이자 창업보육센터 입주기업인 ㈜네이처프론트가 국내외 창업 대회에서 잇따른 수상실적을 거두고 있었다. 네이처프론트는 약용식물 추출액을 함유한 약담초 치약, 비누, 샴푸 등을 개발하는 벤처기업이다.

네이처프런트는 2018년 11월8일 개최된 충청권 대학연합 STAR TMC(Technology Management Center. 대학기술경영촉진사업) 옥션마켓의 IR(Invester Relationship) 경진대회에서 약용식물 추출 특허기술 등 기술력을 인정받아 대상과 상금 200만원을 받았다. 더불어 모의투자금 모집에서도 2위를 차지했다. 이어 11월 13일 중국 웨이하이시에서 진행된 제1회 국제 중한창신대회에서 총 28개의 한국 참가 기업 중 3등과 5,000위안의 상금을 받았다.

회사 대표는 “중국 yu wang 그룹(직원 수 2천 2백 명 규모)에서 추출 기술 이전에 관한 MOU 체결 제안을 받았고, 산동성 웨이하이시에서는 창업보육센터 빌딩 입주에 1년 임대료 무료 조건을 제시할 정도로 중국시장에서 반응이 좋다”고 밝혔다.

서울과학기술대학교, 기술지주 자회사 1호 ‘스탠스’ 편입

2016년 미래창조과학부에서 선정하는 ‘대학 TLO 및 대학기술지주회사 지원사업’을 유치했다. 서울과기대는 사업주관기관으로서 광운대, 삼육대, 삼육대지주회사, 서울여대, ㈜웝스, 테크비아이㈜와 연합해 통합형 '연합TMC(Technology Mangement Center)및 연합기술지주회사'를 설립·운영할 예정이다.

이 사업은 1차년도 정부지원금 4억원을 시작으로 3년 동안 총 34억8000만원 내외의 사업비가 지원된다. 서울과기대는 연합TMC를 통해 특허 출원부터 사업화에 이르기까지 전주기 프로세스를 관리하고, R&D성과 데이터베이스 구축·운영, 선진 기술사업화 모델을 도입할 계획이다. 최종적으로는 자립화된 연합기술지주회사 설립·운영을 통해 지자체, 동북권발전협의회 및 해외 전문기관과의 긴밀한 협력체제를 구축·확립할 예정이다.

또, 서울과기대 기술지주회사는 2019년 1월 지분 인수를 통해 (주)스탠스를 제1호 자회사로 편입시켰다. 스탠스는 서울과기대 박구만 교수 연구실 출신 전지혜 박사가 2017년 3월에 창업한 기업이다. 2018년 창업선도대학인 서울과기대에서 아이템사업화 기업으로 선정됐으며 현재 서울과기대 창업보육센터에 입주해 있다. 회사는 실감형 AR/VR콘텐츠와 영상분석 소프트웨어 개발 기업이다. 벤처기업·여성기업·기업부설연구소 인증을 받았다. 또, 스탠스는 학생들이 실감나게 교과목 내용을 체험해 볼 수 있는 AR콘텐츠와 애플리케이션을 제품화하여 교육현장에 제공할 계획이었다.

포항공대 기술지주회사, '액셀러레이터' 등록

신생 창업기업을 발굴, 육성하는 액셀러레이터(창업기획자) 등록·관리

제도가 2016년 말 시작된 후 2017년 1월 탄생한 최초의 액셀러레이터 4개 중 포항공대 기술지주회사가 있다. 포항공대 기술지주회사는 2016년 신규로 선정된 TIPS 운영사이기도 하다.

등록된 액셀러레이터는 3년 미만 초기 창업자에게 1000만원 이상을 투자하고, 3개월 이상 보육해야 한다. 중소기업청은 액셀러레이터를 체계적으로 관리·지원하기 위해 창업진흥원을 액셀러레이터 등록·관리 전담기관으로 지정하였으며, 향후 공시 시스템을 구축해 등록부터 관리·반기별 운용상황 등을 온라인으로 공개할 예정이라고 밝혔다.

한남대학교 '한남기술지주 투자조합 1호' 결성

한남대 기술지주회사는 2013년 9월에 설립됐다. 한남대 산학협력단이 100% 지분을 가지고 있으며 자본금은 14.39억 원이다. 설립 이후 대학이 보유한 기술의 사업화와 외부 유망기업에 대한 출자 등으로 자회사는 2019년 말 현재 18개이다.

제1호 자회사는 ㈜한남바이오이다. 한남대 미생물학과 대학원을 졸업한 송상선 대표가 2005년 학교기업으로 설립해 2014년 법인을 설립하며 자회사로 편입했다. 축산·수산 분야 면역증강제 및 환경개선제를 개발하고 있다.

또, 한남대는 2017년 5월 '한남기술지주 투자조합 1호'를 결성했다. 이 투자조합은 중부권 대학으로서는 최초로 전국 대학 중에서 3번째로 결성돼 등록을 마쳤다. 개인투자조합은 벤처기업 육성에 관한 특별조치법에 따른 일종의 사모펀드로, 개인 등이 공동으로 자금을 출자해 펀드를 조성한 뒤 성장성이 높고 유망한 기술창업기업에 투자하는 단체를 말한다.

투자조합은 이덕훈 총장을 비롯해 한남대 교수와 직원들이 4700만 원, 한남대기술지주회사가 5600만 원을 조성해 출자총액 1억 300만원으로 결성됐다. 기술지주회사가 업무집행조합원을 맡아 대학(원)생·교원 창업기업, 기술지주회사 자회사, 대학 내 입주기업을 우선적으로 발굴해 투자 결정 등 직접 자산을 운용할 계획이다. 투자조합이 결성되자마자 바이오업종의 지역 유망벤처기업에 5000만 원이 투자됐다.

"인문사회 교수들도 기술사업화 한다"

한남대 인문사회 교수들이 '지식 콘텐츠'를 무기로 기술사업화에 나서 화제였다. 한남대는 인문·사회, 예·체능 전공 비율이 전국 평균보다 10%가량 높은 67.2%로 인문사회분야가 강세인 대학이다.

이러한 한남대가 인문사회 예·체능 분야 교원들의 사업화를 지원하기 위해 교수와 외부 전문가가 참여하는 소규모 융합지식교류회를 2018년 결성했다. 교내 홍보를 통해 12개의 예비 사업화 아이템을 선발했고 개별 연구자에 대한 인터뷰를 진행해 교육문화, 패션문화, 문화 IT, 출판문화 총 4개의 융합지식교류회가 그해 10월에 결성됐다. 6명의 교수와 10개 전문기업, 사업화 전문가를 포함해 총 46명이 참가해 가동된 4개의 교류회는 사업화 아이템 구체화를 시작으로 시장분석, 사업화 유형 결정, 시장진입 전략 수립을 거쳐서 단계별로 비즈니스 모델을 수립하고 15건의 시제품을 제작했다.

교육문화(아동복지학과 나종혜, 손승희 교수)분야는 국내 최대 토탈 교재교구 전문회사가 참여해 개발제품의 생산과 판매를 담당하고 있었다. 4종의 영유아 교재교구 시제품 제작이 완료됐으며, 생산된 500~1,000세트 규모의 제품은 참여기업의 판매망을 통해 수억 원의 매출을 거둘 것으로 예상됐다. 참여기업과 한남대 아동복지학과는 영유아 교재교구 시리즈를 지속적으로 개발·판매하기로 했으며, 학과기업 형태의 신규 사업화 기업을 설립할 예정이다.

패션문화(조형예술학부 의류학 전공 장수경 교수)도 의류·토탈패션 디자인 및 브랜딩 전문회사와 생산·유통 전문회사가 결합했다. 연구자가 개발한 한국전통문양 패턴이 적용된 병원 환자복 6종을 시제품으로 제작했다. 한국적 전통문양을 현대적으로 개선한 디자인, 친환경 업싸이클링 소재, 편안한 기능성으로 차별화 한 환자복은 참여기업의 영업망을 통해 전국의 한의원 및 한방병원을 대상으로 영업이 전개될 예정이었다. 특히, 같은 학과 소재 전문가인 김천희 교수도 참여해 학과 단위 사업화 모델로 확장이 예상됐다.

문화IT(컴퓨터통신무인기술학과 정진만 교수)가 제작한 LED응원봉은 K-POP 문화 콘텐츠와 결합해 수요처를 발굴하고 있는 중이었다. 엔터테인먼트 전문회사가 참여해 업계의 특성에 대한 수요조사, 데뷔 아이돌 그룹의 전용 상품으로의 공급 타진 등을 검토했다. 업계의 수요를 반영해 하드웨어 전문가와 디자인 전문가가 참여해 기존 제품의 성능 및 디자인을 개선한 시작품을 3종 제작했다.

출판문화(국어국문·창작학과 이은하, 장노현 교수)는 20년 경력의 전문 출판기획자가 참여해 컨셉수립, 전문가 의견 반영, 교정교열, 표지삽화 디자인 등 출판기획의 전문영역에 대한 지원을 담당하며, SNS 및 온라인 마케팅 전문가가 참여해 마케팅을 지원하고 있었다. 출판기획 전문 출판사, 이북/웹북 전문회사, 온라인 마케팅 전문회사가 참여해 관련 학과 창작자의 콘텐츠에 대한 온라인 출판을 위한 구조를 갖췄다. 한남대 LINC+사업단은 참여 학과의 교육 프로그램과 연계해 학생들의 참여를 통한 지속적인 콘텐츠 개발을 지원할 계획이다. 특히, 이 과정에서 거둔 사업성과가 학생들에게도 공유될 수 있도록 회사설립을 포함해 융합지식의 사업화를 지원하는 엑셀러레이팅 플랫폼을 기술지주회사 자회사로 설립할 예정이었다.

충북대학교, 2019년, 10개 자회사 보유

기술지주주식회사는 2016년 2월 설립 이후 2019년 현재 10개의 자회사를 보유하고 있다. 2019년 5월 액셀러레이터로 등록했다. 충북대 기술지주회사의 액셀러레이터 등록은 포항공대기술지주, 고려대학교기술지주, 전북지역대학연합기술지주, 한양대기술지주, 서울대기술지주, 부산지역대학연합기술지주, 대경지역대학공동기술지주에 이어 충청권역 대학 기술지주회사로는 최초다.

또한, 충북대는 브릿지사업 수행 2년간(2015~2016) 기술이전 실적이 사업추진 이전 2년간(2013 ~ 2014)대비 기술이전 건수는 2.2배, 기술이전 수익은 2.1배 성장했다.

충청 브릿지사업단은 충북대를 주관대학으로 한밭대·한국기술교육대·한국교통대·선문대 총 5개 기관으로 컨소시엄이 구성됐다.

이 사업단은 5개 대학이 보유한 자산의 탐색과 자산실사, 자산설계 실용화개발 등 일련의 프로세스를 통합적으로 공유하고 협력하는 전략을 활용하고 있었다. 등록 특허 2731건, IPC 재분류 1433건 등 사업단 내 모든 참여대학의 보유 자산을 서로 공유하여 기술이전 수요가 있을 경우 핵심기술을 중심으로 컨소시엄 내 관련 요소기술군을 패키징해 중대형으로 기술이전 할 수 있도록 했다. 또 참여대학별로 추진하는 사업화 모델 개발과 기술포트폴리오 구축, 기술이전 마케팅 등의 정보도 공유해 효율성을 제고했다.

충북대가 브릿지사업을 발판으로 5억원 규모의 기술이전을 진행했다. 이전된 기술은 줄기세포 유래 소포체인 exosome을 함유하는 피부미백, 아토피개선 및 주름개선용 기능성화장품 관련 기술이다. 해외특허도 확보 되었고 사업성이 높아 가치가 큰 기술이었지만, 특허만으로는 기술이전에 어려움이 있어 브릿지사업을 통해 시제품을 개발하고 이전을 가능하게 했다.

셀트리온과 조인트벤처 설립

충북대 기술지주회사가 셀트리온과 조인트벤처를 설립한 소식이 대학가에 주목을 모았다. 2018년 8월 6일 공동연구법인 창립기념식 및 사무소 개소식을 개최했다. 양 기관은 셀트리온충북대바이오메딕스(CTB-Biomedics)와 셀트리온충북대코스메틱스(CTB-Cosmetics)를 설립했다. 2개의 연구법인은 충북대와 셀트리온이 50%씩 투자해 설립 했으며, 본점 소재지는 충북대학교 융합기술원 A동 301-1, 2호이다.

우수동 충북대학교기술지주회사 대표이사는 “우리 대학 기술지주회사가 전국 대학 기술지주회사 최초로 셀트리온과 JV(조인트벤처)형 자회사를 설립했다”며, “이번에 설립된 자회사들을 통해 지역 경제 활성화, 우수인력 고용창출, 대학 보유기술 직접사업화 등 괄목할 만한 성과를 이뤄내겠다.”고 덧붙였다.

한밭대학교, 기술사업화 기술지주로 통합 후 “가파른 성장세”

2014년 설립된 한밭대 기술지주회사가 2018년 3월 산학협력단 내 기술이전조직(TLO)업무를 기술지주회사로 통합한 이후 본격적인 성장세를 구가하고 있었다.

통합 1년 후 기술이전 실적이 크게 개선됐다. 2014년 14건, 기술료 수입 3억 6200만원에서 2018년 말 35건, 4억 7600만원으로 성장했다. 연구개발비가 2014년 168억 8600만원에서 2018년 136억 2200만원으로 감소했음에도 불구하고 기술이전에서는 큰 폭의 실적개선을 달성했다.

기술사업화 창구의 단일화는 한밭대의 연구비 회수율(R&D생산성) 개선에도 큰 영향을 끼쳤다. 기술사업화 핵심 평가지표 중 하나인 연구비 회수율(ROI)의 2017년 전국 평균이 1.66%인데 비해 한밭대는 2017년 2.09%로 전국 34위, 2018년에는 3.49%로 국내 최상위 실적을 달성했다. 기술 사업화 관련 조직의 통합으로 연구비 회수율도 끌어올리고 있었다.

또, 한밭대 기술지주회사는 기술이전에서뿐만 아니라 자회사 수에서도 1위를 기록했다. 기술지주회사 자회사는 2018년 33개에서 2019

년 8월 현재 45개가 설립됐다. 이 중 대덕특구 27개, 전북특구 11개, 대구특구 5개, 부산특구 1개 등 44개사가 연구개발특구에 입주하고 있으며, 41개사가 연구소기업 등록을 완료했다.

한밭대 기술지주회사의 이러한 공격적인 경영은 창업과 산학협력에 특화된 대학의 학풍뿐만 아니라 박장우(화학생명공학과) 교수가 설립한 ㈜나노신소재의 성공 신화에 힘입은 바가 크다.

나노신소재는 박 교수가 2000년 창업한 반도체, 디스플레이, 태양전지 등의 소재로 쓰이는 나노물질 생산 기업이다. 박 교수는 2003년에 10만 8000주를 대학에 기부했고, 회사가 2011년 코스닥에 상장하면서 한밭대는 약 35억원에 달하는 발전기금을 확보했다. 특히, 화학생명공학과 학생들은 매년 1억원 가량의 장학금을 나노신소재에서 지급받고 있으며 2018년 5월에도 박장우 교수는 회사 주식 1만주(주식가액 2억원)를 대학에 기부했다.

한밭대는 2017년 12월 화학환경관 입구 기둥에 '박장우 교수의 창업으로 세계 최고의 나노기술 회사가 이곳에서 탄생하였다'고 쓰인 동판을 한글과 영문으로 설치해 우수 교수창업사례를 기념하고 있다.

2019년 2월 한밭대 기술지주회사 제3호 자회사인 에어사운드가 개발한 고음질 무선 마이크 마이핀플러스 (MYPIN+)가 음향기기 시장에서 두각을 나타내고 있었다.

동영상 콘텐츠를 제작하는 크리에이터들에게 가성비 좋은 음향 녹음기로 소문난 이 제품은 한밭대 산학협력단이 보유한 '집음기 및 이를 이용한 지능형 음향제어시스템 및 방법'기술을 상용화한 것이다.

회사는 지난 2014년 설립됐다. 한밭대 교수진의 기술자문과 연구협력을 통해 그동안 27건의 지식재산권을 확보하고 탄생한 마이핀플러스는 관련 분야 강자인 일본 소니사 제품의 음질을 보장하면서도 가격은 10만원대(기본 패키지)로 저렴하다.

급증하는 1인 미디어 크리에이터를 겨냥해 탄생한 마이핀플러스은 출시와 동시에 전 세계 소비자와 바이어로부터 호평을 받았다. 에어사운드는 한밭대 기술지주가 초기 50% 지분 투자를 진행하였으며, 현재 한밭대 대덕캠퍼스 창업보육센터에 입주해있다.

부산대학교 2017년 기준 20개 자회사 보유

기술지주회사는 2010년에 설립돼 2017년 기준 20개의 자회사를 거느리고 있다. 이 중 기술지주회사 10호 자회사인 타우피엔유메디칼이 3개 창업투자회사로부터 40억원의 투자유치를 확정하고 업무 협약식을 2017년 8월 개최했다.

부산연구개발특구 부산67호 연구소기업으로 지정된 타우피엔유메디칼은 의과대학 김준홍 교수가 개발한 '카테터 기반 심장 승모판막 치료 의료기기' 특허 기술의 상용화를 위해 지난 2014년에 설립한 회사다.

타우피엔유메디칼은 이번에 확보한 투자금을 이용해 초도 임상 및 식약청 허가임상을 완료할 예정이며 이후 본격적인 시판을 통해 80억 달러 규모의 카테터 기반 최소 침습 시술 시장을 선도할 계획이다.

기술지주회사에 대한 몰이해가 불러온 부산대기술지주의 부실화?

2017년 10월 부산대학교에 대한 국정감사에서 부산대 기술지주회사의 부실 여부가 도마 위에 올랐다. 부산대 기술지주회사의 자본금은 2016년 현재 61억 9200만 원, 매출은 1억 7700만 원, 당기순이익은 마이너스 9억 8600만 원이다. 재무제표만 보면 부산대 기술지주회사는 연속해서 적자를 내고 있는 존립이 어려운 상태였다. 하지만 대학 기술지주회사의 특성을 감안하면 해석이 달라진다.

대학 기술지주회사는 대학 보유 기술을 이용해 자회사를 설립하고 이 자회사의 지분 매각수익과 배당을 통해 수익을 창출하는 기업이다. 특허에 대한 기술이전은 산학협력단내 기술이전 전담조직(TLO)에서 독립적으로 추진된다. 실제로 국내 대학들 대부분이 보유한 특허기술을 산업체 등으로 이전해 수익을 올리는데, 이것은 기술지주회사 수익과는 상관없이 산학협력단 매출이다. 보통 산학협력단장이 기술지주회사 대표이사를 겸임하고 있지만, 산학협력단과 기술지주회사는 별도의 법인격을 가지고 있다. 이렇다 보니 기술지주회사의 수익은 자회사의 매출발생 및 회사가치 상승에 따른 지분매각까지 설립 후 최소 3년~5년 정도의 시간이 지나야 본격적으로 발생하게 된다.

초기에 사업 경험이 부족한 대학 교수와 직원이 중심이 돼 자회사를 만들다 보니 경영상태가 대부분 저조한 것이 사실이다. 부산대 기술지주회사가 지난 2014부터 지난해까지 33억 원의 당기 손실을 기록한 것도 부실기업 4개사를 구조조정하며 발생한 지분출자분에 대한 투자 손실이었다.

그러나 부산대 기술지주회사는 전국 대학 기술지주 법인 중 알짜 기업으로 평가받고 있다. 현재까지 총 5개사에 대해서 지분 일부 및 전부 매각을 통해 25억 원을 회수했다. 최근에도 자회사인 타우피엔유가 대규모 투자를 유치하면서 기술지주회사는 액면가 5000원짜리 지분 1억 원어치를 주당 72만 원에 매각해 큰 수익을 올렸다. 또, 자회사인 PNU 신라젠 지분을 매각하며 보유한 신라젠 주식이 당시 시가로 약 40억 원대였다. 이 지분 일부 매각을 통해 부산대 기술지주회사는 올해부터 흑자로 전환할 예정이다.

특히 부산대는 자회사와 15개 교원 창업기업의 자금난 해소를 위해 4개 거점국립대(부산대, 전남대, 경북대, 제주대)간 컨소시엄을 통해 교육부 창업펀드 38억 5000만 원을 결성했다. 지난 4월에는 기술보증기금과 30억 원 보증을 받을 수 있는 U-Tech밸리 지원사업 협약을 체결했고, 신용보증기금과도 30억 원 보증 한도의 캠퍼스스타트업 프로그램 운영을 협약하고 있다.

2019년 8월 만난 부산대 기술지주 17호 자회사 에스엔비아는 의료용 마이크로니들 개벌업체이다. 에스엔비아(SN via)는 2016년 12월 바이오소재과학과 양승윤 교수가 개발한 의료용 마이크로 니들(Microneedle, 현미침) 기술을 기반으로 설립했다.

설립 후 2년 동안 15억 원 규모의 R&D과제를 수주해서 기술개발에 속도를 내고 있으며, 10월이면 30억 규모의 투자유치가 완료될 예정이었다. 에스엔비아는 부산대 기줄지주회사 관계자들이 부산대 밀양캠퍼스에 특허기술을 분석, 심사하러 갔다가 발견했다. 2006년 국내 대학에서 기술이전조직(TLO)이 설립될 당시부터 기술이전에 종사해 온 김성근 실장은 그동안의 경험을 바탕으로 하버드 의대에서 박사 후 연구원으로 근무한 후 부산대로 온 양승윤 교수가 보유한 마이크로니들 기술이 예사롭지 않음에 주목했다. 이에 전남대 등에서 바이오기술의 이전과 벤처창업을 주도해 온 이강오 대표와 가능성을 검토한 후, 양 교수를 대주주로 한 에스엔비아를 자본금 3.9억원에 설립하기에 이른다.

그동안 30여 개 교수창업을 도와 온 이강오 대표는 최근 모 대학에서 설립한 바이오벤처기업이 코스닥 상장 직전에 교수와 경영진 간의 갈등으로 좌초된 사례를 열거하며, "기술을 가진 교수가 대주주로서 오너십을 가질 수 있어야 회사 구성원들과 파트너십을 지속할 수 있다"며, 양 교수의 지분과 역할을 확실히 보장하고 법인을 설립한 배경을 설명했다.

국내 기술지주회사 최초 창업전용 공간 조성

부산대학교 기술지주회사가 2020년 1월 창업전용 공간(피엔유 에이백, PNU AVEC)준공식을 거행했다. 지하 1층, 지상 5층(전용면적 1,111㎡, 336평) 규모인 이곳에는 주요 자회사와 1~2인 창업팀, 특허 및 투자 전문 기관들이 입주할 예정이며, 미팅룸, IR룸, 코워킹 공간, 대규모 강당 등으로 조성됐다.

기술지주의 전용 창업공간 조성은 2008년 국내에서 대학 기술지주회사가 설립되기 시작해 70여 개로 확대된 지금까지 처음 있는 일이다. 특히 건축에 소요된 35억 원(대학 외부 교지 활용)이 정부 지원이 아닌 기술사업화를 통해 거둔 수익금을 재투자한 것이기에 더욱 의미가 컸다.

전남대학교 기술지주 29호 자회사 에스엔제이솔루션

2019년 11월 전남대 기술지주 29호 자회사 에스엔제이솔루션을 만났다. ㈜에스엔제이솔루션은 2018년 11월 전남대 기계공학부 김창세 교수의 '작업 대상물 형상적응 능동압력제어 로봇 엔드이펙터 기술'을 현물로 이전 받고 전남대 기술지주 자회사로 편입됐다.

회사가 개발한 엔드이펙터(End-effector)는 인간의 손(hand) 감각에 해당하는 부분으로 산업용 로봇의 작업 툴(tool) 앞 단에 장착한다. 형상적응 능동압력 제어와 결합해 로봇에 힘 감각을 부여함으로써 표면 가공 제품의 완성도를 높이고 고난도의 작업을 가능하게 하는 기술이다. 주로 차량이나 선박의 곡선 형태 표면의 마무리 단계인 그라인딩, 버핑, 샌딩, 연마 등에 사용된다. 이런 작업에는 숙련된 기술이 필요하지만, 작업 특성상 분진 발생 등 열악한 환경으로 인해 로봇의 활용이 증대되고 있는 상황이기에 회사의 가능성이 크다는 평가이다.

회사는 자회사로 등록한 후 광주지역 특화 산업분야인 로봇 전문업체로 탈바꿈했다. 지난 4월 광주테크노파크 생활지원로봇센터에 입주해 로봇 부품 시스템설계, 시제품제작, 시험평가 장비 등의 인프라와 장비를 제공받고 있으며, 8월에는 제806호 연구소기업으로 등록했다.

한국산업기술대학교 자회사 ㈜링크솔루션, CES 2020 '혁신상'

기술지주회사의 자회사인 ㈜링크솔루션이 2020년 1월 미국 라스베이거스에서 열린 국제 전자제품 박람회(CES 2020)에서 3D프린팅 분야 '혁신상' 수상자로 선정됐다.

세계 최초로 맞춤형 3D프린팅 마스크팩 제조에 성공하며 기술을 인정받은 링크솔루션의 대표는 이 대학 출신이다. 지난 2012년 창업선도대학 사업을 수행하던 산기대 창업지원단의 지원을 통해 창업에 성공했고, 2015년 기술지주회사 자회사로 편입해 대학의 집중 지원을 받았다.

산기대는 2011년부터 창업선도대학을 수행하며 기술창업 기업을 육성하고 있다. 2012년 지원한 링크솔루션뿐만 아니라 2013년 발굴했던 윤원수 기계공학과 교수와 동료 교수들이 창업한 티앤알바이오팹은 2018년 11월 기술특례 상장 승인을 인정받아 코스닥 시장에 등록했다.

이화여자대학교 1호 자회사 이와이어라이너

기술지주회사 1호 자회사 이와이어라이너는 의과대학 소속 전윤식 교수가 대표다. 회사는 브라켓 없는 치과용 교정 장치를 개발했다. 기존 와이어보다 얇은 모발 굵기의 형상기억합금 와이어를 이용해 이물감과 통증을 없애다. 치아 안쪽으로 부착해 심미적이고, 별도의 유지장치가 필요 없다. 또, 생체친화적인 교정력 설계로 인체에 안전하며 용해도가 높은 식품소재를 이용해 환자 맞춤형 코팅와이어를 제작하고 기존 교정 장치보다 짧은 기간에 치아교정이 가능하다.

이와이어라이너를 창업한 전 교수는 10여 년 전 기술연구를 시작해 지난 5년간 300여 건의 임상테스트를 거쳤다. 상용화에 확신을 갖고 2016년 창업했다. 최근 5년간 이와 관련한 SCI(E)급 논문 5건, 특허등록 3건, 특허출원 5건, 해외특허 출원 4건을 보유하고 있다.

4부 정부지원 산학협력 사업

LINC 참여 각 대학 사례

- 2단계 LINC사업단 출범식 개최
- 대구대, "인문사회분야 산학협력 뿌리내렸다"
- 가톨릭대, 인문사회 산학협력 확산..
- 서울과학기술대, '거스를 수 없는 산학협력 시스템 구축'
- 인제대, "산학협력을 중심으로 대학의 변화 이끌어야"
- 한국기술교육대, '창업지원센터 설치'.. 학생 창업역량 강화
- 동신대, '올셋기업지원센터' 차별화된 산학협력 시스템
- 경일대, "대학과의 산학협력, 중소기업 경쟁력 강화에 큰 효과"
- 링크플러스 사업.. "대학의 자율성을 최대한 보장하겠다"

LINC+ 교육중점형

- 상명대 등 LINC+ 사회맞춤형교육 중점형 선정 대학 확정
- 세종대, LINC+ 참여… "산학협력 교육으로 학과 경쟁력 강화"
- 평택대, 사회맞춤형 'ELIS'인재 양성에 나서..
- 한동대, "산학협력 교육이 대학의 지속가능성 높여"
- 한라대, 산업체 맞춤형 교육과정 확대… '학생 취업경쟁력 강화'
- 산업체와 개설한 '사회맞춤형 학과', "대학 교육의 틀을 바꾼다"

LINC+ 고도화형

- 계명대, 산학협력의 새로운 패러다임 '지역사회 혁신' 추진
- 가톨릭관동대, "대학조직 전체가 참여하는 산학협력 하겠다"
- 건국대 글로컬캠퍼스, 서울캠퍼스와 '힐링바이오 공유대학'신설..
- 선문대, '다문화 가족 구성원을 수출 지원 인력으로 양성'
- 안동대, '학생 눈높이 맞춘 산학협력 수행 다짐'
- 강릉원주대, "대학이 지역사회 혁신에 뛰어든다"
- 아주대, 산학협력 혁신 생태계..'아주밸리' 조성
- 한서대, "산학협력을 통한 성장세 대단.."
- 경남대, 지역사회 연계 교과목 운영… '도시재생' 방향 제시
- 한림대, 지역사회 혁신활동..'지역사회가 찾는 대학으로 사랑받아'
- 창원대, "지산학협력으로 쇠퇴한 창원 경제에 활력을.."
- 목포대, LINC+ 승선… "전남 서남권 활력 기대"
- 한국교통대, '산학협력 친화의 날'개최.."대학-기업-지역사회 일체가 되겠다"
- 지역산업 혁신 모멘텀 LINC+, "뜨거운 인기"

LINC+ 전문대

- 대림대 LINC+, 사회맞춤형학과 협약반 선발 면접
- 영남이공대, 산업체와 공동 교육실시..맞춤형 인력 양성으로 지역경제 기여
- 동서울대 "산업체 맞춤형 인재 양성… 교육 틀을 바꾼다"
- 원광보건대, 비즈캠퍼스 구축으로 취창업 역량 강화..
- 전문대 산학협력 진일보…'일자리와 수익' 두 마리 토끼 잡는다

1. 산학협력선도대학(LINC)

2011년 스위스 국제경영개발원(IMD)이 발표한 국가경쟁력 평가에서 우리나라 대학교육의 사회적 요구 부합도가 59개 국가 중 39위로 조사됐다.

대학교육의 문제로 제기됐던 인력양성 과정의 산업현장성 부족이 다시 한 번 국제기관을 통해 확인된 것이다. 특히 인문계열의 산업현장 수요 만족도는 12.2%로 이공계열의 19.0%에 비해 더 미흡한 상황이었다.

이러한 대학과 산업 현장과의 괴리를 해소하기 위해서는 산학협력이 교육 및 연구와 같이 대학의 주류활동으로 정착하는 것이 필요했다.

이를 위해 당시 교과부는 광역권 인재양성(1,000억), 산학협력중심대학육성(310억), 지역거점연구단육성(145억)을 통합해 1700억원 예산(2013년 2184억으로 증액)으로 2012년부터 5년 간 산학협력선도대학(LINC: Leaders in INdustry-university Cooperation)육성사업을 시작했다. 일반대학 51개교, 전문대학 30개교가 대상이었다.

1) LINC 5년 주요 성과

LINC 사업의 목표는 '산학협력 중심형 대학체제 개편 및 지역대학과 지역산업체와의 상생을 위한 제도개선'이었다. 산학협력 활성화를 위해 대학체제 개편을 확산하고, 산업현장 경험이 풍부한 자의 교수임용을 확대하며, SCI 논문위주 교수업적 평가를 개선해 산학협력 실적 반영비율 확대 등을 실현 방안으로 제시했다.

구체적으로 고용연계형 인력양성 및 특성화 교육이 제시됐다. 산업 및 기업수요를 반영한 교육과정 기획·개발·운영과 함께 산업수요 맞춤형 교육과정 개발·운영을 통한 실용교육 강화, 현장실습학점제·인턴십, 캡스톤디자인 확대 운영, 산학협력단의 학생취업지원 기능 강화 등이었다. 또 산학연계 기업지원에서는 지역 중소기업 지원을 위한 시스템 구축 및 운영, 산학협력 가족회사의 성장단계 및 분야에 따른 맞춤형·종합적 기업지원, 공동기술개발과 장비지원, 디자인 및 마케팅, 경영혁신 등 기업 활동 지원 등이 포함됐다.

5년간 진행된 LINC사업의 성과는 산학협력과 관련한 각종 지표의 개선으로 나타났다. 산학협력단 인력이 2012년 5,984명에서 2016년 7,534명으로 25.9% 증가했다. 특히 2년 초과 근속직원수가 3,309명으로, 2012년 2,058명 대비 60.8% 증가했다.

산학협력 활동을 전담하는 산학협력중점교수(임용형과 지정형)는 2016년 6,452명이 근속 중이었다. 2012년 4,387명 대비 47.1% 증가한 수치다.

기술이전 건수는 2016년 4,767건으로 2012년 이후 연평균 증가율이 23.8%에 달했다. 하지만 기술이전 건수가 5년간 134.6% 증가로 크게 개선됐지만, 기술료 증가는 40.5%에 그쳤다.

산학협력 교육의 확대에 따라, 현장실습 이수학생은 2016년 약 16만 명으로 2012년 대비 44.5%증가했고, 현장실습 참여기업 수는 97,413개로 2012년 63,566개 대비 53.2% 증가했다. 대학 당 평균 319

개 기업이 현장실습에 참여한 것으로 나타났다.

캡스톤디자인 이수학생은 2016년 20만 명에 달했다. 2012년 대비 132.9% 증가했다. 2012년 이후 지식재산권은 연평균 18.1% 증가했다. 2012년에 비해 2016년 전체 대학의 국내특허권은 90.3%, 해외특허권 177.2%, 디자인권 71.1%, 상표권 32.5%, 소프트웨어 129.3%, 저작권 69.1%가 증가하는 등 산학협력 관련 각종 실적이 크게 상승했다.

2) LINC 참여 각 대학 사례

원재호 한국연구재단 산학협력지원실장은 "LINC사업으로 대학의 체질을 산학협력 친화형으로 개선해 지역인재들이 지역발전에 기여하도록 해야 한다."며 "해를 거듭할수록 산학협력이 활성화 될 것"이라고 LINC사업의 성과를 전망했다.

2단계 LINC사업단 출범식 개최

지난 2년간 수행한 사업에 대한 평가를 거쳐 3년간 2단계 LINC사업에 참여하는 86개 대학이 2014년 결정됐다. 이들 86개 대학 관계자 800여명이 참가한 2단계 LINC사업단 출범식이 2014년 7월 건양대에서 개최됐다.

당시 교육부 차관은 지난 2년간 진행된 1단계 LINC사업이 산학협력 친화형 체제 조성에 긍정적인 역할을 했다면, 2단계는 일자리 창출과 지역경제 활성화라는 열매를 맺는 전환점이 돼야 한다고 의미를 부여했다.

이날 발대식을 기점으로 4년제 대학 56개와 전문대 30개교는 매년 2500억원 규모의 국고를 3년간 지원 받아 2단계 사업을 수행하게 됐다.

대구대, "인문사회분야 산학협력 뿌리내렸다"

LINC가 거둔 성과 중 하나는 이공계 중심으로 진행되던 산학협력 지평을 인문사회분야로 확장한 것이다. 그 가운데 대구대가 있다. 대구대는 재학생의 60%(11227명), 전임교원 61%(374명), 학과 수 56%(53개)가 비이공계열로, LINC사업을 통해 인문사회분야에 특화된 산학협력을 추진했다.

대구대는 LINC사업 5년간 69명(지정형 33명 포함)의 산학협력 교원을 확보하고 체질개선을 추진했다. 또 교원임용규정 24조와 평가규정을 개선해 교수업적 평가 시 SCI 논문 1편 대비 산학협력 실적을 최대 100% 반영하고, 재임용·승진·승급 심사 시 산학협력 실적물로 연구실적물 대체를 100% 가능하게 했다. 인문·사회, 예체능 등 비이공계열은 그 실적을 이공계열의 2배로 환산해 인정토록 했다.

학과별 산학협력위원회도 75개 학과에서 운영했다. 학과 내 산학협력 업무를 총괄하는 산학 PD를 지정하고, PD를 위원장으로 교수진과 산업체로 구성된 산학협력위원회에서 산학협력 친화형 교육과정 개편 및 교재의 공동개발을 추진했고 현장실습지도 등의 활동을 벌였다.

이러한 교원업적평가 개선과 산학협력위원회 활동 등을 통해 2016

년 12개 단대 94개 학과, 대학 전체가 LINC 사업에 참여하게 됐다.

특히, 간호학과와 러시아과가 만든 '의료통역코디네이터', 산업디자인·회화·패션디자인학과가 융합한 '지속가능 아트 &디자인', 사회학과와 산업복지학과가 개설한 '지역HR/IR실무전문가', 경제학과와 국제관계학과가 참여하고 있는 '글로벌마케터 트랙' 등 융합형 트랙을 개설해 인문사회 친화형 산학협력 교육 모델을 시행했다.

또, 이공계열에서만 실시하던 캡스톤디자인 교과목을 비이공계열로 확대했다. 2015년 비이공계열에서 59개 캡스톤디자인 교과목이 개설돼 2068명이 이수했다.

특히 대구대는 인문사회분야 산학협력 성과를 전국 대학으로 확산하기 위해 2014년부터 매년 '인문사회 산학협력 포럼'을 개최했다.

가톨릭대, 인문사회 산학협력 확산..

가톨릭대학도 인문사회 분야 산학협력을 추진했다. 2016년 기준 대학의 인문사회계열 19개 전공 중 15개 전공에서 캡스톤디자인이 개설됐고 11개 전공에서 장기현장실습이 운영됐다. 대학 자체 분석 결과 캡스톤디자인과 현장실습 과목을 수강한 학생들이 그렇지 않은 학생들보다 취업률이 두 배 가량 높게 나왔다는 통계도 인문사회 산학협력에 심혈을 기울이게 만들었다.

다양한 성과들도 나왔다. 경제학전공 학생들은 부천 역곡북부시장이 2014년 문화관광형 시장사업에 선정돼 3년간 14억원을 지원받을 수 있도록 캡스톤디자인 과제를 수행했다. 또 디지털문화콘텐츠 분야의 교수 및 학생들이 영화 '황구' 제작에 참여했다. 영화 후반작업의 일부를 미디어콘텐츠 전공 캡스톤디자인 교과목으로 수행했고, 참여한 학생 2명은 제작경험을 살려 각각 관련 회사에 취업했다.

학생창업인 ㈜TI Media설립도 대표적인 성과다. 바이오 제약분야의 전공지식과 스토리텔링을 융합하는 애니메이션 콘텐츠를 제작한 인문계와 공학계 학생들이 캡스톤디자인을 통해 갖게 된 자신감과 경험을 살려 창업했다.

서울과학기술대, '거스를 수 없는 산학협력 시스템 구축'

서울과기대는 재학생 1만 3000명 중 85%가 공학과 디자인 분야에 속해 있어 산학협력을 전개하기에 유리한 학사구조를 갖추고 있다. 실제 대학은 이러한 특성에 맞춰 1980년대부터 산학협력 교육 프로그램인 캡스톤 디자인을 시행해 취업률 순위에서 우위를 점하고 있었다.

2016년 이동훈 사업단장은 산업체와의 긴밀한 협력은 우리대학의 교육 목표이자 운영 원리라며, "대학을 확실히 산학협력 친화형으로 개편하는 결정적 계기가 LINC사업이었다"고 말했다. 그는 "교육과정, 학사제도 등 모든 체제 내에 산학협력의 각종 요소를 내재시킴으로써 대학의 모든 구성원들이 산학협력에 적극적으로 나설 수 있는 임베디드 시스템을 안착시킨 것이 LINC사업 수행으로 가능했다"고 밝혔다.

이 단장은 "임베디드 시스템은 LINC사업이 종료되더라도 산학협력이 지속적으로 작동할 수 있는 기반이 될 것"이라며, "산학협력으로 대학의 체질을 확실히 개선하기 위해 캡스톤디자인 과목을 저학년으로 확대하고, 고학년 캡스톤디자인은 학제간 융합형, 기업 연계형으로 심화시키겠다"고 밝혔다. 이어 "장기현장실습 참여 규모를 늘리겠다."고 강조했다.

인제대, "산학협력을 중심으로 대학의 변화 이끌어야"

인제대는 산업체가 원하는 새로운 교육 수요를 다양한 채널을 통해 조사했다. 이렇게 조사된 내용을 바탕으로 대학과 학과(부) 차원에서 산업 맞춤형 교과 및 비교과 교육과정이 개설됐다.

또, 교수들에게 기술이전 및 사업화가 가능한 연구를 하도록 독려했다. 이와 함께 10여개 전담 사무소 소속 변리사들이 교수 연구실을 직접 방문해 기술이전 및 사업화와 관련한 교수들의 의문을 해소했고, 온라인 시스템을 구축해 업무를 지원했다.

기업지원도 현장에서 이뤄지도록 했다. 김해중소기업비즈니스센터에 대학의 산학협력센터, 디자인센터, 건강검진센터 등을 입주시켜 산업현장 지근에서 밀착 지원하는 시스템을 갖췄고, 산업체에서 요구하는 역량 교육과 취업을 연계하는 기업트랙 과정을 확대했다. 경상남도에서도 이러한 기업트랙의 확산을 후원하고 있었으며, 개별 학과(부) 차원에서도 협약을 맺은 우량기업들과 새로운 협력트랙을 개발했다.

산학협력 중심의 임용, 승진제도도 정비했다. 이에 따라 2015년 승진심사에서 대상자의 20% 정도가 산학협력 실적을 반영해 승진할 수 있었다. 최용선 사업단장은 "흔히 상아탑으로 비판받던 대학이 먼저 산업현장에 다가가도록 한 것이 LINC사업이다."고 의미를 부여했다. 이어 "보수적 집단인 대학이 그 커다란 배의 키를 제 방향으로 잡아가고 있다. 이제 좀 더 탄력을 받아서 속도를 낼 수 있도록 LINC사업과 유사한 산학협력 지원 사업이 계속되기를 바란다."고 밝혔다.

한국기술교육대, '창업지원센터 설치'.. 학생 창업역량 강화

LINC사업이 진행되던 2012~2016년 당시 정부는 창조경제를 주창하고 있었고, 이는 각 부처별 창업지원 사업의 시행으로 나타나고 있었다. 이에 따라 대학에서는 창업지원 조직들이 다양하게 생겨났고, 이를 다시 통합-운영하려는 시도가 대학별로 진행됐다.

한국기술교육대도 2015년 창업과 관련한 유관 업무를 총괄 지원하는 '창업지원센터'를 대학본부 조직으로 신설했다. 센터는 전 학생을 대상으로 창업마인드 고취를 위해 '기술창업 스타트업' 과목을 개설한 데 이어 '기술창업 시뮬레이션' 과목도 개설했다. 이에 더해 창업지원센터는 창업교육과 창업동아리 지원에 그치지 않고 실전창업과 사후 모니터링까지로 업무를 확장해 창업 생태계 전주기를 관리 지원하는 역할을 수행하기 시작했다.

또, 한기대 LINC사업단은 기존에 운영해 온 기업지원시스템(IPC. Industrial Polyclinic Center. 기업지원종합병원)을 재편했다. T(otal)-LINK개념으로, 기업의 요구를 산학협력과 관련한 부서장들이 실시간 공유하고 대학이 보유한 제반 자원을 통합·지원해 기업성장에 실질적으로 기여하기 위해 마련된 시스템이다. 이를 통한 구체적인 성공사례로, 메모리반도체 테스트 장비 업체 ㈜엑시콘과 '공동연구법인'을 설립한 한 경우를 꼽을 수 있다. 당시 미래부가 지원하는 사업이었다.

글로벌 사업들도 확대, 추진하기 시작했다. 기업맞춤형 글로벌 현장실습은 미국, 호주, 중국, 스페인, UAE, 벨기에 등 10여 개 국가에 걸쳐 시행됐다. 국내기업의 미국 현지법인인 한일이화와 대한솔루션 등 4개사, 금호타이어 호주법인과는 6개월~1년까지 17명의 학생을 대상으로 장기현장실습을 추진했다.

미쓰비시와 오므론사와는 기업체 요구에 맞는 사전교육 프로그램을 국내에서 이수하고 현지에 파견, 다양한 FA제품과 첨단제어·제조기술을 습득하는 기회를 가지게 했다.

기술사업화도 본격적으로 시작됐다. 다양한 연구개발 성과를 사업화하기 위해 대학이 보유한 20여 개의 우수특허를 기본자산으로 하는 '기술지주회사'가 출범했다. 출범 직후 미국 유관기업으로부터 5만 달러의 R&D투자를 받아 연구개발을 수행할 제1호 자회사를 설립했다. 자칫 연구개발단계에서 사장될 수 있는 기술자산의 활용을 극대화해 나가기 위한 조치였다.

동신대, '올셋기업지원센터' 차별화된 산학협력 시스템

동신대 LINC사업단 내 올셋(AllSET) 기업지원센터가 산·학·연·관 네트워크 구축과 산업체와의 상생협력을 지원하는 조직으로 두각을 나타냈다. 대학과 산업체, 지역사회가 하나의 공동체로서 학습·기술개발·사업화 추진을 공동으로 수행하는 '산학협력 공동체(Together)' 구축을 전략으로 삼고 있었다.

AllSET 기업지원센터에는 800여 개의 기업체가 가족회사로 등록돼 있다. 동신대는 이들 가족회사와의 공동 발전을 위해 크루즈 플랫폼(CRUISE Platform)이라는 프로그램을 개발해 운영 중이다. 대학의 인적·물적 인프라를 결집해 크루즈 지원팀을 구성하고 대학 보유기술과 해외 신기술 정보 제공, 유관기관의 행·재정적 지원을 통해 기술지원, 경영, 홍보, 마케팅 등 전 방위적인 맞춤형 지원이 한 곳에서 이뤄진다.

2015년의 경우 올셋(AllSET) 기업지원센터는 기술지원 422건, 역량강화지원 72건, 사업화 지원 151건을 수행했다. 또, 산업체와의 공동기술 개발과제 102건을 수주했고, 38건의 기술이전과 51건의 특허출원/등록을 달성했다. 공용장비 수익도 8억 원 이상을 기록했다.

경일대, "대학과의 산학협력, 중소기업 경쟁력 강화에 큰 효과"

2014년부터 LINC사업에 참여한 경일대가 2016년 말, 2014년부터 자교와 산학협력을 수행한 경북지역 143개 기업(2013년부터 3년 연속 정보를 공개한 업체, 매출액 1100억원이상 대기업과 정보 미공개 업체는 제외)을 대상으로 경영 현황을 분석했다.

조사 결과에 따르면 2013년 대비 2015년도 매출액이 17.3%((1조2946억→1조5184억), 순이익은 116.2%나 증가했다.

경일대는 "산학협력 활동이 이러한 기업들의 성장에 분명 도움이 됐다"고 자평했다. 실제 경일대는 산업체와 담당 교수, 유관기관 관계자들이 참여하는 산학협력협의회를 2016년 한 해 동안에만 총 51회 개최했다. 943명이 참석한 협의회를 통해 39명의 학생이 협의회 참여기업에 취업했다. 또 협의회를 통해 51건의 산업자문이 이뤄졌고, 재직자 교육 536명, 산학공동 R&D 연구 33건이 진행됐다.

김현우 사업단장은 "적극적인 산학협력 협의체 운영이 참여 기업들의 매출과 순이익 증가로 이어졌다."며 "기업 성장에 기여한 것이 우리 대학 LINC사업의 대표적인 성과"라고 밝혔다.

링크플러스 사업.. "대학의 자율성을 최대한 보장하겠다"

2012년부터 실시된 5년간의 LINC사업을 종료하고 교육부는 2017년부터 LINC+사업을 실시했다. 이에 대한 사업 설명회가 2016년 11월 21일 한밭대 대강당에서 900여명의 대학 관계자가 참석한 가운데 열렸다.

교육부 담당 사무관은 "대학의 여건, 특성, 역량 등을 감안해 자율적으로 산학협력에 대한 중장기 발전계획을 수립하세요. 대학이 자율적으로 산학협력 목표를 수립하고 추진하는 형태로 링크플러스(LINC+)사업은 진행될 것입니다."고 밝혀 LINC+사업의 얼개를 예측할 수 있었다.

향후 5년간 시행될 LINC+사업은 사회맞춤형 교육과정 중점형과 산학협력 고도화 유형, 두 가지 형태이다.

사회맞춤형 교육과정 중점형은 대학과 협약 맺은 산업체(협회 포함)가 학생 선발부터 교육과정, 취업지원까지를 공동으로 수행하는 형태로, 20개 대학에 평균 11억 원 규모의 재정이 지원된다.

사업을 관장하는 교육부 취창업지원과장은 "학과단위뿐 아니라 협약, 트랙 등 다양한 형태로 채용과 연계된 교육을 유연하고 탄력적으로 운영할 수 있다"며 "장기적 관점에서 보면 이와 같은 사회맞춤형 교육의 확대가 예상되는 만큼 대학의 중장기 발전계획 수립차원에서 사업 신청을 고민하기 바란다"고 밝혔다.

산학협력 고도화 유형은 기존의 LINC사업이 대학의 체질을 산학협력 친화형으로 개선해온 것에서 한발 더 나아가 산업을 선도하는 대학으로 혁신할 것을 주문했다.

대학의 연구인력과 기술, 인프라를 활용해 기업경쟁력을 강화하고 이를 통해 기업의 신규인력 채용 여력을 확보해 청년 일자리 창출에 기여하는 게 사업목표다. 또한, 대학과 지역사회의 상생발전도 비전으로 삼고 있었다. 대학의 산학협력 영역을 확장해 지역 산업체 및 지역사회 혁신 활동을 요구했다. 55개 대학에 2100억 원이 편성돼 평균 38억원 규모의 재정이 지원된다.

당시 박근혜 정부에서 시작된 프라임, 지방대학특성화, 평생단과대학 등의 교육부 주도 대학재정지원사업들이 축소, 통폐합을 앞두고 있었지만, 2012년도부터 시작된 LINC사업은 후속사업 진행에 별다른 이견이 없었다.

LINC사업이 교원 업적평가에 산학협력 실적을 반영하는 등 대학의 체질을 산학협력 친화형으로 개선하고, 창업과 산학협력 활동이 대학의 주요 역할이 되는 데 단초를 제공했기 때문이었다.

2. 사회맞춤형 산학협력선도대학(LINC+)

교육부차관은 "LINC+가 대학이 지역사회 혁신에 중추적 역할을 담당하는 원동력이 될 것"이라고 밝혔다.

링크플러스, '대학이 사회 혁신을 이끈다'

사회맞춤형 산학협력선도(전문)대학(LINC+) 육성사업 출범식이 2017년 7월 충남대학교에서 열렸다. 행사에는 교육부 차관을 비롯해 LINC+에 참여하는 134개 대학 관계자 1200여 명이 참석했다.

LINC+사업은 대학의 산학협력 역량강화를 통해 지역산업 및 지역사회의 혁신을 지원하고, 현장적응력 높은 산업수요 맞춤형 인재 양성을 위한 대학 재정지원 사업이다. 일반대학 75개교, 전문대학 59개교가 선정됐다. 이들 대학들은 올해부터 2년간 지원을 받은 후 단계 평가를 거쳐 3년간 지속 지원 여부를 결정 받게 된다.

2017년 예산은 3271억 원으로 일반대에 2383억 원이 지원된다. 산학협력 고도화형에 참여한 55개교에 약 38억 원 안팎이, 사회맞춤형학과 중점형인 20개교에 약 11억 원씩 지원된다.

전문대학에는 888억 원이 배정됐다. 산학협력 고도화형 15개교에 약 8억 원, 사회맞춤형 교육중점형에 참여하는 44개교에 학교당 약 17억 원이 지원된다.

LINC+ 중 산학협력 고도화형은 대학별 건학이념 및 특성에 맞춰 다양한 산학협력 모델을 자율적으로 기획해 지역산업체 지원 및 지역

사회 혁신활동, 산업체 맞춤형 인력양성, 산학연계 교육과정 등을 수행한다. 사회맞춤형 교육중점형은 대학별로 특성화된 산업분야의 개별 산업체(계)와 연계해 교육과정을 운영하는 등 전문 인력을 양성하게 된다. 이날 일반대를 대표해 김우승 한양대 에리카캠퍼스 부총장이, 전문대를 대표해 배장근 구미대 사업단장이 기념사를 했다.

1) LINC+ 교육중점형

상명대 등 LINC+ 사회맞춤형교육 중점형 선정 대학 확정

사회맞춤형 산학협력선도대학(LINC+) 사회맞춤형학과 중점형 참여대학이 결정됐다. 이 중 상명대는 '4차 산업혁명에 최적화한 창의융합형 인재양성'을 목표로 빅데이터 전공, 지능정보 트랙, 3D프린팅융합전공 등 3개 교육단위가 사업에 참여했다. 또, 신설된 기업지원센터를 중심으로 산학협력을 추진해 대학의 성장뿐만 아니라 지역산업에 기여하는 상생 협력 모델을 구축할 계획이다.

협의회장에 선임된 상명대 김영미 링크플러스 사업단장은 "이 사업을 통해 사회맞춤형 학과 선도모델을 확립하고 산업체와 학생 공동 선발, 교육과정 공동 개발 등 현장밀착형 교육인프라를 구축할 것"이라고 밝혔다.

사회맞춤형학과 중점형 LINC+ 사업에는 수도권에서 명지대, 상명대, 인하대, 평택대, 충청권은 배재대, 백석대, 세명대가 선정됐다. 호남

제주권에는 광주대, 남부대, 목포해양대, 대경강원권은 대구가톨릭대, 한동대, 위덕대, 한라대가 선정됐고, 동남권에는 경남과학기술대, 경성대, 부산가톨릭대, 부산외국어대, 신라대, 영산대가 이름을 올렸다.

세종대, LINC+ 참여… "산학협력 교육으로 학과 경쟁력 강화"

세종대 LINC+사업은 호텔관광경영·외식경영·만화애니메이션텍·컴퓨터공학 4개 학과를 중심으로 산업현장의 수요에 따라 융·복합 트랙 교육과정을 운영한다.

대학이 개설한 호스피탈리티 기술경영 트랙, 스마트 외식경영 트랙, 글로벌 CGI 애니메이션 트랙 등 3개 맞춤형 교육과정은 학생들의 취업 경쟁력 향상과 함께 호텔·외식·애니메이션 등 관련 산업계에도 전문인력 유입 통로가 될 전망이다.

이 3개 교육과정에는 학생 약 130명이 참여하며, 이 중 호스피탈리티 기술경영(Hospitality Technology Management) 트랙은 빅데이터 및 인공지능 등 4차 산업혁명의 기술을 활용해 호스피탈리티 산업의 다양한 비즈니스 문제를 과학적, 정량적으로 해결할 수 있는 융합인재를 양성하게 된다. 이 교육 프로그램 운영을 위해 호텔관광경영, 산업공학, 컴퓨터공학 교수진과 산업체에 재직 중인 기업소속 교수가 협력해 현장감 있는 교육을 제공한다.

스마트 외식경영 (Smart Foodservice Management) 트랙은 ICT에 기반한 선진화된 경영기법과 서비스 지식 함양을 통해 외식산업의 고도화를 선도할 수 있는 인재 양성이 목표다. IoT 기반 스마트 키친, 스마트 서비스, 생산·유통·판매 및 수익성 극대화를 위한 인공지능과 빅데이터 분석 기반 스마트 경영과 관련한 지식을 학습하게 된다. 글로벌 CGI 애니메이션 트랙은 영상만화학과로 시작해 관련 산업을 이끌어 온 만화애니메이션학과 전통을 기반으로 편성됐다. 방송, 극장 중심을 탈피해 소프트웨어 중심의 유튜브, 넷플릭스, 아마존 등 뉴미디어 시대로 급격하게 변화하고 있는 4차 산업혁명 시대의 미디어 제작 환경을 주도할 수 있는 인재 양성이 목표다.

평택대, 사회맞춤형 'ELIS'인재 양성에 나서..

LINC+ 사회맞춤형학과 중점형에 이름을 올렸다. 대학은 사회맞춤형 교육의 비전을 4차 산업혁명을 선도할 ELIS(엘리스) 인재 양성으로 설정했다. 사업단의 3개 전공별 목표는 스마트물류 ELIS 인재양성, 스마트반도체시스템 ELIS 인재양성, 산업IoT ELIS 인재양성이다.

ELIS는 평택대의 인재상으로, E(Education, 교육경쟁력 강화)는 인턴쉽이나 기업 주문식 교육체계를 통한 맞춤형 교육을, L(Links, 학교-기업 연계 강화)은 산학클러스터 구축, 현장 실습지원센터 기능 전문화 등을 통해 학교와 기업 간의 연계강화를, I(Infra, 사회맞춤형 인프라 강화)는 교육이나 현장실습을 제대로 수행하기 위해 다양한 차세대 프로그램과 융합교육, 우수 경력교원 초빙 등을, S(Service, 수요자 서비스 강화)는 학생들이 링크플러스 프로그램을 수행하면서 발생하는 애로사항이나 취약점을 보완하는 등 학생 서비스 강화를 의미한다.

이 네 가지 추진전략을 통해 4차 산업혁명을 선도할 인재를 양성하겠다고 평택대는 사회맞춤형 교육의 목표를 제시했다.

한동대, "산학협력 교육이 대학의 지속가능성 높여"

2017년 링크플러스를 시작하면서 300평 규모의 전용 공간을 마련하고 기업연계 연구실 및 미러형 실험실습실로 활용하고 있다. 특히, 포항지진으로 파손된 공학관의 지하실을 리모델링해 개방형 산학연계 융합교육의 장인 '스마트 모빌리티 M-School'을 구축했다. 이곳에서 다양한 전공의 학생들이 문제중심(PBL) 및 토론식 교육(Flipped Learning)을 진행하고, 대학과 산업체 간 협업공간으로 사용한다.

대학이 운영하는 산학연계 교육 중 스마트 모빌리티트랙은 지난 3년간의 링크플러스사업을 통해 현대자동차, 현대모비스, 현대오트론에 23명의 학생이 취업했다. 또, 지역중견기업인 고려제강과 산학장학생 협약을 맺고 7명이 취업했다. 그밖에 R&D 능력을 지닌 직원 확보가 절실한 벤처기업으로 다수의 학생들이 취업하는 등 링크플러스사업을 통해 학생들이 기업체와의 접점이 넓어지면서 대기업 선호 일변도에서 취업기업군의 다변화 현상이 나타나고 있었다.

스마트 디자인트랙은 서울 경기지역에 밀집해 있는 관련기업체들이 참여하는 컨소시엄을 구성했다. 이 그룹에 속한 기업들과 학생이 서로에게 맞는 상대를 찾아 연계할 수 있도록 전시회, 기업설명회, 과제 발표회 등의 장을 제공함으로써 취업률 상승효과를 톡톡히 보았다.

또, 스마트 IoT트랙은 포항지역 유망벤처기업들과 산학장학생 협약을 통해 우수한 졸업생들이 지역기업에 취업할 수 있도록 지원하고 있다. 2019년에는 신규로 바이오신약 트랙이 개설됐다. 역량 있는 학생들과 유망 바이오벤처기업 간 연계를 구축했다. 참여 기업체 연구소를 교내에 유치하고 협약 학생에게 전액 장학금을 지급하는 등 기업들의 적극적인 참여가 좋은 성과로 나타나고 있다.

이러한 성과들을 바탕으로 2019년 열린 일자리 창출을 위한 대학교육 정책방향 모색 포럼에서 사례발표를 할 수 있었고, 1단계 평가에서 최우수 대학으로 선정됐다.

한라대, 산업체 맞춤형 교육과정 확대… '학생 취업경쟁력 강화'

한라대는 산업체와 공동으로 운영하는 '사회맞춤형 교육과정'을 확대했다. 사회맞춤형 교육과정은 2017년 링크플러스(LINC+)사업을 시작하며 2개 트랙을 개설한데 이어 2019년 5개 트랙이 운영됐고 2020년에는 신소재화학과와 토목과가 참여하는 부품·소재 트랙이 하나 더 개설될 예정이다.

기업체 소속인 기업전문교수 25명이 참여해 개설한 5개 트랙에는 전체 22개 학과(입학정원 약 900명) 중 9개 학과 소속 2~4학년 202명이 참여하고 있다. 이들 가운데 142명은 101개 기업과 공동으로 개설한 교육을 이수한 후 약정된 기업체로 취업하게 된다.

2017년부터 '소셜미디어 전공'과 함께 개설해 운영하고 있는 '오픈소스 전공'은 임베디드 시스템, 오픈소스 플랫폼, 메카트로닉스 산업체가 요구한 내용으로 커리큘럼이 구성돼 있다. 이 트랙에 참여하는 전기전자공학과 학생은 전자제어, 자동화, 반도체 교육을, 메카트로닉스학과 학생은 인공지능, 마이크로머시닝, 지능형 로봇 교과목을 이수하고 LINC+교과(공통교과)로 개설된 3D프린터, 드론프로그래밍, 로봇개발, 커넥티드카 등을 수강해 18학점 이상을 획득해야 한다.

이렇게 양성된 학생들은 미래산업인재 복수 학위를 취득하고 ㈜만도 등 12개의 오픈소스플랫폼 협약기업, ㈜한라 등 11개의 메카트로닉스 분야 협약 기업에 우선 채용된다.

2019년에는 이러한 교육과정이 3개 더 추가됐다. 건축학과가 'Architectural Data 전공'에 참여했다. 건축사 사무소, 연구소, 설계업체 등 19곳과 협약을 맺었다.

'Wellness Tourism 전공' 에는 관광경영학과와 사회체육학과가 대상이다. ㈜한라세라지오, 강원도경제진흥원 등 11개 관련 산업체가 참여해 개설한 교육을 받게 된다.

2019년 2학기에는 4차 산업혁명 혁신선도대학 사업을 통해 'Smart Mobility 전공' 이 추가됐다. 정부가 4차 산업혁명 시대에 적합한 인재 양성을 목적으로 시행하고 있는 4차 산업혁명 혁신선도대학 사업에 선정된 후 새롭게 개설한 트랙이다. 기계자동차공학부, 컴퓨터공학과, 전기전자공학과 4학년 학생들이 참여하고 있다. 만도헬라일렉트로닉스 등 16개 기업체가 이 분야 맞춤형 인재 양성을 함께하고 있다.

산업체와 개설한 '사회맞춤형 학과', "대학 교육의 틀을 바꾼다"

2018년 실시된 'LINC+ 학과 중점형' 사업에 대한 학생과 산업체의 만족도 조사 결과, 대학 평균 목표치 대비 100% 이상인 것으로 조사됐다.

사업에 직접적 이해 관계자인 청년구직자와 기업체 모두 목표를 초과해 만족도를 나타낸 게 눈에 띄었다. LINC+ 학과 중점형 사업은 사회맞춤형 학과 개설로 시작한다. 사회맞춤형 학과는 대학과 학생 채용 약정을 맺은 산업체가 공동으로 전공 트랙을 개설하고, 산업체가 학생 선발부터 교육과정 개발 및 운영에 직접 참여한다. 이렇게 배출한 인재는 졸업 후 약정을 맺은 산업체로 취업하게 된다.

사회맞춤형 트랙의 교육은 대학 강의실과 현장을 오가며 실시되지만, 사입 운영의 싱패는 현장밀착형 교육인프라 구축 여부에 달러있있다. 대학 내 산업체와 유사한 실습장비 등을 구축하고 산업체와 연계한 PBL(Problem Based Learning, 문제중심 학습), 현장실습, R&D 인턴 십 등을 통해 현장 밀착형 교육을 수행해야 하기 때문이다.

2018년 LINC+ 학과 중점형 20개 대학에 56개 사회맞춤형 과정이 개설됐다. 이 중 45개는 4차 산업혁명과 관련한 R&D와 인재양성을 목표로 운영 중이었으며, 전국에서 이 사업에 참여하고 있는 기업체는 637개, 대학 당 평균 32개다. 이들 기업체와 20개 대학이 협력해 개설한 교육과정에는 1892명의 학생들이 참여하고 있으며, 채용이 약정된 학생은 1349명에 이른다. 채용이 약정된 학생들 가운데 78.6%가 취업에 성공할 것으로 전망되며, 5년 사업임을 감안하면 5609명이 취업에 성공하게 된다. 이는 전체 산업의 취업유발계수가 10억 원 투입해 12.9명인데 비해 4배 이상의 성과를 거두는 게 된다.

2) LINC+ 고도화형

계명대, 산학협력의 새로운 패러다임 '지역사회 혁신' 추진

2017년 4월 링크플러스 1차 합격자 명단에 계명대학교가 빠졌다. 지난 5년 동안 링크사업 평가에서 매년 최우수 등급을 받은 4개 대학 중 하나인 대학이 빠졌다는 소식은 전국 대학 사업단을 놀라게 했다. 허나 5월 재평가를 통과해 사업단을 운영하게 됐다.

전국 대학들이 계명대의 탈락을 놀라워했던 것은 이 대학이 가진 산학협력 역량은 정평이 나있었기 때문이다. 지역대학 최초의 '산학부총장제' 나 '900여 개의 가족회사'가 말해주듯 일찍부터 체계화된 현장밀착형 교육과 탄탄한 기업지원 시스템은 계명대를 산학협력 명문 반열에 올려놨었다.

방대욱 당시 사업단장은 2차 평가를 준비하는 동안은 그야말로 대동단결이었다고 했다. 대학은 물론이고 대구시와 기업지원기관, 중소기업인들이 다 함께 발 벗고 나서 재평가 통과에 힘을 모았다. 이 과정에서 산학연관 협력이 더욱 굳건해졌고, 희망만 했던 사업들을 실제로 구현해볼 수 있는 분위기가 조성됐다고 밝혔다.

이공계가 30%를 넘지 않는 대학의 특성을 살려 계명대 LINC+사업단은 대구의 미래 먹거리 마련을 위해 관련 전공이 없거나 전문 인력의 수요가 많지 않은 산업은 과감히 제외하고 구체적인 협력 대상을 미래자동차, 융복합소프트웨어(스마트분산형에너지·정밀의료기기·스마트지식서비스 융합)로 집중했다.

하지만 대구 유일의 산학협력에 거점 역할을 부여받은 계명대는 대구시 특화산업은 물론 다른 분야의 산업도 배제할 수만은 없는 상황이다. 99%에 달하는 대구 지역 중소기업을 위해서는 기존의 글로벌 산학협력과 R&D 성과 고도화, 중소기업이 자체적으로 접근하기 어려웠던 해외진출과 제품 혁신도 담보해야 한다. 또, 링크플러스 사업이 명시한 지역사회 혁신도 반아 안아야 할 과제이다.

가톨릭관동대, "대학조직 전체가 참여하는 산학협력 하겠다"

가톨릭관동대가 LINC사업과 관련해 우여곡절을 겪은 끝에 LINC+ 고도화형에 참여하게 됐다. 대학은 조직 전체가 참여하고 함께 운영해 나가겠다는 의지를 가지고 있었다.

이를 위해 교무처 등 본부 조직이 함께하는 '산학·교육융합본부'를 설치했고, 지역사회 및 지역기업들과의 협력을 위해 산학협력진흥원을 신설했다. 이곳에서 기업종합지원, 공동활용장비지원. 지역사회혁신, 지역문화콘텐츠 발굴, 기업집중 특화기구 등 분야별 협력사업이 진행된다.

대학은 특화분야를 의료융합, 환경안전, 지역문화관광 콘텐츠 분야로 설정하고 학생·기업·지역과 협업해 성과를 이끌어낼 계획이다. 또한, 삼성전자, IBM 등 글로벌 기업과의 교육과정 협력도 진행해 학생들의 글로벌 역량을 배양하고 4차 산업혁명에도 대응할 수 있도록 차별화된 프로그램을 시행할 예정이다.

건국대 글로컬캠퍼스, 서울캠퍼스와 '힐링바이오 공유대학'신설..

건국대 글로컬캠퍼스가 링크플러스(LINC+) 사업단에 이름을 올렸다. 링크사업에서 고배를 마신 후 지속적으로 산학협력에 역량을 집중했다.

대학은 중장기 발전계획에서 글로컬캠퍼스 기반의 교육 및 산학협력 선도라는 비전을 수립했다. 연구의 영역에 집중됐던 내부 규정을 연구와 산학협력, 산학협력교육으로 세분화해 산학협력 활동 기반을 구축했다. 또, 산학협력 실무형 인재육성을 위해 지역기업의 요구를 수용한 산학협력 친화형 교육이 이뤄질 수 있도록 했다.

대학은 산학협력 목표를 '4차 산업을 선도할 충청권 힐링바이오산업 전문인력 양성'으로 제시했다. 이를 위해 본교 서울캠퍼스와 함께 '힐링바이오 공유대학'을 신설했다. 또, 서울 캠퍼스와 산학협력 연계체계구축, 가족기업 공유, 인력풀 공유, 연구장비 공동사용 등 산학협력 관련 시스템을 공유할 수 있도록 클라우드 기반의 'WE-LINK' 시스템을 도입했다.

17명의 산학협력중점교수를 신규 채용하고 다양한 기업체, 기관들과 산학협력을 추진하기 시작했다.

선문대, '다문화 가족 구성원을 수출 지원 인력으로 양성'

충남 아산지역에서 호서대, 순천향대가 링크플러스에 탈락한 후 선문대만 정부지원 산학협력 사업을 지속하게 됐다. 선문대는 LINC사업을 수행하며 갖춰진 산학협력 인프라를 기반으로 기업지원뿐 아니라 지역사회 혁신 활동들도 추진했다. 지역 관광콘텐츠 개발 및 활성화 사업(지중해마을 부엉이 영화제 등)과 랄랄라(R³) 지역재생 사업(우리동네 건강디딤돌-아파트 둘레길 사업, 공공용 쓰레기 종량제 봉투 디자인 개선사업)을 추진 중이었다.

특히 다문화가족 지원은 인상 깊었다. 아산시, 충남 테크노파크, 충남 벤처협회, 충남 다문화가족 지원 거점센터와 연계해 다문화 가족을 수출지원 인력으로 양성해 지역기업의 수출을 지원하는 '현장실습 연계 무역 아카데미'를 운영했다. 또, 사업단에 속한 교수들이 다문화 관련 기관을 방문해 전문가(활동가)들과 네트워크를 구축하고 다문화 가족 지원을 위한 지역사회 혁신활동을 시행했다.

안동대, '학생 눈높이 맞춘 산학협력 수행 다짐'

LINC+ 고도화형에 참여하게 된 안동대가 LINC+서포터즈 발대식을 2017년 9월 개최했다. 이날 10명의 학생들에게 서포터즈 임명장 수여와 활동 계획이 발표됐다.

학생 서포터즈는 향후 5개월간 LINC+사업의 온·오프라인 홍보를 담당하고 사업에 참여한 학생들의 반응을 모니터링 한다. 또, 가족기업을 찾아가 제품개발, 생산, 유통 판매 과정을 체험해 사업단에 피드백하고, 가족회사 제품을 SNS를 통해 홍보할 예정이다. 무엇보다 동료 학생들에게 현장실습, 인턴십, 취업에 필요한 기업정보를 제공하고 지역사회에 가족기업을 알리는 활동도 수행할 계획이다. 특히 2명의 외국인 학생 서포터즈는 영어와 자국어로 LINC+사업과 가족기업을 안동대에 재학 중인 외국인 학생에게 소개할 뿐만 아니라 글로벌 홍보 활동도 펼치게 된다.

권순태 당시 사업단장은 "특성화 분야인 농·생명산업, 전통문화를 중심으로 지역사회 및 기업들과의 연계를 강화하고, 4차 산업혁명을 주도할 수 있는 인재양성을 위해 다양한 산학협력 프로그램을 수행하겠다"고 밝혔다.

강릉원주대, "대학이 지역사회 혁신에 뛰어든다"

전국 LINC+사업단이 지역사회 혁신 활동 방향을 수립하는 가운데, 강릉원주대도 지역사회 혁신을 기치로 내걸었다. 2017년 9월 6일 링크플러스 사업단 출범식이 열렸다.

이날 대학은 출범식 행사를 간소하게 진행한 후 '지역사회 공헌 전국 최고 수준의 산학협력 대학' 실현을 위해 지역 혁신활동 조직들과 지역문제를 공유하는 시간을 가졌다.

이정임 강릉지속가능발전협의회 사무국장은 '지역문화 콘텐츠 활성화를 통한 지속가능한 도시 만들기'를 주제로, 그동안 협의회와 강릉시가 추진해 온 활동들을 소개했다.

이순실 강릉마을만들기지원센터 연구원은 주문진 등대지구의 새뜰마을 조성 과정을 설명했다. 이 연구원은 도시재생은 주민의 뜻에 기반해 사랑과 신뢰로 하는 일이라며 지역에 있는 강릉원주대가 지역발전에 관심을 기울이기 시작한 것은 감사한 일이지만, 사업을 해야 하기 때문에 하는 일회성 관심이 아닌 지역과의 상생이 절대적으로 필요하다는 생각으로 협력할 지점을 찾아주길 바란다고 밝혔다.

이어, 동해안 다시마 자원 복원사업을 수행하고 있는 김형근 해양자원육성학과 교수는 링크플러스사업단의 지원으로 산학협력 협의체를 산업체와 수산 행정기관, 교수들이 참여해 결성했다며 지역 명물이었던 다시마를 복원해 지역 수산업계에 활력을 불어넣겠다고 전했다.

하태권 사업단장은 "톡하고 건드려 보는 식이 아닌 우리가 살기 위해 지역 혁신에 뛰어들어야 한다. 거기서 죽을 각오로 결과를 도출해야만 지역도 살고 우리대학도 살 수 있다. 지원이 끊겨도 우리가 살길은 지역과의 상생에 있다."며 지역사회 혁신이 대학도 사는 길임을 강조했다.

아주대, 산학협력 혁신 생태계.. '아주밸리' 조성

아주대는 기술공학 교육기관으로 출발해 대학 설립 초창기부터 산·학·연이 공동으로 참여하는 협동연구의 필요성을 인식하고, 산학협력 체제의 확립을 꾸준히 실천해온 대학이다. 지난 LINC사업 수행 경험과 다양한 산학협력 인프라를 기반으로 기업과 대학, 지역이 상생하는 '아주밸리'(지역 기반 산학협력 혁신 생태계) 조성을 LINC+목표로 제시했다.

대학 내의 단과대학과 대학병원, 인근의 산업단지 등을 포함하는 지역 기반의 산학협력 혁신 생태계인 '아주밸리(Ajou Valley)'는 지역·산업·세계를 바꿀 인재와 아이디어를 육성하고, 경기도 지역 산업과 대학을 연결하는 생태계 허브 역할을 수행하며, 지역사회에 창업문화를 확산하고 일자리를 창출하는 등 '산학협력이 문화로 정착한 대학'으로의 비전을 함축한 것이다.

아주대는 2014년 2단계 LINC에 선정된 후 지난 3년간 현장실습 이수 학생 305% 확대, 창업교육 이수학생 175% 확대, 교수 1인당 기술이전료 419%로 확대 등 산학협력 분야에서 괄목할 만한 성장을 이뤘다. 이렇게 다진 산학협력 기반 위에 LINC+사업으로 산학협력 고도화를 달성할 계획이다.

한서대, "산학협력을 통한 성장세 대단.."

한서대는 항공·공항, 디자인에 특화된 산학협력을 펼치고 있다. LINC+ 시작 1년간 스마트융합기술센터, 산학협력교육센터, 창업지원센터를 설치해 기술력 증진, 인재양성을 위한 인프라를 구축했다. 또, 기업과 대학의 선순환적 상생관계를 형성하기 위해 대학의 산학협력 제도를 혁신했다.

2019년부터 LINC+ 사업을 전 학과로 확대해 해양레저, 해양바이오, 보건학부까지 산학협력 프그램에 참여하게 됐다.

또, 태안캠퍼스가 보유한 해양 관련 인프라를 기반으로 해양분야 산학협력을 선도해 갈 계획이다. 학생들을 위한 산학협력 교육뿐 아니라 해양산업의 경쟁력 향상에서도 놀랄만한 성과를 창출할 예정으로, 이미 가족회사인 바다오이에 36,000평 규모의 양식 가능한 해안 부지를 제공해 스마트양식을 선도하고 있다. 해양바이오학과 학생들은 이곳에서 현장실습을 수행하며 학생 창업의 기회를 갖게 됐다.

특히 항공관련 산학협력은 인천국제공항공사, 한국공항공사뿐 아니라 아시아나항공, 티웨이항공 등 항공·공항관련 산업체들과 협의체를 구성해 항공 정보교류와 현장실습, 실무위주의 교과 편성으로 맞춤형 인재 양성체계를 갖추고 있다.

대규모 투자를 통해 디자인 특성화 체제는 이미 구축해 놓았다. 디자인센터를 설립해 디자인·공학 융합학문에 대한 역량을 확보했고, 디자인 특허 143건을 보유해 국내 대학 중 디자인 특허를 두번째로 많이 가지고 있다. 세계 3대 디자인 어워드(Red Dot/IDEA/IF)를 모두 석권하면서 디자인 교육의 역량을 인정받았고, 산업통상자원부로부터 최우수 디자인센터로 지정됐다.

경남대, 지역사회 연계 교과목 운영… '도시재생' 방향 제시

경남대학교가 산업체뿐 아니라 쇠락한 마산 구도심에 혁신의 기운을 불어넣는 산학협력 활동을 펼치고 있다. 경남대는 지난 2014년 LINC 시작부터 마산시의 도심 공동화 현상을 해소하기 위해 '도시 재생·힐링을 통한 원도심 활성화'를 산학협력 활동 목표로 설정했다. 원도심에 도시재생 사업 추진 센터를 설치하고 창의적 작품 제작 교육인 캡스톤디자인과 현장실습, 체험학습 등을 진행하기 시작했다.

이러한 대학의 활동에 인문사회분야 학과 교수와 학생들도 관심을 보이기 시작하면서 2014년 13개였던 도시재생 주제의 캡스톤디자인 작품이 15년에는 85개, 16년에는 119개 과제로 증가했으며, 이공계 학생들 작품 중 72개도 도시재생을 주제로 한 것이었다. 이 중 건축학부 학생들이 기획한 완월동 공가·빈집 활용 프로젝트 과제는 창원시가 지원하는 노후 불량주택 개선사업인 완월지구 새뜰마을 사업으로 발전하기도 했다.

특히, 2016년 마산 원도심의 명물인 골목여행을 활성화하기 위한 'hello 골목여행'이라는 사범대학 7개 학과가 참여한 캡스톤디자인 교과목은 사범대학 캡스톤디자인의 새로운 지평을 연 것이었다.

이때 나온 작품들 가운데 미술교육과가 제작한 컬러링북이 2017 LINC+ 캡스톤디자인 경진대회에서 인문사회분야 대상을, 교육학과는 지역 중학생들과 함께 벌인 현장교육의 우수성을 인정받아 2017 자유학기제 우수사례 공모전에서 최우수상을 수상했다.

특히, 경남대의 새로운 지산학협력 활동은 2017년 링크플러스사업이 지역사회 혁신활동도 요구하면서 본격적으로 발화하기 시작했다. 2017년 2학기 인문사회계열 9개, 이공계열 2개 학과에서 개설된 '지역사회 연계 교과목'이 대표적이다. 지역사회에서 문제를 스스로 찾아내고 해결 방법을 고민하면서 학생들이 지역사회에 대한 이해와 소통, 문제 해결 역량을 제고할 수 있는 교육이다. 이 가운데 교양과목인 '경남지역의 역사와 문화'는 마산 봉암 갯벌 홍보방안 기획, NC 다이노스 홍보방안 기획 등 경남지역의 역사와 문화를 바탕으로 문화·관광콘텐츠 개발 및 지역사회 발전에 이바지할 수 있는 내용들이 제시됐다.

경남대의 지역사회 연계 교과목은 2018년 1학기에는 간호학과, 국문학과, 경호보안학과 등도 참여해 22개 과목이 운영됐고, 2학기에는 건축학부의 '주거와 도시' 등을 포함해 23개 과목이 개설됐다.

강재관 사업단장은 "지역사회와 함께 성장하고 발전하는 지역공동체가 돼야 지역대학도 살아남을 수 있다"며 "지역사회연계 교과목은 이를 실천하기 위한 작은 도전이다. 교육의 장을 지역으로 확대하고, 전공지식을 지역현장에 적용하고, 학생들의 지역에 대한 관심과 실천 역량을 기를 수 있는 계기를 계속해서 마련해가겠다"고 강조했다.

한림대, 지역사회 혁신활동..'지역사회가 찾는 대학으로 사랑받아'

한림대의 지역사회 혁신활동이 두드러진다. 송창근 사업단장(산학부총장)은 "지역사회 혁신에 기여하는 것, 그것을 위해 최선을 다하는 것이야말로 대학 교수인 제가 나라를 사랑하는 길이라고 생각합니다."라고 말할 만큼 지역사회에서의 가치 창출에 역점을 두고 있다.

강원도는 18개 시군을 소멸위험지수에 대입하면 원주시 빼고는 다 사라질 정도로 인구 감소가 심각한 상황이다. 이에 따라 산업 경쟁력 약화도 심각해지는 상황으로, 지역대학이 지역사회와 협력해 상생 방안을 찾는 링크플러스 사업의 성공여부는 생존과 직결된 문제라 해도 과언이 아니다.

한림대는 헬스 케어(Health care)를 중점 산업으로 설정해 육성 중이다. 대학보유 기술 이전과 기술개발, 이들 기업이 필요로 하는 맞춤형 인재 양성에 초점이 맞춰져 있다. 또, 라이프 케어는 링크플러스사업에서 본격적으로 시행하는 지역협력 프로그램이다. 사회적경제를 통한 도시재생과 마을살리기가 핵심이다.

특히 마을살리기는 한림대의 특화된 산학협력 활동이다. 대부분 1차 산업에 집중돼 있고 매출도 1000만원 미만인 마을기업을 6차 산업으로 육성하는 마을살리기 산학협력 활동을 펼치고 있다. 이미 좋은 성과도 많이 가지고 있다. 지역협력센터장을 맡고 있는 이기원 교수가 수행한 인제군 남전리 마을살리기 사례는 대학뿐 아니라 전국적으로 귀감이 되고 있다. 또, 지역협력단 운영을 통해 지역경제 활성화를 위한 구체적인 실천과 함께 건강, 문화생활과 교육환경 등 정주여건 개선작업도 수행하고 있다.

창원대, "지산학협력으로 쇠퇴한 창원 경제에 활력을.."

창원대는 2017년부터 LINC+사업을 수행하며 두 가지 큰 변화가 생겼다. 먼저, 산학협력 역량의 고도화로 기업체 및 유관기관과의 관계가 더욱 돈독해졌다. 대학에 설립된 ICC(기업협업센터, Industry coupled Cooperation Center) 와 RCC(Region coupled Cooperation Center)는 대학이 가지고 있는 인적, 물적 자원을 기업과 공유하는 프로그램이다. 이를 통해 기업과 지역사회가 필요로 하는 맞춤형 인력 양성, R&D과제, 지역혁신 활동을 함께 추진하며 관계가 돈독해졌다.

또, 대학 구성원들이 산학협력에 중요성을 인식하기 시작했다. LINC+ 사업에 참여하면서 4차 산업혁명시대 산학협력의 중요성을 더욱 절실히 깨닫게 됐다. 단순한 프로그램 운영이 아닌 투입(Input) 대비 가치창출(Outcome)이라는 사회경제영향력지수(ESI지수)에 대한 관심과 함께 진정한 산학협력 고도화를 위한 프로그램 개발이 가능해졌다.

ESI 지수가 도입되면서 대학 구성원들은 단순한 프로그램 운영이 아닌 효율적이고 사회·경제적 가치 창출이 가능한 프로그램이 무엇인지 고민하게 됐다. 산학협력 효과를 높이기 위한 최적의 방법이 무엇인지 계속해서 피드백하며 산학협력이 대학 내부로 스며들었다.

내부에 일어난 변화로는 공유복수전공제가 대표적이다. 3차년도인 2019년에 이르러서야 최종적으로 공유복수전공(2020년도 1학기 4개 전공 시행) 제도가 시행되기 시작했다. 융합교육 활성화를 통한 학부교육 혁신을 이루기 위한 조치이다.

또, 중요성과 중에 하나로 공유장비활용센터 활용에 대한 기본계획이 수립됐다. 공용장비 플랫폼 구축으로 대학이 가진 첨단 연구장비를 산업체 및 연구소가 공동으로 활용할 수 있게 됐다. 이로써 지역의 산학연 연구개발 지원과 함께 기업체의 기술경쟁력 강화를 도모할 수 있는 기반이 구축됐다. 이와 함께 쇠락한 경남 창원경제 활성화 전략을 수립하는 경남창원스마트산단사업단을 2019년 3월부터 창원대가 맡아 창원공단을 새로운 스마트산업단지로 달바꿈시키는 싱크탱크 역할을 수행하고 있다. 3대 핵심사업인 '산업단지 스마트화', '정주여건이 우수한 산업단지', '미래 먹거리를 위한 신산업 창출'이 주요목표로, 제조업에 ICT(정보통신기술)를 접목한 제조업 혁신을 주도하고 있다.

박경훈 사업단장은 "이러한 산학협력 활동을 통해 지역 문제를 주도적으로 해결하는, 국민 세금으로 운영되는 국립대학이 지닌 책무를 다할 것"이라고 밝혔다.

목포대, LINC+ 승선… "전남 서남권 활력 기대"

목포대는 2017년 LINC+사업 1단계 진입에 실패한 이후 2년간 12억 원 규모의 자체예산을 마련하고 산학협력 활동을 지속적으로 수행해 온 자구노력에 힘입어 2019년 2단계 LINC+사업에 참여하게 됐다.

LINC+사업에는 8개 단과대학 (49개 학과 10개 학부)중, 7개 단과대학(39개 학과 10개 학부)이 참여하며, 4개 캠퍼스를 산학과 지역협력의 거점으로 특화할 계획이다.

목포대는 4개의 산학협력 전담센터(통합기업지원센터, 취업현장실습지원센터, 창업사업화지원센터, 지역협력센터)가 주요 산학협력 지표 관리와 산학협력 활동을 지원한다. 또 지역 관계자들과의 교류를 위해 설치한 미니클러스터에는 산업체(65명), 대학(30명), 지자체(4명), 민간단체(9명)가 참여해 기업성장 지원과 지역산업 경쟁력을 제고하고 있다.

대학생 및 교원의 창업을 지원하기 위해 설립한 ㈜전남지역대학연합창업기술지주도 목포대의 LINC+사업으로 활기를 띨 전망이다. 목포대학교 산학협력단 주관으로 전남도내 6개 대학이 참여한 기술지주회사에 목포대는 현재 '미생물 소금 및 그 제조방법' 특허 기술을 출자했으며 1호 자회사 ㈲하리아가 이 기술의 사업화에 나서고 있다. 향후 5년간 전라남도가 37억 5000만원을 출자출연하고, 지역대학이 7억 8500만원과 현물 25억원을 출연할 전남지역대학연합창업 기술지주회사가 지역경제 활성화에 기여할 수 있도록 목포대 LINC+사업단은 전폭적인 지원을 단행할 방침이다.

특히 목포대는 날로 중요성이 더해가는 산학협력을 강화하기 위해 대학 교원의 승진·임용에서 연구실적을 산학협력 실적으로 100% 대체할 수 있도록 규정을 개정했다. 아울러 서남권 특화산업(에너지신산업, 조선해양, 바이오 등)에 기반한 기업 및 지역사회 협업을 위한 기업협업센터(ICC)와 지역협업센터(RCC) 등도 운영을 시작했다. 이상찬 목포대 산학협력단장은 "앞으로 우수한 성과를 거둬 이공계와 비이공계를 아우르는 명실상부한 지역 산학 간 협력의 새로운 지평을 열 수 있도록 최선의 노력을 다하겠다"고 말했다.

한국교통대, '산학협력 친화의 날'개최.."대학-기업-지역사회 일체가 되겠다"

2020년 1월 30일부터 이틀간 '산학협력 친화의 날' 행사를 대학본부 등 캠퍼스 일원에서 개최했다. 산학협력단, LINC+사업단이 공동 주최하는 이번 행사는 지난 1년간 교통대가 지역과 대학이 함께하는 산학일체를 실현하기 위해 추진한 사업성과를 공유하고, 대학과 산업체, 지역사회가 모여 동반성장을 도모하고자 마련됐다.

30일 오전 개회식을 시작으로 산학공동기술개발과제 성과발표회, RCC(지역사회 혁신활동)발표회, 수소산업 기술세미나, 수송기계부품 기술세미나, 바이오헬스 기술세미나, 4차산업혁명과 미래 승강기산업 세미나, 지역상생발전 특강 및 토론회, 가족회사 교류회 등이 진행됐다.

31일에는 창업동아리 보고대회, 캡스톤디자인 경진대회, 지역상생네트워크 상생포럼, 충북권 산학협력 실무협의회, 현장실습 우수작 발표회 등이 열렸다.

전문수 LINC+사업단장은 "우리대학은 공유가치를 지속적으로 선순환해 대학·기업·지역사회가 하나가 되는 모델을 바탕으로 산학협력을 추진하고 있다"고 밝혔다.

지역산업 혁신 모멘텀 LINC+, "뜨거운 인기"

"타 부처로부터 LINC+사업과의 협력 방안을 요청하는 문의가 빗발치고 있다. 현장에서 산업체와 지역사회 혁신활동을 열심히 수행해주신 여러분들 덕분이다." 교육부 산학협력정책과장은 2019년 LINC+ 하계포럼에 참석한 전국 55개 대학 300여 명의 관계자들에게 격려와 함께 감사의 뜻을 전했다.

LINC+는 예체능, 인문사회부터 이공계까지, 사회 전 분야에 걸쳐 전문역량을 보유한 대학의 인적, 물적 자원을 산학협력의 장으로 견인해냄으로써 4차 산업혁명시대에 적합한 인재양성뿐 아니라 일자리 창출과 양극화 해소 해법으로 주목받는 사회적경제까지 아우르고 있다.

유재수 충북대 단장 (전국LINC+협의회장)은 개회사를 통해 "LINC+가 국가 경쟁력 확보에 원천인 산학협력의 대표 사업으로 주목받고 있다"며 "우리나라 대학들도 4차 산업혁명시대에 적합한 기업가적 대학으로 혁신하고 있고, 그 핵심 수단이 LINC+"라고 강조했다.

이어 오는 2021년까지 진행되는 LINC+ 2단계에 신규로 진입한 중앙대, 한국교통대, 호서대, 목포대, 대구한의대에 대한 현판 수여식과 함께 5개 대학의 사업계획이 발표됐다.

중앙대는 2014년부터 16년까지 LINC사업을 수행했지만 LINC+진입에는 실패했었다. 이후 2년간 각고의 노력을 벌인 끝에 재진입에 성공했다는 김원용 중앙대 사업단장은 '사람중심 가치 창출, 미래인재 양성대학'이 비전인 중앙대 LINC+사업을 소개했다. 중앙대는 LINC사업을 3년간 수행하며 인문사회분야 학생들의 취업률이 상승해 전체 취업률이 60%에서 63.2%로 높아졌었다. 1단계 LINC+에 떨어졌지만 이러한 성과를 알기에 사업을 포기할 수 없었고 지난 2년간 교비 20억원을 투입해 LINC+가 요구하는 프로그램을 수행함으로써 취업률을 68.7%까지 끌어올리며 재진입에 성공했다고 밝혔다.

전문수 한국교통대 단장은 3개 캠퍼스에 걸쳐 40개 전공이 참여하고 있는 LINC+사업의 규모를 소개했다. 지역과 함께 미래로 가는 산학일체 대학을 실현하기 위해 지역산업체 성장주도, 지역산업 맞춤형 인력양성, 지역과의 가치공유를 사업 목표로 설정했다고 밝혔다.

박승규 호서대 사업단장은 1만 평이 넘는 산학협력 인프라 등 대학이 보유한 산학협력 역량을 소개했다. 호서대는 지난 2년간 LINC+ 정부지원을 받지 못했지만 200억원 규모로 M&A된 엔씨엘바이오 등 다양한 산학협력 성과를 창출해 왔다고 덧붙였다.

이상찬 목포대 단장은 그동안 진행한 산학협력 활성화 활동을 밝혔다. 2017년 LINC+에 탈락한 후 산학협력 강화를 지속하기 위해 산학협력고도화사업단 및 4개 전담센터를 설치했다. 대학은 이들 조직에 2년간 32명의 전담교직원을 투입해 891개 가족회사 지원, 1100여 명의 현장실습지원, 406개의 캡스톤디자인을 지원했으며 창업 및 기술사업화를 촉진해 7명의 학생창업가를 배출했다. 특히 LINC+에 선정된 이후 이들 조직의 지속성을 담보하기 위해 산학협력단의 정규직원을 32명에서 21년까지 35명으로 증원할 예정이고, 직원들의 역량강화를 위해 자체 승진직급제를 도입 했다. 또 산학협력중점교원을 18년도 22명(전임3명, 비전임19명)에서 21년까지 31명(전임 6명, 비전임 25명)으로 확대할 계획이다.

수차례 도전 끝에 산학협력 사업에 합류한 대구한의대 박수진 단장은 한방웰니스산업 거점대학으로 산학협력 비전을 수립하고 있다고 밝혔다. 이어 중앙정부의 화장품산업 발전계획과 제약산업 육성 5개년 계획, 경상북도 주력산업인 바이오뷰티와 경산시 신성장산업인 뷰티산업과 대학의 특성화 분야가 긴밀하다며 "학생과 교수, 산업체와 지역사회 모두가 만족할 수 있는 LINC+사업을 전개해가겠다"고 말했다.

3) LINC+ 전문대

대림대 LINC+, 사회맞춤형학과 협약반 선발 면접

대림대가 2017년 6월 사회맞춤형학과 협약반 과정 대상자 선발을 위한 면접을 실시했다. 이번 면접은 반도체장비반 22명, 기계설비현장관리반 24명, IT융합 응용소프트웨어반 24명 등 총 70명의 학생들을 선발하기 위해 이뤄졌다. 면접에는 협약기업체의 인사 담당자와 교내 교수로 구성된 학생선발위원회가 참여했다.

앞서 대학은 반도체장비반, 기계설비현장관리반, IT융합 응용소프트웨어반, 건축현장엔지니어양성반, 방송시스템엔지니어반, IoT 통합실무반 등 6개 분야에 특화된 사회맞춤형 학과를 설치했다. 이와 함께 이들 학과의 교육과정 설계를 위해 협약기업체의 전문가들과 협의를 거쳐 54개의 우수기업을 발굴했다.

또, 대림대는 건축현장엔지니어양성반, 방송시스템엔지니어빈, IoT 통합실무반 등 3개 교육과정에 참여할 인재를 선발할 계획이다. 이번에 선발된 학생들은 각각의 직무를 위해 개발되는 교육과정을 이수하게 되며, 일부 과목은 협약기업체에서 참여하는 융복합 강의로 진행될 예정이다.

서삼열 링크플러스 사업단장은 "우리 대학은 사회맞춤형 교육이 성과를 낼 수 있도록 다양한 지원을 아끼지 않고 있다"며 "참여한 기업체가 요구하는 맞춤형 인재 양성에 대한 기대가 크다"고 밝혔다.

영남이공대, 산업체와 공동 교육실시..맞춤형 인력 양성으로 지역경제 기여

영남이공대는 LINC+ 사업을 수행하기 위해 'Industry 4.0을 대비한 기업과 소통하는 대학', 'Outcome 4.0을 위한 신 직업교육체제 실현 대학', 'Technique 4.0에 의한 차별화 인재양성 대학'이라는 목표를 설정하고 협약 산업체 인사들을 포함한 'LINC+ 사업단 사회맞춤형 대학협의체'를 구성했다.

2018년 기준 대학에는 자동차램프반, 금형설계반, 전기설비자동화반, 반도체장비반, 글로벌자동차 Maintenance반, 융합소프트웨어반, 에너지화공반, 방재·시설유지관리반, 쉐프양성반, 보건코디네이터반, 라마다프라자호텔반, 글로벌패션유통반 등 11개 학과(계열)에서 12개 협약반이 운영 중이다. 각 협약반에는 지역 중견업체, 강소기업, 대구시 선정 스타기업 등 120개 산업체가 참여하고 있으며, 이들 협약산업체로 2019년 240명이 채용될 예정이다.

영남이공대는 '진로직무 매칭시스템'을 도입했다. 학생들이 이수한 교육과정과 현장실습, 다양한 비교과 과정 활동 등 개인의 포트폴리오가 협약 산업체에서 요구하는 능력과 적합한 지를 분석하는 등 맞춤식 진로 지도를 위해 도입한 시스템이다. 이를 통해 학생들의 취업률 향상 및 기업들의 애로사항중 하나인 신입사원들의 이탈율을 낮춰 지역 산업의 안정적인 발전에 기여할 예정이다.

영남이공대학교 박재훈 총장은 "우리 대학이 세계적 수준의 직업교육 중심대학으로 발전해가는 데 있어 사회맞춤형 LINC+사업이 큰 힘이 되고 있다"고 밝혔다.

동서울대 "산업체 맞춤형 인재 양성… 교육 틀을 바꾼다"

경기도 성남에 위치한 동서울대를 비롯해 수도권에서는 경복대, 대림대, 동양미래대, 두원공대, 부천대, 연성대, 오산대, 유한대, 인천재능대, 인하공업전문대가 LINC+ 학과중점형 사업을 벌이고 있다.

동서울대 LINC+ 사업에는 전체 졸업예정 학생의 10%에 달하는 220여 명의 학생이 속해 있는 13개 학부(과), 100여 개의 지역 중소기업이 참여하고 있다.

동서울대 LINC+ 사업에 참여하는 100여 개의 중소기업은 수도권과 경기도 성남 및 판교의 ICT산업단지에 자리 잡고 있는 기업들이다. 대학은 이들 기업들과 협약을 맺고 13개 학부(과), 전체 졸업예정 학생의 10%에 달하는 220여 명을 상대로 산업체가 요구하는 교육과정을 개발·운영한다.

LINC+ 협약반은 4차 산업 트렌드에 맞춰 로봇자동화, UHD 문화콘텐츠제작, G-SMATT 융합, IoE 정보통신 시스템관리, 명품시계주얼리 코디네이터, 뉴콘텐츠 OSMP, Culinary Art Tech, 창의융합 디지털디자인, SELL Yourself 스마트 실내디자이너 등 9개로 구성됐다. 이 중 UHD문화콘텐츠 협약반은 산업체 인사들이 20회 가량의 릴레이 특강을 실시해 학생들에게 생생한 현장을 간접 체험하게 했다. 협약업체 중 비주얼리서치는 1억원 상당의 방송운용 자막기 5세트를 기증해 동서울대에 산업체와 유사한 실습환경을 조성토록했다.

협약업체 부설연구소가 캠퍼스로 들어오기도 했다. 뉴콘텐츠 OSMP 협약반, 창의융합디지털디자인 협약반의 기업 중 일부는 부설

연구소를 대학에 마련하고 산학일체형 교육을 강화하고 있다. 그 외 모든 협약반은 산업체 인사가 참여하는 프로젝트 기반의 현장실습과 캡스톤디자인 등의 산학협력 교육을 통해 학생과 기업 간의 미스매치 최소화를 위해 노력 중이다.

특히, 동서울대는 2019년부터는 모든 학과가 사회맞춤형 교육체제로 전환해 대학 교육의 틀을 바꾸고 있다.

원광보건대, 비즈캠퍼스 구축으로 취창업 역량 강화..

원광보건대는 LINC+ 사업에 산학협력 고도화형으로 참여하고 있다. '비즈 캠퍼스를 통한 글로컬 산학협력 선도대학'이라는 비전을 제시했다.

2016년 개관한 학교기업 원광테크노마켓(이하 WM)을 비즈니스 모델의 사업화 전진기지로 내세웠다. LTM(학습(Learning), 실습(Training), 제품개발/판매(Marketing)에 이르는 특성화 된 교육구조를 기반으로 비즈캠퍼스 풍토 조성, 지속가능한 취·창업 생태계 구축을 꾀할 방침이다. WM은 향후 LINC+사업이 목표로 하고 있는 '1학과-1비즈니스모델', '1교수-1캡스톤디자인'의 개발 및 운영에 핵심 역할을 수행하게 된다. '산학 Open커플링 Mall'과의 연계를 통해 선순환적 R&BD(사업화 연계 기술개발)모델을 구축함으로써 전문대학의 직업교육 및 재정 자립 방향을 제시할 계획이다.

또, 전라북도 10대 정책 과제 등 지역 전략산업의 요구를 반영한 산·학·관 연계 비즈니스 시스템(보건의료·보건복지·바이오식품·글로벌토탈 관광 클러스터)을 통해 지역사회와의 동반성장을 추진할 예정이다.

대학은 지난 2012년부터 5년간 LINC사업을 수행하며 특허출원 22건, 특허등록 2건, 기술이전 2건 등의 사업화 성과를 거둔바 있었다.

전문대 산학협력 진일보…'일자리와 수익' 두 마리 토끼 잡는다

전문대학의 산학협력 활동이 진일보하고 있다. 캡스톤디자인, 현장실습 등 학생 취업을 위한 교육뿐만 아니라 보유 기술의 직접 사업화 및 기술이전 등으로 고도화하고 있다. 전문대의 이러한 변화는 15개 대학이 참여한 '산학협력 고도화형'워크숍에서 확인할 수 있었다.

2018년 2월 방문한 '산학협력 고도화형 성과확산 워크숍'에서는 15개 대학의 사례가 발표됐다. 한양여대는 교수와 학생, 산업체가 참여하는 '토탈패션비즈니스협동조합'을 설립해 학생 취·창업 역량 제고, 경력단절여성 일자리를 창출할 계획이다.

제주한라대는 기업신속대응센터(URI)를 설치하고 가족기업의 애로사항을 통합지원 하는 '비즈 캠퍼스'를 구축해 가고 있다. 창원문성대는 교내에 빅데이터 센터를 설립하고 제조업 사업장을 스마트공장으로 교체하는 사업을 벌여 기업경쟁력 강화와 청년 일자리를 창출하겠다고 밝혔다. 춘해보건대는 휴먼케어 전공 교수들이 2건의 특허기술을 학교기업을 통해 사업화하고 있다고 전했다.

드론을 전체 학과 교육에 접목해 사업화에 나선 경남도립거창대학도 있다. 이 대학은 드론을 활용한 4가지 사업영역인 방제, 측량, 촬영, 드론수리 사업을 통해 2021년도 4억 원의 매출을 달성할 계획이라고 밝혔다. 경남정보대학은 스마트제조산업협회와 공동으로 지역 중소기업의 스마트공장을 구축하는 넥스트팩토리를 설립하고 이를 부산지역 대학연합기술지주회사의 자회사로 편입시킬 예정이다.

충남도립대는 링크플러스사업의 전략 방향으로 '사회적경제 지원 고도화'를 제시했으며, 한국영상대는 문화콘텐츠 기술지주회사 설립을 향후 목표라고 소개했다. 자동차 특성화 대학인 아주자동차대학은 전국 33개의 자동차부품기업과 기술융합협동조합을 설립해 대학과 산업체의 지속적인 상생협력 체제를 구축할 계획이었고, 원광보건대는 학습과 실습에 이어 마케팅으로 연결되는 창업교육을 통해 6개의 학생 창업기업을 발굴했다.

또, 16개 학내 사업장에서 지난해 5억8천여만 원의 매출을 달성한 대경대와 웰니스토탈케어솔루션센터 등 4개의 비즈니스센터를 구축하고 사업화에 나선 대구보건대 사례가 발표됐다.

청강문화산업대가 수익 창출을 위한 사업화연계기술개발사업(R&BD)에 일환으로 지식만화를 제작하는 출판 사업을 소개했다. 동아방송예술대가 방송영상 콘텐츠제작과 공연예술 사업, 방송중계 장비를 활용한 서비스 등으로 거둔 사업화 실적을 밝혔으며, 용인송담대는 학교기업인 송담이노텍과 송담인증센터 등에서 지난해 7억여 원의 수입을 올렸다고 소개했다.

김차근 협의회장(한국영상대 사업단장)은 "우리가 하는 이 사업은 우리나라 전문대학이 처음으로 시도하는 산학협력이다. 자부심과 긍지를 가지고 산학협력에 새로운 역사를 써가자" 고 말했다.

3. 중기부 등 부처별 주요 산학협력 사업

1993년 중소기업청은 산학연 공동기술개발 컨소시엄 사업을 20억 예산으로 시작했다. 중소기업 경쟁력 강화를 목표로 한 산학협력이 본격적으로 대학가로 확산되는 계기가 됐다.

2013년 산학융합 연구마을(대학에 중소기업의 연구소 입주해 상시적인 R&D 전개) 설치 등의 과정을 거쳐 2020년 현재 연구기반 활용(대학·연구기관 등이 보유한 연구장비와 인력을 활용해 중소기업의 기술경쟁력 향상 및 연구기반 강화), 지역중소기업 공동 수요기술개발(지역 중소기업, 조합, 대학·연구기관 등이 기술교류를 통해 지역 중소기업에 공동으로 적용할 수 있는 공동수요 기술의 개발 및 보급·확산) 및 산학협력 맞춤형 R&D, 산학협력 사업화 R&D, 그 외 각종 인력양성 사업 등으로 중기부의 대학지원 산학협력 사업이 진행되고 있다.

1) 중기부 산학연 공동기술개발 주요 사례

'산학연 희망플러스' 개최

산학연 희망플러스 행사가 2012년 12월 한국산학연협회(회장 김광선. 한국기술교육대 교수) 주관으로 중소기업중앙회에서 개최됐다. '중소기업 성장엔진! 풀뿌리 산학연!'이라는 제목으로 열린 이 행사에는 중소기업과 대학·연구기관 등 산학연 관계자 400여명이 참석했다.

1993년에 시작해 20년을 맞는 중소기업청 산학연협력사업은 연간 200여개의 대학·연구기관과 3000여개의 기업이 참여하고 있다. 특히 사업에 참여하는 중소기업이 종업원 수 50인 미만이 96.9%, 매출액 100억원 미만이 80%를 차지하는 등 R&D 초보기업의 기술력 확보와 매출액 증대에 기여하고 있는 국내 대표적인 산학협력지원 사업이다.

중소기업청 차장은 "20년이 지나면서 내년에는 1600억원 예산이 배정될 만큼 큰 발전을 이뤘다"며 "그동안 정부 R&D는 꾸준히 증가했지만 32만개 중소제조업의 71.1%는 여전히 정부 R&D 참여 문턱을 넘지 못하고 있고 생산성은 3분의 1 수준에 그치고 있다"며 "2013년에는 'R&D 저변확대'와 '기업 친화적 제도운영'에 중점을 두겠다"고 밝혔다.

이날 산학연 스타기업은 금오공과대와 협력한 ㈜화인알텍, 대구대를 파트너로 한 대한금속(주)이 수상했다. 또, 산학연 공동기술개발 우수과제로 극동대 강이구, 한국산기대 이재학, 고려대 이헌, 건국대(충주) 김환기, 한밭대 명태식, 동국대 이종태, 강원대 윤경구, 인천대 홍윤식, 대구한의대 안은미, 충남대 김영국, 금오공대 권오형 총 11개 대학소속 교수가 중소기업청장상을 수상했다.

"산학연 협력은 선택 아닌 필수"

제9대 (사)한국산학연협회장으로 서동석 우석대 산업디자인학과 교수가 취임했다.

산학엽협회는 1993년 기업·대학·연구기관 간 원활한 산학연 협력을 지원하기 위해 설립됐다. '협의회'로 시작해 산학연협회로 이름을 변경하고 전국 16개 지역협회와 1개 연구기관을 협회로 통합했다.

협회는 '중소기업 R&D 지원사업 평가관리기관' 역할을 수행하고 있다. 협회에서 관리하고 있는 중소기업 지원사업은 산학연협력기술개발사업과 연구장비공동활용지원사업이 대표적이다.

산학연협력기술개발사업은 우수한 연구기반을 갖춘 대학, 연구기관과 기술력이 취약한 중소기업의 공동 기술개발을 지원하는 사업이다. 정부 R&D에 처음 참여하는 중소기업을 대상으로 대학·연구기관과 연계 지원하는 '첫걸음기술개발'과 기술혁신 역량 부족, 성장정체 중소기업 등을 대상으로 전국의 대학·연구기관과 연계 지원하는 '도약기술개발'이 있다.

연구장비공동활용지원사업은 중소기업의 연구장비 부족 문제를 해소하기 위해 대학·연구기관 등이 보유한 장비를 활용토록 지원해 중소기업의 연구개발을 촉진하는 사업이다.

또, 협회는 산학협력을 지원하기 위해 1993년부터 대학에 들어선 중소기업산학협력센터 설치를 지원하고, 산학협력 업무를 전담하는 '산학협력 코디네이터'를 양성하고 있다.

산학맞춤 기술인력 양성사업 참여 대학 모집

중소기업청이 '산학맞춤 기술인력 양성사업'에 신규 참여를 원하는 대학(전문대 및 일반대)을 2016년 4월 모집했다. 이 사업은 산학협력 역량을 갖춘 대학과 중소기업 협회·단체(또는 중소기업)간 협약을 체결하고, 맞춤형 기술인력을 양성해 중소기업으로 취업을 연계하는 사업이다.

사업은 2013년, 5개 전문대에서 327명이 참여하며 시작됐다. 이듬해 12개 전문대, 830명 참여에 이어, 2015년에는 13개 전문대와 2개 일반대에서 820명이 참여했다. 2016년에는 3개 대학을 추가로 신규 선정했다. 선정대학은 산학맞춤교육, 현장실습 1팀-1프로젝트 등 운영비용으로 연간 2억원 내외, 최대 3년간 지원받게 된다.

중소기업청은 "중소기업은 현장에 바로 투입할 수 있는 기술인력을 안정적으로 공급받을 수 있고, 참여 학생은 졸업과 동시에 취업할 수 있어 중소기업 인력애로 완화 및 청년취업 촉진에 기여하는 사업"이라며 "수출기업과 고용 우수기업의 참여 비중이 높을 경우 평가 시 우대할 예정"이라고 밝혔다.

동아대 '2012 산학협력중점사업' 선정

중소기업청이 시행하는 '2012년도 산학연 공동기술개발사업 산학협력중점사업'(이하 산학협력중점사업)에 동남권 대학 중 유일하게 선정됐다.

산학협력중점사업은 중소기업청이 처음으로 시행하는 R&D 기반 사업으로, 대학이 중소기업에 R&D 및 비R&D 등을 지원하는 사업이다. 연간 최대 10억원이 지급된다.

동아대는 동남권 플랜트 및 IT 융합 관련 중소기업을 대상으로 산학협력 기술개발과 종합지원을 위한 R&D(창업형, 성장형)과 비R&D (기획지원 및 기술시장분석지원 등)를 지원하게 된다.

동아대는 이로써 정부의 대표적 산학협력지원사업인 교과부의 산학협력선도대학사업, 중기청의 산학협력중점사업에 모두 선정된 유일한 사립대학으로 이름을 올리게 됐다.

조규향 동아대 총장은 “지역 산업과 연계한 산학협력에 대한 노력이 성과를 이룬 것”이라며 “동남권 산학협력 중심대학으로서 동아대가 가진 인프라로 기업에 필요한 연구와 솔루션을 제공해 상생을 이룰 것”이라고 말했다.

한밭대, 산학협력기술개발사업 결과발표회 개최

‘산학협력기술개발사업 자율형컨소시엄 결과발표회’가 2016년 10월 개최됐다. 산학협력기술개발사업은 연구개발 역량이 취약한 중소기업과 대학이 협력해 중소기업의 기술혁신 역량을 제고해 온 20년 전통의 산학협력 지원사업이다. 이 사업은 전국에서 대학 간 컨소시엄 혹은 단독으로 진행되며, 이번 행사는 한밭대가 주관하고 대전대, 배재대가 참여하고 있는 ‘NBITCC(NT·BT·IT Convergence Center)’에서 주관했다.

이날 발표회에서는 ‘페로브스카이트 구조의 다공성 산화물 감지 물질을 활용한 반도체식 가스센서 개발’(과제책임자 한밭대 신소재공학과 김정현 교수, 참여기업 ㈜엑센) 등 29개 과제에 대한 성과가 발표됐다.

NBITCC는 2014년 6월부터 2016년 5월까지 2년간 53개의 과제를 추진했다. 사업 시작 1년차에 지재권확보 35건, 사업화 22건, 기술이전 8건, 30% 이상의 매출액 향상, 50% 이상의 영업이익 향상, 고용창출 48인 등의 실적을 거뒀으며, 이번 결과발표회 대상인 2년차 과제를 통해서는 지재권확보 50건, 기술이전 12건, 사업화 11건, 고용창출 63명의 성과를 창출했다.

NBITCC센터장인 이택영 교수는 “29개 과제 중 우수사례를 발굴하고 이를 적극 홍보할 예정"이라며 "올해 초 선정된 연구마을 사업의 주관기관으로서 지역특화산업 활성화에 더욱 박차를 가할 것"이라고 밝혔다.

한국산기대, 지방중소기업R&D센터 운영 중

산기대 산학협력단 중소기업산학협력센터는 2016년 8월 지방R&D센터, 선도형 첫 걸음, 도약과제 등 사업지원 분야별로 총 14개 과제 수행을 위한 협약식을 개최했다. 이날 '산학연협력기술개발사업'에 대한 1차년도 사업성과를 발표하고, 이를 바탕으로 연구개발 역량이 우수한 2차년도 신규과제 지원에 나섰다.

산학연협력기술개발사업을 통한 1차년도 정부사업비는 3개 사업 지원 분야에 총 12억원 규모다. 이 가운데 산기대가 운영 중인 '지방 중소기업 R&D센터'는 지역별로 산학협력 인프라가 우수한 대학을 R&D센터로 지정해 중소기업 부설연구소를 집적화하고 연구비와 기술지도, 연구 인력을 지원하고 있어 지방 중소기업들의 관심이 높다.

이 사업을 통해 지방에 본사를 둔 자동차 튜닝부품 제조업체인 네오테크(대표 이종고)는 차량 주행 충격을 흡수하는 부품인 '쇼크 업소버'의 전자식 테스터기기의 국산화에 성공, 연간 10억원가량의 매출기반을 마련하는 성과를 거뒀다. 회사는 기술개발 여건이 좋지 않은 지역을 벗어나 지난해 10월 수도권 소재 산기대에 기업부설연구소를 설립하고 R&D에 필요한 전문 인력을 지원받았다. 특히 이 과정에서 이 대학 출신 3명을 연구원으로 채용해 일자리 창출에도 기여했다.

제주대 현명택 교수, 중기기술혁신대전 '교육부장관상' 수상

현명택 교수가 2016년 9월 열린 '제17회 중소기업 기술혁신대전'에서 교육부장관상을 수상했다. 현 교수는 지난 20여년간 제주지역 중소기업의 애로기술 해소, 산학연 공동기술 개발 등을 통해 중소기업의 기술·경영 혁신에 기여한 공로를 인정받았다.

현 교수는 산학연협력 기술개발사업 과제를 17회 수행했고 최근 3년간 특허 11건, 참여연구원 취업 5명, 기술지주회사 자회사 8개사를 설립하는 등 기업지원을 위한 다양한 역할을 수행해 왔다. 또, 제주대학교기술지주회사 대표를 역임하면서 연간 15개 내외의 창업기업을 지원했다.

현 교수는 제주대 창업보육센터장, 중소기업종합지원센터장, 산학협력단장 등을 역임했다.

건양대 윤영식 교수, '이달의 우수 산학연협력 전문가' 선정

융합기계공학과 윤영식 교수(前 중소기업산학협력센터장/공동활용장비센터장)가 한국산학연협회에서 선정하는 '이달의 우수 산학연협력 전문가'로 선정됐다. 윤 교수는 2016년 12월 열린 '2017년 산·학·연 희망플러스' 행사에서 중소벤처기업부장관으로부터 우수 산학연협력 전문가 포상을 받았다.

한국산학연협회는 2015년부터 산·학·연 협력 의욕 고취와 우수사례 전파를 위해 산학연협력사업 수행 결과 우수한 성과를 도출한 전문가를 분기별로 선정·포상 중이다.

윤 교수는 2004년부터 동성테크㈜와 꾸준히 자동차 R&D 분야를 협업해왔다. 특히 2014년부터 2016년까지 2년간 기업부설연구소 신규 설치 과제를 통해 '허브 파이롯트 방식의 Hub &Drum ASM 설계 및 제작과 이종금속 정밀주조에 의한 브레이크 드럼 및 디스크 제작기술, 프레스공정에 의한 Impulse Ring 제작기술'을 개발했다.

이 기술을 통해 편마모 및 비틀림 현상 감소로 차량 안정성을 확보하고 단품 경량화와 제조원가 절감은 물론 완성차 정비 및 수리를 쉽게 하면서도 수리시간을 줄일 수 있게 됐다. 또한 기술을 인정받아 독일 실차시험용 브레이크 디스크를 수주하는 한편 현재 독일에서 실차 시험 중에 있기도 하다.

윤 교수는 "동성테크와 오랜 시간 협력하며 개발한 기술이 대내외적으로 인정받고 수주까지 이어지면서 산학협력의 좋은 사례를 만들어내 매우 뿌듯하다"며 "앞으로도 계속 기술개발에 힘써 세계가 깜짝 놀랄 기술을 중소기업에서 개발해내는 사례를 만들겠다"고 밝혔다.

한남대, 산학연유공 대통령 표창 수상

2017년 9월 중소벤처기업부 주최 제18회 중소기업기술혁신대전에서 기술혁신부문 산학연유공자로 한남대가 대통령 표창을 수상했다. 대통령 표창은 전국 400여개 대학 중에서 유일하게 한남대만 수상 기관으로 선정됐다.

대학은 1995년부터 산학협력 기술개발사업에 참여한 이래 21년간 250여건의 과제를 성공적으로 수행했으며, 대학 연구역량을 활용해 중소기업의 기술경쟁력 제고와 지역은 물론 국가발전에 기여한 공로를 인정받아 대통령상을 수상하게 됐다.

이덕훈 총장은 "한남대는 최근 사회맞춤형 산학협력선도대학과 연구마을사업 주관기관으로 선정되는 등 산학연 R&D지원을 통해 중소기업의 기술력 강화와 창의융합 인재양성을 위해 최선의 노력을 기울이고 있다."며 "앞으로도 창업최강대학으로서 지역사회와 국가발전에 더욱 기여하도록 최선을 다하겠다."고 밝혔다.

이날 이낙연 국무총리는 시상식 후 이덕훈 총장과 함께 한남대 부스를 방문, 한남대와 가족기업들이 공동 개발한 다양한 제품들을 살펴보았다. 특히, ㈜JSK바이오메드에서 개발한 레이저 펄스방식의 바늘 없는 주사기와 ㈜스카이테의 중대형 수송용 드론 제품은 기술의 우수성과 4차 산업혁명 적합성 측면에서 호평을 받았다. 또한, ㈜아이투비의 해양바이오 자원소재를 이용한 마스크팩, ㈜나노폴리캠의 내오염성, 습기저항성, 발수성이 우수한 빌수처리 목재, ㈜에코바이오의학연구소의 나복근 즙을 함유한 아토피치료용 화장품, ㈜닥터하스킨의 캐모마일을 이용한 지성피부 개선 화장품, ㈜누에보컴퍼니의 친환경 항균성 방향제와 자동향 확산 컨트롤 장치 등의 전시제품들이 인기를 모았다.

영남대 산학협력단, 경북산학협력기술대전 단체·개인 표창 수상

영남대 산학협력단이 2017년 11월 열린 '제17회 경북산학협력기술대전'에서 단체부문 경상북도지사 표창을 받았다. 교수부문에서는 영남대 이찬수 전자공학과 교수가 ㈔한국산학연합회 표창을 받는 등 단체와 개인 부문 모두 수상하는 영예를 안았다.

영남대 산학협력단은 최근 3년간 중소기업 30개사와 협약을 체결하고 32건의 기술개발과제를 수행했다. 최근 3년간 지역 기업과 산학협력 등을 통해 특허 출원 35건, 의장·상표등록 8건, 시작품제작 45건, 공정개선 기술이전 25건, 상품화 12건의 성과를 올리는 등 지역 중소기업의 기술개발과 애로기술 해결을 통해 산학협력 활성화에 기여한 공로를 인정받았다.

교수부문 수상자인 영남대 이찬수 교수는 2008년 3월 영남대에 임용된 후, 꾸준한 산학협력을 통해 28건의 연구과제를 수행하고 36건의 특허를 출원 및 등록하는 성과를 냈다. 또한 기술이전 3건과 연구소기업 설립을 통해 중소기업의 연구역량 향상 및 발전에 기여한 것으로 평가받았다.

충북대, 중소기업기술혁신대전 전 부문 수상자 배출.."산학연 기술협력 빛냈다"

중소기업산학협력센터가 2019년 8월 열린 '제20회 중소기업기술혁신대전'에서 산학협력 포상 전 분야에서 수상자를 배출했다. 충북대 중소기업산학협력센터는 1994년 산학연 공동기술개발 컨소시엄을 시작으로 현재까지 약 500여개의 산학협력기술개발사업, 연구마을 사업 등 다수의 협력 과제를 수행해왔다.

이날 행사에서 충북대 중소기업산학협력센터는 산학연 유공자 기술협력 단체 부문에서 국무총리 표창을 수상했다. 또, 교수·연구원 부문에서 이상일 환경공학과 교수가 대통령표창을 수상했다. 이상일 교수는 32년간 하·폐수처리 및 생태독성 분야에 관한 연구와 교육에 전념하며 81건의 관·산·학 협력 연구를 수행했다. 41건의 특허취득과 170편의 국내외 논문 발행 및 202건의 국내외 학술 발표를 수행하면서 1200여명의 학사, 77명의 석사, 20명의 박사를 지도했다. 마지막으로 교직원 부문에서 서지연 중소기업산학협력센터 매니저가 중소벤처기업부장관상을 수상했다.

이로써 충북대학교는 전국 유일 산학연 포상 모든 분야를 수상하는 영예를 안았다.

2) 노동부 일자리지원 사업 사례

창원문성대, '대학창조일자리센터 사업' 선정

노동부는 대학을 상대로 한 산학협력사업으로 장기현장실습 지원(IPP)사업 외 대학창조일자리센터 운영을 지원하고 있다. 창원문성대가 2016년 고용노동부에서 시행하는 대학창조일자리센터 사업에 경남도 내 전문대학으로는 유일하게 선정됐다.

2016년부터 2020년까지 5년간 약 20억의 사업비로 지역 내 청년층을 위한 진로 및 취·창업 프로그램을 운영하는 거점대학으로써 역할을 수행하게 된다. 자치단체, 고용센터, 창조경제혁신센터 등과 함께 지역 청년고용문제 해결을 위해 진행되는 이 사업은 대학창조일자리센터 한 곳만 방문하면 여대생커리어개발지원사업, 창원지원 프로그램 등 타부처 지원사업과 청년내일찾기패키지, 인턴, 훈련, 해외취업 등 청년고용 정책을 원스톱(One-Stop) 으로 접할 수 있다. 또한, 이력서 클리닉, 모의면접, 취업알선 등 기존 취업지원서비스도 제공받을 수 있다. 센터는 지역청년 누구나 이용 가능하며, 지역맞춤형 취업지원프로그램을 개발하여 지역청년들에게 제공하게 된다.

한편, 이번 공모사업에는 전국 54개 대학이 신청해 창원문성대, 한국산업기술대, 영남대 등 20개 대학이 사업 수행 기관으로 선정됐다.

대림대, '고숙련일학습병행제(P-TECH)' 사업 신규 운영기관 선정

대림대학교가 2017년 11월 고용노동부가 주관하는 '고숙련일학습병행제(P-TECH)' 사업 신규 운영기관으로 선정됐다. 고숙련일학습병행제(P-TECH : Pathways in Technical Education, oriented Convergent High-Technology)는 산학일체형 도제학교 수료자를 대상으로, 대학과 기업이 2년 과정의 교육훈련 과정을 개발해 융합형·최신기술 중심의 기술을 습득할 수 있도록 훈련하는 프로그램이다.

사업 선정으로 대림대는 기계분야에서 사출금융설계, 3D프린터개발, 3D프린터용 제품제작, 스마트제조공정 등을, 전자통신분야에서 전자기기생산 및 임베디드 방식의 IOT설계, 펌웨어 개발, 프로세스 응용, 전자응용실험 등의 교육과정을 운영하게 된다.

P-TECH 과정에 참여하는 학생들은 낮에는 기업에서 최신 기술과 현장실무 교육을 받고, 주말 시간을 활용해 학교에서 전공분야 이론과 실습을 심도 있게 경험하고 배울 수 있다. 학생들은 교육과정에 따라

80학점을 이수하도록 되어 있으며, 학교에서 48학점, 기업에서 32학점을 따야 학위를 취득할 수 있다.

황운광 총장은 “일학습병행제인 유니테크(Uni-Tech) 사업에 이어 이번 P-TECH 사업 운영기관으로 선정됨으로써 명실공히 산학협력 통합교육의 메카로 자리매김하게 됐다”며 “우리 대학의 독창적인 C.P.S(Cooperative, Problem Solving, self-directed) 교수법과 평생경력개발을 보장하는 학사운영 체계를 중심으로 우수 사례를 만들어 나가겠다.”고 밝혔다.

3) 산업부 산학협력 지원사업 사례

코리아텍, ‘산업기술기반구축사업 주관기관’ 선정

코리아텍 산학협력단이 산업통상자원부에서 추진한 ‘2016 산업기술기반구축사업’ 공모과제인 ‘기전융합형 소재·부품 시험평가인증 기반구축 사업 주관기관’에 선정됐다.

이 사업은 코리아텍이 주관기관으로, 충북테크노파크가 참여기관으로 운영되며, 5년간 총 사업비 196억 원(국비100억 원, 충청남도 3.3억 원, 충청북도 13억 원 등)이 투입돼 기업을 지원한다.

사업 총괄 책임자인 이규만 교수(에너지신소재화학공학부)는 “관련된 전국 중소기업의 제품기술 고도화를 지원함으로써 기업경쟁력 강화에 기여할 수 있도록 노력하겠다”고 말했다.

금오공대, 글로벌전문기술개발사업 신규선정

금오공과대학교가 '2016년도 글로벌전문기술개발사업'에 선정돼 2019년까지 3년간 72억4천만원을 지원받았다.

산업통상자원부가 주관하는 '글로벌전문기술개발사업'은 기술혁신 역량을 가진 기업을 글로벌 전문기업으로 육성하기 위해 기업 핵심기술 개발을 지원하는 사업이다. 기획에서 기술개발, 생산 및 마케팅 등을 공동 추진할 수 있도록 기술개발 자금을 지원하여 신기술 및 차별화 제품을 개발할 수 있도록 촉진한다. 산업통상자원부의 대표적 R&BD(사업화연계기술개발) 사업 가운데 하나이다.

금오공대는 3개 과제 컨소시엄이 선정됐다.

선정된 과제는 △시·청각 장애인의 ICT 융합 사용자 환경 개선과 접근성 향상을 위한 텍스타일(Textile) 기반 웨어러블 입력 보조장치 및 유저인터페이스 개발(덕우실업 공동연구) △자가응답형 유체를 이용한 경량화율 15% 유연 방탄방검용 섬유제품 개발(바이오니아 공동연구) △셀프힐링(자가치유)형 토목·건축용 하이브리드 초고강도 보수 보강 섬유제품 및 시공법 개발(대실테크 공동연구)로, 이들 과제를 지역 및 관련 전문기업, 연구기관 등과 추진한다.

단국대 GTEP사업단, "청년 무역인들이 중소기업 수출 길 연다"

단국대학교 지역특화청년무역전문가양성사업단(GTEP 사업단) 소속 6명(무역학과 중동학과 프랑스어과, 독일어과)의 학생들이 2017년 도쿄 와인&음식박람회에 참가해 국내 중소기업인 삼진식품, 내추럴초이스의 수출을 지원했다.

단국대 무역학 전공에는 글로벌 무역 전문가를 양성하는 GTEP사업단이 있다. 사업단은 현장에 즉시 투입 가능한 글로벌 마케팅 및 전자무역 실무 전문가 양성을 목표로 전자무역 체험, 해외 인턴십 프로그램 등 특성화 교육 프로그램을 운영한다.

GTEP은 산업통산자원부가 주관하고 한국무역협회가 시행한다. 대학생들은 무역실무와 지역전문 심화교육, 산학협력 현장실습을 비롯해 온라인 해외마케팅 실습, 국내·외 전시회 참가 등 15개월 동안 420시간 이상의 교육과정을 이수하고 무역전문가로서의 역량을 쌓아 사회로 진출하게 된다.

4) 지자체의 산학협력 지원사업 사례

경희대 피부생명공학센터, 뷰티산업분야 경기도 스타기업 육성에 나서

경희대학교 피부생명공학센터와 경희대 산학협력단이 경기도 내 뷰티 분야 기업들을 대상으로 '2016년 뷰티 R&DB 지원사업'을 실시했다.

지원대상은 경기도내 사업자 등록을 보유한 뷰티상품(화장품 및 미용기기 등) 관련 중소기업으로, 지원 선정 후 즉시 판매할 수 있는 상품을 보유하고 있어야 한다.

지원분야는 ▲임상 전주기 지원과 ▲중국 백화점내 특별 상품전 참여 두 분야다.

임상 전주기 지원은 경희대 피부생명공학센터 임상연구소에서 임상시험을 진행한다. 평가를 통해 선발 된 6개 기업은 기업당 3,000만원 상당의 주름개선 또는 미백 기능성 평가 임상시험을 지원받는다. 또 중국 백화점 내 특별 상품전 참여 지원은 중국 대형 백화점에서 개최되는 '특별 상품전' 및 향후 중국 대형 백화점 입점을 지원할 계획이다.

정대균 경희대 피부생명공학센터장은 "이번 사업으로 경기도내 중소기업 제품 중 아시아 시장을 선도할 K-뷰티 스타제품을 발굴할 예정" 이라며"해외 유통망 확보로 중소기업의 성장에 도움이 되길 바란다"고 밝혔다.

경상북도, 관내 3개 대학과 청년농산업 창업지원 실시

경상북도가 2017년 11월 청년들의 농산업 분야 창업지원에 나섰다. 경북대학교와 경상북도는 경북 군위군에 위치한 경북대 친환경농업교육연구센터에 '청년농산업 창업지원센터' 문을 열고 개소식 및 현판식을 가졌다.

경상북도는 광역자치단체 최초로 정보와 경험이 부족한 청년들의 농촌안착을 돕고자 지난 9월 지역대학 대상으로 공모를 진행해 경북대·안동대·대구대 등 3개 대학을 선정했다. 경상북도와 3개 대학은 지난 11월 6일 청년농산업 창업활성화와 농업분야 일자리 창출을 위한 업무협약을 체결하고, '청년농산업 창업지원센터(이하 센터)'를 3개 대학에 각각 설치하기로 했다. 경북대가 센터의 총괄운영본부를 운영한다.

센터는 예비창업자에게 작업·연구 공간과 함께 능력별 단계적 지원

체계를 마련해 일대일 맞춤형 교육을 제공한다. 또한 산·학·연 네트워크를 구축하고 농산업창업기술 개발에 필요한 행·재정적 지원에 나설 예정이다.

임기병 경북대 청년농산업 창업지원센터장은 "경북대, 안동대, 대구대가 경상북도 권역별로 담당해 지역 농산업 창업 아이디어를 발굴할 계획이다. 이번 청년농산업 창업지원센터의 안정적 운영을 통해 미래 농산업 발전을 견인하는 하나의 동력이 되도록 하겠다."고 밝혔다.

동서울대, 서울시 주관 청년일자리 사업 주관대학 선정

동서울대학교가 2019년 1월부터 3개월간 졸업 후 미취업자를 대상으로 '단기 일자리(인턴형 일자리)'사업을 추진한다. 동서울대 일자리센터는 서울시가 지원하는 '2018년 대학-강소기업 연계형 청년 일자리사업'주관대학으로 선정돼 3억 원의 사업비를 지원받게 됐다.

동서울대는 서울시에 거주하는 졸업자를 선발해 3개월간 기업에서 일할 수 있는 기회를 제공한다. 참가자에게는 인턴급여가 지급되고, 기업체에도 참가자의 4대 보험료를 지원한다. 또, 사업에 참여하는 기업과 산학협력 MOU를 체결해 인력과 기술교류를 지속적으로 전개할 계획이다.

송정태 동서울대 일자리센터장은 "졸업 후 일자리를 구하지 못한 장기 미취업자에게는 현장경험을, 인력난을 겪고 있는 중소기업에는 적합한 인력을 채용할 수 있는 기회가 될 것으로 기대한다."고 설명했다.

한편, 동서울대는 교육부의 LINC+(사회맞춤형 중점)사업, 중소벤쳐기업부의 산학맞춤기술인력양성사업, 경기도의 취업예약형 전공과정 지원 사업 등 다양한 인력양성 사업을 수행한 경험을 인정받아 이번에 서울시의 대학·기업 연계형 청년일자리 사업 주관대학으로 선정된 것으로 알려졌다.

서울시, 4개 대학과 혁신창업기지 '캠퍼스타운'조성 협약..

2019년 3월 서울시와 관내 4개 대학 간 캠퍼스타운 조성을 위한 공동협력 협약식이 진행됐다. 고려대학교 백주년 기념관에서 열린 협약식에는 윤준병 서울시 행정1부시장과 세종, 고려, 광운, 중앙대 4개 대학 총장과 성북, 노원, 광진, 동작구의 부구청장 등이 참석했다.

협약서에는 ▲청년 창업 등 일자리 창출, 대학과 지역의 협력 방안 발굴 ▲사업 추진계획 단계부터 실행단계, 향후 모니터링 단계까지 상호 협력 ▲사업 확산을 위한 홍보·교육 공동추진 및 지식·정보 공유 및 교환 ▲서울시와 자치구는 지역의 발전 및 지역문제 해결을 위한 사업 추진 과정에 대학의 참여를 적극 지원 ▲대학은 지역발전 및 지역문제 해결을 위해 지역사회와 협력적 관계를 구축하고, 사업의 성공적 추진을 위해 적극 참여 등의 내용이 담겨 있다.

서울시의 캠퍼스타운사업은 창업공간 조성, 창업육성프로그램, 대학·지역 연계사업 등을 위해 대학별로 4년간 최대 100억 원을 지원한다.

캠퍼스타운의 운영 목표인 청년창업과 대학·지역 상생 성장을 위해 ▲창업자들이 가장 필요로 하는 창업공간을 기존의 20여개→100여개 이상으로 확대 ▲대학 교수진 및 교내 장비 사용 개방 ▲창업기업 로고 제작 등 기업운영에 필요한 서비스 지원 등 창업자들이 전념할 수 있는 환경을 구축, 제공할 계획이다.

5) 과기정통부(구 미래부) 산학협력 지원사업 주요사례

서울과기대, 미래부 대학기술경영 촉진사업 계속 수행

서울과학기술대학교가 미래창조과학부와 한국산업기술진흥원이 지원하는 '대학TLO 및 대학기술지주회사 지원사업(이하 TMC사업)' 단계평가를 통과해 2017년도 대학기술경영 촉진사업을 수행했다.

TMC 사업은 대학 기술사업화 역량 강화를 위해 대학 내 분산되어 있던 기술사업화 조직과 기능을 유기적으로 연계하여 기술사업화를 촉진하도록 지원하는 사업으로 2017년에는 대학기술경영 촉진사업으로 재편돼 ▲IP(지식재산)관리 ▲기술창업 ▲기술이전 ▲사후관리 등을 통합 지원하여 중소·중견기업으로의 기술이전을 확대해 나갈 예정이다.

2016년 8월, 서울과기대 산학협력단은 TMC사업의 일환으로 연합 TMC사업단을 발족하여 서울 동북부에 소재한 서울과기대, 광운대, 삼육대, 서울여대 등 4개 대학과 윕스, 테크비아이 등 2개 민간기관이 참여한 가운데 서울연합대학기술지주주식회사를 설립, 운영하고 있다.

사업 총괄책임자인 서울과기대 박익근 연구산학부총장 겸 산학협력단장은 "대학기술경영 촉진사업을 통해 기술사업화 수요에 대해 공동의 우수기술을 발굴하고 매칭, 후속지원까지 전주기 기술경영 체계를 구축하여 지역경제 발전의 견인차 역할을 할 것이다."고 강조하고, "최근 서울과기대가 신규 선정된 창업선도대학 사업 및 연구마을 사업을 통한 기술창업 플랫폼 구축과 연계해 시너지 효과를 극대화 할 수 있도록 모든 지원을 아끼지 않겠다."고 말했다.

광운대, 소프트웨어중심대학 사업 선정

광운대학교가 2017년 4월 미래창조과학부가 추진하는 '소프트웨어(SW)중심대학'지원 사업에 신규로 선정됐다. 소프트웨어(SW)중심대학은 소프트웨어 교육을 혁신, 국가·기업·학생의 경쟁력을 강화하고 소프트웨어 가치 확산을 선도하는 대학을 지정해 지원하는 사업이다. 2015년도에 8개 대학, 2016년 6개 대학을 선정한 데 이어 올해 6개 대학을 신규로 선정해 총 20개 대학이 운영되며, 선정된 학교는 미래부로부터 4년간 최대 70억원의 재정지원을 받게 된다.

광운대는 2017년 기존 172명의 정원을 262명으로 늘려 소프트웨어융합대학을 설립했다. 총 40억원의 대응자금을 투입하는 한편, 4,500㎡규모의 소프트웨어융합대학 전용건물도 건축했다. 2019년부터는 소프트웨어 우수인재 전형을 통해 소프트웨어 특기생을 30명 선발하고 전액 장학금을 지급할 계획이다. 또 전공교육을 대폭 강화하여 졸업 전 20개 중대형 소프트웨어 프로젝트, 80개 중소형 소프트웨어 과제를 수행하는 20+80 포트폴리오, 하드웨어부터 융합서비스까지 소프트웨어 관련 전공 교과목을 총 망라하는 풀스택 전공교과과정, 기숙형 집중교육 등의 프로그램을 운영할 예정이다.

특히 모든 전공자들은 참여기업이 제시하는 주제로 산학협력 프로젝트를 수행하여 인턴십, 취업 또는 창업으로 연결될 수 있도록 할 계획이다. 비전공자들의 소프트웨어 역량 확보를 위해, 창의융합, 한국어 지능정보, 사물인터넷, VR/AR 연계전공을 도입하고, 전교생을 대상으로 프로그래밍 교과목 2강좌 수강을 의무화하며, 코딩 교육효과의 극대화를 위해 전문 코딩 컨설턴트가 학생들의 코딩실습을 도와주는 코딩 컨설팅랩을 운영할 방침이다. 뿐만 아니라 일반인 및 초중고생들을 대상으로 하는 SW 가치 확산을 위해 KW-MOOC를 활용한 무료 온라인 코딩강좌 개설, 노원구청과의 협력을 통한 재능기부 무료 강좌, 지역 내 방과후 프로그램, SW캠프 등도 운영할 계획이다.

청년TLO 육성사업… '청년들이 대학기술 이전에 나서'

과학기술정보통신부 주관의 '청년TLO육성사업'이 2018년 8월 시작됐다. 청년TLO(Technology Licensing Office, 대학기술이전조직) 육성사업은 미취업 이공계 학·석사 졸업자를 출신 대학이 6개월간 채용, 기술 이전 전문가로 양성해 대학 등이 보유한 공공기술의 민간 이전을 활성화하고 창업·취업을 지원하는 사업이다.

이 가운데 코리아텍은 매년 120명의 청년TLO 채용을 목표로 한다. 이들은 ▲실용화코디네이터 ▲기술마케터 ▲기술창업 CEO과정 등 3개 트랙으로 그룹화돼 실험실 보유기술 고도화, 대학 보유 사업화 유망기술 기술이전 및 창업활동을 수행하게 된다.

경상대, 강소 연구개발 특구 지정

경상대학교가 기술핵심기관으로 참여한 경남 진주시 강소연구개발특구가 2019년 지정됐다. 이번에 신규로 지정된 강소연구개발특구는 진주, 창원, 김해를 비롯해 안산, 포항, 청주 등 모두 6개 지역이다. 강소연구개발특구란 R&D 보유 역량의 우수성을 검증받은 핵심기관을 중심으로 집적화된 소규모 공간 범위를 연구개발특구로 지정해, 연구기관·대학 등의 연구개발 촉진과 상호협력을 활성화하고 R&D 성과물의 사업화를 통해 지역산업 구조 고도화 촉진 경쟁력을 강화하는 사업이다.

이 사업에서 경남 진주시는 '항공우주 부품·소재' 특화 분야 특구로 지정됐다. 진주 강소연구개발특구 참여 기관은 경상대를 비롯해 혁신도시 이전 공공연구기관인 한국산업기술시험원, 한국세라믹기술원, 국방기술품질원과 정촌 산업단지에 위치한 한국생산기술연구원(진주뿌리기술지원센터) 등이다. 진주시 강소연구개발특구 용지는 정촌면 일대에 조성 중인 항공국가산업단지를 배후공간으로 하는 총 2.17㎢이다.

진주 강소연구개발특구 사업은 올해부터 매년 국가보조금과 지방비 매칭을 포함한 지원금을 지원받아 항공우주 부품·소재 산업에 대한 기술이전 및 상용화 지원, 연구소기업 지원, 전문 인력 양성, 특허·인증 지원을 제공할 예정이다. 강소연구개발특구 지역으로 입주하는 기업에 대해서도 소득세·법인세·취득세·재산세 감면 등 세제 혜택과 기술이전 사업화 등 R&D 비용이 지원될 예정이다. 진주시는 이번 강소연구개발특구 사업으로 2627억여 원 생산유발 효과와 1336명 고용창출, 1207억 원 부가가치 유발효과를 기대했다.

정종일 경상대 연구부총장(산학협력단장)은 “그동안 강소연구개발특구를 유치하고자 기술핵심기관으로서의 컨트롤센터 역할을 해왔다”며, “진주 강소연구개발특구 사업을 통해 저비용, 고효율 항공기용 핵심부품 및 소재를 개발해 나갈 예정이다.”고 밝혔다. 이어 “기술핵심기관으로서 R&D 융합지구에 위치한 참여기관과 협력하고 기술사업화 거점지구와 결합하여 성과를 확산시켜 나갈 계획이다.”라고 강조했다.

5부 사회적경제

사회적 경제와 관련한 대학별 주요 사례

- "사회적경제 활성화에 대학의 역할이 중요합니다"
- 청년 등 사회적기업가 육성사업 참여
- '전국 대학생 사회적경제 한마당' 개최
- 일자리 창출, 양극화 해소..'대학, 사회적경제 주목'
- 사회적경제 전문 리더 양성.. 5개 운영 대학 모집
- LINC+ 대학들 사회적경제 활성화에 힘 모아..'사회적경제 대학 협의회' 결성
- "대학이 사회적경제 활성화에 나서는 것은 너무나 중요한 일"
- 사회적경제 대학 협의회, "소상공인협동조합 경쟁력 강화에 힘 보태"
- 사회적경제의 고용창출 능력 "놀랍다"
- 사회적경제 활성화.."대학, 지역사회 혁신에 열쇠"
- "대학이 사회적경제 조직의 경쟁력 강화에 힘써달라"
- 강릉원주대, '협동조합' 창업 모델 개발에 나서
- 제주대, 제주사회적경제네트워크와 창업지원 협력
- 건국대 학생들, 폐방화복 재활용 '소방관 공상(公傷)인정' 돕기 기부
- 공주대 KNU기업경영연구소, 사회적경제 전문 인력 양성에 나서..
- 부경대, 사회적경제연구원 개원..
- 청년창업 '협동조합' 주목.. 전북협동조합 아이디어 경진대회 열려
- 건양대, "대학이 '사회적협동조합' 직접 만들어"
- 한림대, 사회적경제 산실.."지역사회 혁신은 우리가 선도"
- 한남대, 지역대학 최초.. '사회적경제지원단' 설립
- 성균관대, 지역 산업체 호응 속에 '산학협동조합' 운영..
- 한신대, '이탈리아와 독일 협동조합 100년 성공의 비결' 출간
- '사회적경제'를 통한 지역사회 혁신..중앙대, 사회적경제 포럼 개최
- 사회적가치 위한 디자인 인재 키워요.. '국민대 테크노디자인전문대학원 시각디자인학과'

1. 대학 사회적경제 관심 고조

국내 대학들이 수년 전부터 사회적경제에 관심을 기울이기 시작했다. 대학에서 볼 수 있는 사회적경제는 인재양성을 위한 교육과정 개설, 대학 내 사회적경제 조직 설립, 사회적경제 조직의 경쟁력 강화를 위한 산학협력 활동 등이다.

1) 사회적 경제와 관련한 대학별 주요 사례

"사회적경제 활성화에 대학의 역할이 중요합니다"

"사회적경제 활성화를 위한 연구개발(R&D)을 추진할 계획이다. 사회문제 해결형 연구개발과제를 발굴하고 이를 개발, 활용하는 플랫폼이 필요한데 대학이 이 부분에서 중요한 역할을 할 수 있을 것으로 생각한다."

문재인정부가 청와대에 신설한 사회적경제비서관실의 이은청 행정관이 전국 55개 대학 500여명의 관계자가 참석한 2017년 12월 열린 사회맞춤형산학협력선도대학(링크플러스, LINC+) 동계포럼에서 기조 강연으로 '사회적경제 활성화 방안'을 발표했다.

이 행정관은 국내외 사회적경제 조직들의 활동을 소개하며 "사회적경제는 자발적으로 참여한 시민들이 사회문제 해결을 목표로, 민주적 의사결정을 통해 시장 내에서 비즈니스를 수행하는 것"이라고 정의했다. 이어 “유럽연합(EU)은 2천만개 기업체중 10% 수준인 2백만개가 사회적기업과 협동조합과 같은 사회적경제 기업”이라며, “우리나라가 유럽연합 수준으로 사회적경제가 활성화된다면 일자리가 167만개 늘어나고 취약계층 고용을 통한 양극화 완화, 참여와 연대를 통한 사회통합이 제고될 것”이라고 전망했다. 또, 사회적경제 활성화를 위한 지속가능한 생태계 조성을 목표로, ‘인프라 구축’과 ‘유망분야 지원’에 초점을 맞추고 있다고 밝혔다. 그는 “사회적경제 전용의 금융 생태계 마련과 인력양성 특히, 자치단체와 과학기술 분야의 R&D지원에 역점을 두고 있는 만큼, 대학들이 지역사회와 협력해 사회문제 해결에 적극적으로 참여하기를 기대한다.”고 말했다.

청년 등 사회적기업가 육성사업 참여

2007년 사회적기업 육성법이 제정된 이후 고용노동부와 한국사회적기업진흥원은 2011년부터 사회적기업가 육성사업을 시작해 2020년 10기 사회적기업 육성사업을 시행한다.

2011년 당시 312개 창업팀이 발굴됐으며, 전국 21곳의 창업지원기관 중 대학관련 기관은 유한대 산학협력단, 상지대 산학협력단, 금오공대 산학협력단, 경북대 테크노파크, 창원대 산학협력단이 참여했다. 올해 2020년에는 한남대, 대구대 산학협력단, 금오공대 산학협력단(기술, 제조분야), 광주대 산학협력단이 참여하고 있다.

‘전국 대학생 사회적경제 한마당’ 개최

2015년 5월 말 '전국 대학생 사회적경제 한마당'이 전국 LINC사업단 협의회 소속 80여개 대학 600여명의 관계자들이 참가한 가운데 1박 2일 일정으로 개최됐다.

행사를 준비하는 과정에서 사회적경제기본법의 국회 통과가 예상됐지만, 당시 여당의 거부로 끝내 법이 통과되지 못한 채 행사가 열렸다.

1박 2일 동안 전국사회연대경제지방정부협의회장, 기재부 협동조합 지원과장 등 사회적경제와 관련한 주요 인사의 특강, 해피브릿지 등 사회적경제 조직들의 사례 발표, 산학협력과 사회적경제와의 연계 등을 주제로 한 세미나가 진행됐다.

또, 프로그램 중 하나로 사회적경제 분야 창업동아리 활동이 소개됐다. 단국대가 천안북면 도란도란 협동조합, 대구대가 알배기 협동조합, 울산대가 젊은 디자이너들의 모임 YDG(Young Designer's Guild)를 소개했다. 이 행사를 계기로 이공계 중심으로 진행되는 산학협력에 사회적경제(특히 협동조합)도 본격적으로 다뤄지기 시작했다.

일자리 창출, 양극화 해소..'대학, 사회적경제 주목'

LINC+사업이 시작되면서 많은 대학들이 사회적경제를 주목했다.

먼저, 대구대는 국내 대학 최초로 2017년 7월 총장직속 기구로 사회적경제지원단을 신설했다. 본격적으로 사회적경제 활성화에 나서기 시작한 경상북도의 정책행보에 맞춰, 대구대는 산학협력단장 겸임으로 사회적경제지원단을 설치하고 사회적경제 생태계 조성 및 사회적경제로의 창업, 인재양성 등 산업체 기반이 미약한 지역 특성에 맞는 산학협력 모델을 구현해 갈 계획이다.

또한, 대구대와 같이 경북 경산시에 위치한 경일대도 몇 년 전부터 협동조합식 창업이 지역학생들에게 적확하다며 협동조합 창업교육에 중점을 두고 있었고, 영남대는 링크플러스 사업계획서에 대학의 자원과 지역 창업 유관기관을 아우르는 협동조합 설립 계획을 제시해 교육부로부터 우수 모델로 선정되기도 했다.

서울 성북구에 위치한 국민대도 사회적경제 활성화를 위한 체제 정비에 나섰다. 국민대는 지난 2015년 말 영화과 학생들이 주축이 된 나인스튜디오 협동조합을 설립했다. 이를 통해 국민대는 영화과 학생들의 현장체험과 수익창출, 창업자 배출 등의 성과를 거뒀다. 대학은 이 협동조합을 운영하며 쌓은 노하우와 서울 염창동 수제화 거리를 활성화 한 경험을 살려, 관련 교수들이 참여하는 사회적경제 테스크포스팀을 구성하고 사회적경제를 산학협력에 한 축으로 다루기 시작했다.

동아대 링크플러스 사업단도 산학협력에 초점을 낙후된 도시재생에 맞췄다. 부산 사하구에 위치한 동아대는 쇠락하고 있는 지역 산업체들의 경쟁력 강화에 협동조합과 같은 사회적경제 조직을 활용할 요량으로, 2017년 당시 사하구청과 업무협약을 맺고 지역사회 활성화에 중점을 둔 산학협력을 벌여나갔다.

동명대도 협동조합과 사회적기업에 눈을 돌리기 시작했다. 동명대 신동석 링크플러스 사업단장은 "몇 년 전부터 가까운 일본과 다양한 글로벌 산학협력을 벌이면서 일본의 왕성한 사회적경제 조직들에 관심을 갖고 있었다."며 "사회적경제 활성화를 위한 다양한 산학협력 프로그램을 추진하겠다."고 밝혔다.

또, 지난해 음악과 미술 분야 학생들을 중심으로 두 개의 협동조합을 설립해 청년 일자리 창출에 협동조합이 대안일 수 있음을 제시한 전남대와 사회적기업과 협동조합, 마을기업으로 학생들의 현장실습 프로그램을 운영하며 관련 교과목도 다수가 개설돼 있는 전북대도 링크플러스사업을 통해 지역의 사회적경제를 한 단계 발전시킨다는 계획이다.

산학협력선도대학들뿐만 아니라 창업선도대학들도 사회적경제에 눈을 돌리기 시작했다. 호서대는 2017년 9월 개설된 일반인 대상의 창업 강좌에 사회적경제 교육을 신설하고 이 분야 창업자를 배출하기 시작했다.

이러한 흐름에 대해 당시 교육부 관계자는 "링크플러스사업에 주요 임무 중 하나가 지역사회와의 협력이다. 이에 따라 지역대학들이 지역사회 발전에 관심을 기울이는 것은 당연한 것"이라며, "사회적경제 활성화에 전국 대학의 산학협력단이 본격적으로 나선다면 그 성과가 만만치 않을 것"이라고 전망했다.

한편, 대학이 사회적경제를 진지하게 고민한다면 각 대학이 운영하고 있는 생활협동조합부터 혁신해야 한다는 주장도 제기됐다. 최혁진 청와대 사회적경제비서관은 일본의 GDP 중 10%가 사회적경제 조직으로부터 나올 수 있는 것은 대학들도 생활협동조합을 충실히 실현하고 있기 때문이라며 "청년 창업을 활성화할 수 있는 방법은 대학이 생활협동조합을 제대로 운영하는 것부터 시작이다. 수만명이 생활하고 있는 대학은 그 자체가 거대한 생산과 소비시장"이라며 "새롭게 시장을 개척해야 하는 창업이 아니라 청년들이 모교인 대학을 시장으로 두고 창업할 수 있도록 해야 한다"고 지적하기도 했다.

사회적경제 전문 리더 양성.. 5개 운영 대학 모집

사회적경제계를 이끌어갈 혁신적인 리더를 양성하는 대학(원)생 운영지원 사업이 추진됐다. 고용노동부와 한국사회적기업진흥원은 '2018년도 사회적경제 리더과정 운영 사업'공고를 통해 대학(원)생 및 사회적경제조직 종사자를 미래의 사회적경제계를 이끌 핵심인재로 성장시키기 위한 전문적인 사회적경제 교육과정(비학위과정)을 제공하는 5개 대학을 모집했다.

2018년 1월부터 1년간 대학(원) 당 1억1천5백만 원이 지원되는 이 사업은 그동안 진행해 온 사회적기업 리더과정을 사회적경제 리더과정으로 확대한 것이다.

먼저, 기존 석사학위과정 개설 트랙 외 학부과정 개설 트랙이 추가됐다. 사회적경제조직 종사자의 역량을 강화하는 '석사학위과정 개설 트랙'과 대학생들의 사회적경제계로 진입을 유도하는 '학부과정 개설 트랙' 중 선택해 지원이 가능했다. 또, 수강생 특성을 고려해 1, 2학기를 각각 기본과정과 심화과정으로 구분해 수강생의 역량에 맞춰 교육과정을 설계할 수 있으며, 일률적인 강의식 수업 강제 규정을 삭제하고 인턴십 연계 수업, 현장 워크숍, 프로젝트 수업, 세미나 등 다양한 방식을 활용해 자율적으로 과정을 설계할 수 있도록 했다.

수강생은 대학(원)생, 사회적경제조직 종사자, 유관기관(중간지원조직) 및 협력기관(대기업 CSR팀 등) 인력 등 총 35명이며, 석사과정 트랙은 사회적경제조직 종사자, 유관기관 및 협력기관 담당인력, 대학(원)생을 선발하며, 수강생의 50% 이상을 대학(원)생 등 청년층으로 선발해야 했다.

교육과정은 사회적기업가 정신, 사회적경제 개론, 사회적경제 조직의 비즈니스 모델, 사회적경제 세미나 등 사회적경제와 관련된 강좌를 운영하고, 사회적기업 및 협동조합 등 사회적경제조직 현장 연수를 통해 현황 및 문제점, 발전방향 등을 모색하도록 했다. 기타 모의창업대회, 워크숍, 현장학습 등 다양한 교육 방법을 활용해 운영했다.

LINC+ 대학들 사회적경제 활성화에 힘 모아..'사회적경제 대학 협의회' 결성

사회적경제 활성화를 위한 대학 협의회가 국내 최초로 결성됐다. 2019년 7월 한남대에서는 55개 LINC+ 일반대 고도화형에 참여하고 있는 대학 중 강릉원주대, 동의대, 대구대, 인제대, 전북대, 제주대, 한국산업기술대, 한남대, 호서대 관계자들이 참석해 사회적경제 활성화를 위해 협의회를 운영하기로 뜻을 모으고 첫 번째 회합을 가졌다.

대학에서의 사회적경제는 지난 1987년 6월 항쟁 이후 분출된 민주화 열기가 대학 내부로 스며들면서 서강대, 조선대 등이 대학생활협동조합을 설립하며 나타났다. 이어 IMF 사태로 시장의 실패를 대체, 보완할 경제조직의 필요성이 대두되면서 일부 대학이 사회적기업 연구소를 설립하거나 관련된 대학원 과정을 개설하기 시작했고, 한국사회적기업진흥원의 사회적기업가육성사업과 전문리더 양성사업에 대학들이 참여하면서 사회적경제의 대학 내 영역이 확장됐다.

대학가에서 사회적경제가 더 이상 낯설지 않은 언어로 등장한 것은 2016년부터였다. 당시 교육부는 2017년 시작하는 LINC+사업에 지역사회 혁신을, 특히 협동조합을 통한 지역사회와 지역기업, 대학 간 협력을 강조했다. 이에 따라 LINC+사업을 준비하던 전국 대학들은 사회적경제를 주목하지 않을 수 없었고, 사업에 선정된 대학들 가운데 고도화형에 참여하고 있는 전국 70여 개(전문대 15개 포함)대학을 중심으로 사회적경제가 본격적으로 발화하기 시작했다.

LINC+ 시작 이후 지난 2년간 수준과 정도의 차이는 있지만, 각 대학들은 사회적경제지원단 설치, 사회적경제기업들과의 협력, 사회적경제 교과목 신설, 창업동아리 운영, 대학 내 사회적경제 조직 설립 등으로 활성화를 추진해왔다.

이런 흐름에 기반해 이번에 결성된 '사회적경제 대학 협의회'는 그동안 각 대학별로 수행해 온 사회적경제 활동을 한 단계 고양시킬 것으로 기대를 모은다.

사회적경제 활성화를 목적으로 하는 조직인 만큼 연대와 협력의 사회적경제 정신에 기초해 민주적 운영으로 공동 성장을 다짐하고 있기 때문이다. 또한, 문재인정부 각 부처가 사회적경제를 추진하는 상황에서 이 협의회는 관계부처와의 소통창구 역할도 수행할 수 있을 것으로 전망된다. 대학에 사활이 걸린 LINC+사업에는 대부분 전체 학과가 참여하고 있다. 따라서 전 부문에 걸쳐 전문가를 보유하고 있는 대학의 역량을 LINC+사업단이 담보해 낼 수 있을 뿐 아니라, 교육과 이론이 아닌 실천 활동을 목적으로 한 산학협력 사업이기에 성과 창출을 고민하는 중앙부처의 파트너로서도 손색이 없을 것이라는 분석이다.

이날 행사에는 송남철 한국사회적기업진흥원 창업성장본부장이 참가해 정부의 사회적경제 정책과 함께 사회적기업가 육성사업, 전문리

더 양성과정, 사회적경제선도대학 등 대학과 밀접한 사업 계획 등을 소개했다.

이어 각 대학별 사례가 발표됐다. 올해부터 일반인을 상대로 사회적경제 전문리더 양성 과정을 운영 중인 강릉원주대, 각 산학협력 사업에 사회적경제 관련 내용을 내재화한 대구대, 김해전문가 네트워크 협동조합을 광범위하게 구성 중인 인제대, 사회적경제연구센터를 운영 중인 전북대, 기술지주회사와 학교기업, 온새미로 협동조합 등 세 축으로 기업가적 대학으로 혁신하고 있는 한국산업기술대, 지역의 사회적경제 명문으로 성장해 온 한남대 등의 사례가 공유됐다.

"대학이 사회적경제 활성화에 나서는 것은 너무나 중요한 일"

"대학이 사회적 약자를 보호하고 양극화를 해소하는 사회적경제 활성화에 나서는 것은 너무나 중요한 일이다. 우리 대학에서 이런 모임을 개최하는 게 영광이다."

독실한 불교 신자로 알려진 인제대학교 전민현 총장의 인사말에는 종교적 신념과 함께 대학의 사회적 책무를 고민하는 총장으로서 진심이 묻어있었다.

2019년 9월 김해시 인제대 본관에서 전국 10개 대학 링크플러스(LINC+)사업단 관계자 30여 명이 참여한 가운데 '사회적경제 대학 협의회'포럼이 열렸다. 행사에서 호서대학교 박승규 LINC+사업단장이 '대학이 벌이고 있는 사회적경제 활동'을 소개했다. 호서대는 충남사회적경제네트워크와 협력해 2018년 1월 대학에 '사회적경제 혁신공유연구소'를 설치하고, 지역 사회적경제 조직의 조력자 역할을 수행해왔다.

이어, 기획재정부 사회적경제과 장현중 사무관이 '정부의 사회적경제 활성화 정책'을 발표했다. 사회적기업 등록제, 소셜벤처 활성화 등을 통한 사회적경제 범주 확대 방안과 함께 행안부, 과기부가 협력해 LINC+ 대학이 참여하는 사회적경제 R&D 지원 사업을 시행할 계획임도 밝혀 눈길을 끌었다. 또, "광역지자체에 24개, 시군구에 152개 관련 조례가 만들어져 있을 만큼 전국 지자체로 사회적경제가 확산되고 있지만 중앙에 아직 법이 없다"며 "사회적경제 전체를 통할하는 법이 필요하다"고 강조했다.

사회적경제 대학 협의회, "소상공인협동조합 경쟁력 강화에 힘 보태"

사회적경제 대학 협의회 8월 포럼이 강릉원주대 원주캠퍼스에서 개최됐다. 이번 포럼을 주관한 강릉원주대 LINC+사업단 강승호 단장의 개회 인사에 이어 중앙대의 사회적경제 활동이 발표됐다.

중앙대는 2015년 서울시와 지역사회문제 해결을 위한 인재양성에 협력하기로 협약하고 지역사회 연계 교과목(CAU CAMPUS MAYOR)을 운영해왔다. 이 과목은 동작구 관내 시민단체와 사회적경제 조직들이 강의와 멘토로 참여해 학생들과 지역사회 문제를 진단하고 해결책을 찾아가는 방식으로 운영된다.

이어 한양대 학생금융협동조합 '키다리 은행'의 김민재 이사장(3학년)이 강연했다. 키다리은행은 지난 2015년 말 협동조합과 이해라는 교과목을 수강한 3~4명의 재학생이 대자보를 통해 조합원들을 모아 출범했다. 30명의 조합원이 240만원을 출자하며 시작된 키다리은행은 급전이 필요한 학우들에게 30만원까지 자율이자로 대출해주는 자조조직이다. 2016년 본격적으로 시작해 현재 1만원 이상 출자한 조합원이 200여명을 넘어섰다. 211건의 대출이 이뤄졌고 누적대출금액은 6천만원을 상회한다.

중소벤처기업부가 지정한 소상공인협업아카데미 사업도 공유됐다. 소상공인협업아카데미는 2013년부터 중기부 지원을 받은 전국 1700여개 소상공인 협동조합을 대상으로 이들 조합의 자생력 제고를 위해 컨설팅과 교육, 인큐베이팅을 수행하는 전문기관을 일컫는다. 서울강원은 한국협동조합창업경영지원센터, 경기인천은 한국생산성본부, 대전세종충청은 사회적경제연구원 사회적협동조합, 전북은 전라북도경제통상진흥원, 광주전남제주는 사회적협동조합 살림, 대구경북은 커뮤니티와 경제, 부산울산경남은 사회적기업연구원이다.

지난해 시범사업 이후 올해 본격적으로 시작된 이 사업을 제안하고, 서울강원권 운영기관으로 선정된 한국협동조합창업경영지원센터 김성오 이사장이 사업을 소개했다.

김 이사장은 "전국 17000개 협동조합 중 10%인 1700여개 협동조합을 상대로 7개 운영기관이 전수조사와 방문상담 등을 통해 이들 조직의 질적 성장을 유도하고 있다"면서 "3년간 운영되는 이 사업을 통해 경쟁력 있는 소상공인협동조합 모델을 발굴·육성하고 확산될 수 있도록 노력하고 있다."고 밝혔다.

사회적경제의 고용창출 능력 “놀랍다”

사회적경제 활성화를 목적으로 결성된 ‘사회적경제 대학 협의회’ 6차 포럼이 2019년 11월 경기 시흥시에 위치한 한국산업기술대학교에서 개최됐다. 이날 포럼에는 강릉원주대, 건국대 글로컬캠퍼스, 경남대, 경일대, 계명대, 국민대, 동명대, 동의대, 대구대, 인제대, 전북대, 전주대, 제주대, 중앙대, 한국산업기술대, 한남대, 한양대 에리카캠퍼스, 한밭대, 호남대, 호서대 등 20개 회원 대학 관계자 40여 명이 참석했다.

첫 번째 강연은 권오재 교수(한국산업기술대 디자인학부)가 시흥시 대야동 한울타리마을에서 진행한 마을재생 활동을 소개했다. 국토교통부의 도시재생 뉴딜 사업 대상으로 선정된 이곳에서 산기대 디자인학부 교수와 학생들은 튜터그룹을 결성하고 올해 4월부터 10월까지 대야동 주민들과 협동으로 6개 테마의 협동 프로그램을 운영했다.

이어 산업통상자원부 이광일 주무관(지역경제진흥과)이 ‘사회적경제 성장(Scale-up) 지원 정책’을 발표했다.

산업부의 커뮤니티 비즈니스는 지역혁신기관과 중간지원 조직이 컨소시엄을 구성한 14개 지역에서 46개 과제로 추진됐으며, 32억원 매출과 145명의 고용을 창출했다.

이광일 주무관은 “통상 국비를 투입해 만드는 일자리의 5배에서 많게는 10배까지 새로운 고용이 생겼다. 믿기지 않아 몇 차례나 더 확인했다.”며 “사회적경제가 매출은 적어도 고용창출에 있어서는 말 그대로 블루오션이다. 그만큼 우리사회에 어려운 취약계층이 많다는 뜻이다."고, 사회적경제가 가진 일자리 창출 능력에 놀라움을 금치 못했다. 이어 그는 "내년에는 이미 만들어진 기술을 사회적경제 조직이 재활용하는 제품서비스 고도화와 일반기업과 사회적경제 기업이 협력해 지역특성에 맞는 공동연구를 확대할 계획이다."며 "사회적경제 기업이 주관하는 컨소시엄 구성에 대학들의 많은 참여를 기대한다. 특히 디자인 지원이 확대되는 만큼 대학들의 참여가 한층 활발해 질 것으로 보인다."고 밝혔다.

계속해 산기대 창업보육센터 입주 동문기업들이 설립한 온새미로 협동조합 사례가 발표됐다.

사회적경제 활성화.."대학, 지역사회 혁신에 열쇠"

2019년 12월 19일 전북대학교(전주시 소재)에서 제7차 사회적경제 대학협의회 포럼이 열렸다. 김동원 전북대 총장은 환영사에서 "호혜와 연대를 바탕으로 한 사회적경제가 자유 시장경제의 문제를 해결하며 지속적으로 발전할 것으로 기대된다."며 "좀 더 건강하고 따뜻한 사회와 국가가 될 수 있도록 전북대도 사회적경제에 더 많은 관심과 노력을 기울이겠다."고 밝혔다.

포럼 첫 번째 연사는 김의중 사무관(과학기술정보통신부 공공기술기반팀)이었다. 2020년 시행 예정인 지역주민과 연구자가 함께하는 '과학기술기반 지역사회문제해결'사업을 소개했다. 이 사업은 과학기술을 통해 사회문제를 해결하고 국민 삶의 질 제고를 위해 처음 시행되는 것으로, 대학을 통한 지역사회문제 해결을 위해 기획된 사업이다.

이어, 전주시가 사회적경제 활성화를 위해 추진하고 있는 사업 등을 김종성 과장(사회적경제지원단)이 소개했다. 그는 3과 11팀 41명으로 구성된 전주시 사회적경제지원단의 활동과 사회적경제 활성화를 위해 제정된 10개 조례, 사회적경제 조직 탄생을 위한 소모임인 '온두레 공동체' 등을 열거하며 "전주시는 사회적경제를 통해 더 나은 공동체로 발전하고 있다"고 전했다.

전북대 사회적기업 '큰사람 아카데미' 소개에 이어 '지역혁신 사회적경제 RCC' 운영사례를 유남희 교수(기록관리학과, 전북대 사회적경제연구센터장)가 발표했다.

마지막 강연은 강승호 강릉원주대 LINC+ 사업단장의 '사회적경제 성공을 위한 대학의 역할'이 주제였다. 강 단장은 "지역 대학의 역할이 기존에는 기업의 혁신활동 지원에 있었다면, 최근에는 지역문제를 해결하기 위해 대학과 지역 간 파트너십이 강화되는 방향으로 변화하고 있다."며 "지식의 확산과 사회참여를 촉진하는 대학의 기업가정신이 강조되면서, 대학은 지역혁신에 기여라는 새로운 역할을 부여받았다. 사회적경제가 이를 실현하기 위한 중요한 해법으로 등장했다."고 밝혔다.

"대학이 사회적경제 조직의 경쟁력 강화에 힘써달라"

사회적경제 대학협의회 8차 포럼이 2020년 1월 호서대 아산캠퍼스에서 개최됐다. 박승규 호서대 LINC+사업단장은 개회사에서 "LINC+ 사업은 대학이 사회적 가치 창출에 기여할 것을 요구하고 있다"고 밝혔다. 이어 "그런 의미에서 LINC+ 참여 대학들이 사회적경제를 통해 사회문제를 해결하고 혁신 성과를 창출하기 위해 협의회를 결성해 운영하는 것은 시의적절한 일"이라며 "회원대학들이 연대와 협력의 사회적경제 정신에 입각해 LINC+사업이 추구하는 산학협력 발전뿐 아니라 한국 사회의 지속가능성을 높이는 데 기여하자"고 밝혔다.

이날 포럼에서는 고용노동부 사회적기업 정책이 공유됐다. 김건중 사회적기업과 사무관은 '사회적경제 기업 육성과 인재양성에 대한 정부 정책'을 설명했다. 김 사무관은 사회적경제 생태계 구축을 위한 핵심과제인 금융접근성 제고, 공공조달 활성화, 인재양성, 공유경제 실현 방안 등을 언급했다. 이어 올해 주요사업인 사회적경제 성장지원센터 충청, 경북, 경남 3곳 추가 건립, 사회적기업가 육성사업 팀 900개 확대, 자치단체 우수사례 발굴 및 확산, 사회적경제 교육확대 계획 등과 함께 민관학 협력을 통한 인재 양성에 중요성을 강조했다.

이어 충남사회적경제네트워크 이혁수 사무처장이 충남지역 대학들과 추진해온 협력 활동을 소개했다. 충남 네트워크는 2016년 12월부터 2018년 11월까지 호서대 아산캠퍼스에 사무공간을 마련하고 '사회적경제 혁신공유연구소'를 호서대와 공동으로 설립한 후 사회적경제 창업강좌 등의 교육 프로그램과 충남 사회적경제 한마당 등과 같은 각종 행사를 개최하며 협력의 수준을 높여왔다.

이종익 한국사회투자 대표가 '사회적경제와 임팩트투자'를 주제로 사회적금융 현황을 소개했다. 이 대표는 국내 사회적경제 조직의 전체 자금수요가 3조원 규모에 달하지만 실제 투자는 300억원 수준에 그치고 있으며, 매출 100억원 이상 11개, 50억원 이상 80개 수준으로 투자할 만한 사회적경제 조직이 마땅치 않다고 현황을 진단했다. 이어 "사회적경제 조직의 투자매력도를 높이는 것이 시급한 만큼 대학들이 사회적경제 조직들의 경쟁력 향상에 힘을 불어넣어 주면 좋겠다"고 주문했다.

계속해서 한동승 전주대 지역혁신센터장이 전주대가 청년 지역혁신가를 배출하기 위해 운영하는 인재양성 교육 프로그램을 설명한 데 이어, 고용한 호남대 교수가 광주광역시 광산구와 지산학 사회적경제 거버넌스를 구축하고 운영한 협력 프로그램을 소개했다.

강릉원주대, '협동조합' 창업 모델 개발에 나서

강릉원주대 LINC사업단이 교육부에서 추진한 '산학협력 모델개발 시범대학'에 선정돼, 2016년 5월부터 9개월간 협동조합 형태의 선도모델을 개발했다.

강릉원주대 LINC사업단은 교수·기업·학생이 참여하는 '대학생 협동조합 지원단'을 통해 창업 아이템 발굴, 협동조합 창업 코칭 등을 추진했다. 또, 지역자산의 스토리텔링·디자인·사업화를 위해 교수 및 협동조합 전문가가 참여하는 '지역특화 협동조합 발전 연구회'를 운영하고, 발굴된 지역특화 아이디어에 대해 시제품 제작과 사업화를 지원하는 협동조합 창업지원 활동을 펼쳤다.

왕보현 LINC사업단장은 "지역경제의 비중이 높은 협동조합 등 사회적경제조직의 역량고도화를 위해 산학협력의 범위가 확대돼야 한다"며 "학생들의 창업·취업역량을 강화할 수 있는 협동조합형 창업지원 성공모델을 완성해 사회적경제가 사회 전반으로 확산될 수 있도록 노력하겠다"고 밝혔다.

제주대, 제주사회적경제네트워크와 창업지원 협력

제주대 산학협력선도대학(LINC) 육성사업단과 (사)제주사회적경제네트워크가 2016년 5월 대학생들의 사회적기업 및 협동조합 창업확대를 위한 업무협력 협약을 체결했다.

이 협약은 지난해 창업강좌 '창업라인업'을 (사)제주사회적경제네트워크와 공동 진행한 것을 계기로 보다 더 다양한 교류협력을 통해 지역내 창업문화를 확산하고 지역경제 활성화에 기여하고자 마련됐다.

양 기관은 △학생 창업활성화 및 사회적 기업, 협동조합 확대를 위한 공동프로그램 개발 및 운영 △창업, 사회적 기업, 협동조합 활성화를 위한 교육, 홍보 △보유시설 및 장비활용 △상호간의 인적교류를 위한 협력 등을 벌이기로 했다.

건국대 학생들, 폐방화복 재활용 '소방관 공상(公傷)인정' 돕기 기부

건국대 사회적기업 동아리 인액터스(Enactus) 학생들이 소방관들이 입었던 폐(廢)방화복을 재활용해 만든 패션 액세서리 판매 수익금을 대한민국재향소방동우회에 2017년 7월 전달했다.

질병으로 고통 받는 소방관을 돕기 위해 결성된 인액터스의 'Rescue Each Other(REO, 서로를 돕자)'팀 학생 6명은 소방공무원이 직접 입었던 폐방화복을 수거해 가방, 팔찌 등 패션 액세서리로 만들어 판매해왔다. 소방관 방화복은 3년간 입으면 안전을 위해 버려지지만 내구성이 강한 특수섬유 메타 아라미드로 만들어 패션 원단으로 활용가치가 높다.

건국대 REO팀 이승우 학생(24·건축학 3)은 "평소 소방관의 열악한 근무 환경에 대한 이야기를 들을 때마다 시민의 한 사람으로 너무 미안했다"며 "친구들과 함께 도울 방법을 찾다가 폐방화복을 재활용한 제품을 만들어 판매와 펀딩을 하기로 했다"고 말했다.

인액터스는 한 달간 포털 사이트의 스토리펀딩을 통해 열악한 작업환경과 공상인정의 어려움을 겪고 있는 소방관의 이야기를 누리꾼들에게 전했다.

'소방관이 입던 옷으로 만든 제품'임을 알리자 많은 시민들이 호응했다. 인터넷 포털을 통해 '소방관과 우리 서로가 서로를 구하다'라는 주제로 구매와 기부를 결합한 클라우드 펀딩을 했다. 학생들은 한 달간 포털을 통해 모은 판매 수익금과 기부금 가운데 제품 제작비를 제외한 783여만원을 1차로 전달했다.

공주대 KNU기업경영연구소, 사회적경제 전문 인력 양성에 나서..

공주대학교 KNU기업경영연구소가 2017년도 대학중점연구소지원사업에 선정돼 사회적경제 인력양성에 나섰다. 공주대 KNU기업경영연구소는 향후 3년간 7억 6800만원의 사업비를 지원받아 사회혁신기업 전문인력 양성과 동시에 국내 네트워크를 구축함으로써 사회혁신기업 허브로서의 위상을 확립할 계획이다.

장석인 공주대 교수는 "KNU기업경영연구소가 해외 선진국의 사회적기업과 마을기업, 협동기업 등 사회혁신기업 사례연구를 통해 산업생태계 구성에 대한 핵심연구 역량을 제고할 뿐만 아니라 산학협력 연구에 의한 정책개발 및 산업 요구에 부응한 전문연구기관으로 거듭날 것"이라고 밝혔다.

부경대, 사회적경제연구원 개원..

사회적경제연구원 개원 기념 토론회가 2017년 9월 '사회적경제의 미래와 전망'을 주제로 열렸다. 이날 토론회에는 유승민 의원(바른정당)의 기조발표, 이재정 원장이 발제에 나섰다.

이홍종 교수(부경대 정치외교학과)를 좌장으로 부산사회적경제네트워크 임경수 상임이사, 청명시스템 이정주 대표, 부산희망리본 사회적협동조합 신영우 본부장이 참석해 자유토론을 진행했다.

유승민 의원은 '사회적경제 현황'을 주제로 한 기조발표를 통해 "사회적경제는 사회적가치와 경제를 결합한 개념으로 양극화 등 자본주의의 문제를 해결할 수 있는 방안"이라고 강조했다.

지난 2014년 사회적경제 기본법을 발의한 유 의원은 "사회적기업이 성공하기 위해서는 조직 스스로 정부 지원 없이도 시장경제 안에서 핵심적 역량을 가지고 치열하게 경쟁해 살아남는 자생력을 갖춰야 한다"고 강조했다. 이어 "이번 사회적경제연구원 개원이 부산에서 사회적경제가 뿌리내리고, 동네마다 성공모델이 쌓여 사회적경제에 대한 시민들의 인식이 바뀌고 서로 돕고 사는 공동체를 만드는 씨앗이 되기 바란다"고 말했다.

이어 이재정 원장은 "강한 사회적기업이 많아지기 위해서는 청소년기부터 이웃을 신뢰하고 사회적 약자를 배려하는 사회적기업가 정신교육이 필요하다"면서 "정부지원도 잠재력 있는 기업을 대상으로 현금위주의 지원보다 관리, 마케팅 등 컨설팅 중심의 지원이 이루어져야 한다"고 제안했다.

이번에 부경대가 개소한 사회적경제연구원은 (사)부산사회적경제네트워크 부설 연구원이다. 부산지역 사회적경제조직 활성화 등 사회경제적 생태계를 조성하고, 청소년과 대학생 대상 교육체계를 구축하는 등의 활동을 펼칠 계획이다.

청년창업 '협동조합' 주목.. 전북협동조합 아이디어 경진대회 열려

전라북도 경제통상진흥원이 2017년 11월 '2017 전북 협동조합 아이디어 경진대회'를 개최했다.

이 대회는 전라북도 내 협동조합 아카데미를 운영하는 4개 대학(군산대, 원광대, 전북대, 한일장신대)이 학교별 예선을 거쳐 선발한 4개 팀이 최종 결선에 올라 자웅을 겨뤘다.

대회의 최우수상은 원광대 '사회적경제와 청년창업(담당교수 원도연)'을 수강한 진솔한 소녀(사회복지학 전공 3학년 박솔, 박효진) 팀으로, 이 팀은 미혼모들을 대상으로 한 사회적 협동조합 운영계획 '미모의 공방(美工)'을 제안했다.

미모의 공방(美工)은 미혼모가 집에서 아이를 돌보면서 경제활동을 할 수 있는 환경조성을 목표로 직업교육을 제안하고, 이를 통해 온·오프라인 판매 네트워크를 구축해 미혼모들의 자존감 회복 및 경제적 안정을 도모하는 것을 주제로 삼았다.

이번 대회에 참여하지 않았지만 전북도내 대학인 우석대, 전주대도 링크플러스(LINC+)사업을 수행하며'사회적경제','협동조합'과 관련한 창업 교과목을 개설 중인 것으로 알려졌다.

건양대, "대학이 '사회적협동조합' 직접 만들어"

건양대가 중증장애인을 위한 사회적 협동조합 '발그래' 설립을 추진하고 있다. 2018년 2월 설립 예정인 발그래는 '발전하는 그들과 함께 꿈꾸는 미래'라는 뜻으로, 발달장애인을 포함한 중증장애인의 고용과 교육을 목표로 한다. 초등특수교육과 하주현 교수를 주축으로 설립 준비가 한창인 발그래는 지난 2014년 말 초등특수교육과의 창업동아리 여행나누리로부터 시작됐다.

여행나누리는 발달장애인 및 부모들과 여행을 함께하는 동아리로, 하 교수와 학생들은 첫 여행 당시 "장애 판정을 받은 후 10년 만에 여행을 처음 왔다."며 울먹이는 13세 장애인 엄마를 보고 함께 울었다. 이후, 이들은 장애인들이 겪고 있는 고충을 함께하는 데는 여행도 좋지만, 18세 이후 지원이 끊기는 장애인들의 삶에 좀 더 관심을 가져야겠다는 생각을 하게 됐고, 지속가능한 공동체로서 사회적 협동조합에 눈을 돌렸다.

이들이 설립을 준비하는 발그래는 중증장애인 부모와 교직원, 학생들이 조합원으로 참여해 여행뿐 아니라 수제비누 및 수제향초와 같은 생활건강용품, 반려동물을 위한 핸드메이드 용품과 먹이, 장애인작업장 제조물품 웹사이트 운영 및 온라인판매 대행 등을 추진하고 있다. 특히, 장애인을 의무 고용해야 하는 50인 이상 사업장이 장애인을 직접 고용하고 있는 장애인표준사업장의 물품을 구매하면 장애인 고용부담금을 감면해 주는 장애인연계고용제도를 통해 수익모델을 만들 계획이다.

한림대, 사회적경제 산실..“지역사회 혁신은 우리가 선도”

한림대가 사회적경제의 산실로서 지역사회 혁신을 견인하고 있다. 대학이 배출한 대표적인 사회적기업은 2017년 10월 정부가 사회적경제 활성화를 발표하면서 언급한 두루바른사회적협동조합이 있다.

두루바른은 정주형 이사장 등 한림대 언어청각학부 출신들이 주축이 돼 2014년 설립했다. 대학 졸업 이후 파견직이나 비정규직으로 고용되는 자신들의 현실을 사회적협동조합 창업을 통해 스스로 해결한 사례로 주목을 끈다. 현재 17명을 고용하고 있으며 원주, 춘천에 이어 영월이나 홍천에 세 번째 임상센터를 건립하고 고용을 더 늘일 계획이다. 두루바른은 한림대 언어청각학부와 산학협력을 통해 R&D를 추진하고 있으며, 학생들이 가장 선호하는 현장실습처로 각광받고 있다.

춘천의 구도심에 새로운 활력을 불어넣고 있는 동네방네협동조합도 한림대 사회복지학과 출신들이 만들었다. 동네방네는 춘천의 관광, 여행문제에 맞추고, 버스터미널의 이전으로 쇠락해가는 근화동 살리기에 나선다. 여인숙을 리모델링해 게스트하우스로 만들었으며, 숙박료 2만원 중 3천원을 상품권으로 되돌려줘 원도심 상권에서 사용하도록 했다.

동네방네는 현재 지역 공정여행과 카페, 게스트하우스 등 지역 커뮤니티의 필요에 따라 다양한 사업을 진행하면서, 도시재생은 무엇보다 협력과 공유를 통해 지역민들의 관계를 재생하는 데 있음을 증명한 대표적인 혁신기업으로 인정받고 있다.

더불어, 한림대에는 재학생, 졸업생뿐만 아니라 사회혁신에 뛰어든 교수들도 여러 명 있다. 그 중 한림대 LINC+사업단에서 지역협력센터장을 맡고 있는 이기원 교수가 대표적이다. 이기원 교수는 인제군의 지역특화 사업을 위한 마을리더 및 주민혁신역량강화 교육을 2006년부터 시행해 왔다. 이를 통해 인제군과 인연을 맺은 이 교수는 2013년부터 장례식장 유치를 두고 찬반 세력으로 갈라져 있던 남전리를 '지역특화 테마 마을'로 만들기 위해 나섰다.

남전리 47가구 105명의 전 주민을 대상으로 3년 동안 주민교육과 현장 컨설팅을 진행했으며, 그 결과 남전리는 햇살마을로 재탄생했다. 현재 남전리에는 마을기업인 햇살영농조합법인이 설립돼 아르고 운영, 장례식장 운영, 태양광 발전사업, 햇살체육센터 운영, 구상나무·만병초 복원 및 숲 조성 사업 등을 진행하고 있다. 또, 노인들의 일자리 창출을 위한 사회적기업 햇살마을과 엔자임영농조합도 설립돼 지역특산물인 자작나무, 구상나무, 만병초를 이용해 비누, 샴푸, 바디워시, 스킨, 풋크림, 마스크팩 등을 생산하고 있으며 산야초 발효액과 산야초 효소축제도 개최하고 있다.

이러한 공동체들로 남전리의 연간 소득은 15억 원, 상시 고용 20명, 일일 고용기준으로는 1400여개의 노인 일자리가 창출돼 지역민들의 삶의 질이 개선됐다. 이 교수는 또 남전리 인근의 용대리 마을 만들기에도 참여해 다양한 성과를 창출했다.

정연구 교수(미디어커뮤니케이션학부)가 만든 미디어 협동조합도 춘천이 연대와 협력의 도시가 되는데 일조하고 있다. 정 교수는 2016년 11월 창간한 지역 주간지 '춘천사람들'을 발간하는 춘천시민언론협동조합의 이사장이다. 400명의 조합원을 포함해 1100여명의 독자를 지닌 시민참여형 언론인 춘천사람들은, 조합원이 지역사회활동가, 사회적기업구성원, 교수/교사, 문화예술인 등으로 구성돼 있다.

한림대 링크플러스사업단은 이 협동조합과 미디어커뮤니케이션학부 교수와 학생이 주축인 강원미디어협동조합, 그리고 미디어 학생 동아리 등을 협의체로 묶어 대학을 거점으로 지역을 연계하는 '포털춘천 프로젝트'를 추진할 예정이다. 이 포털의 운영은 새로 설립하는 대학생 협동조합에 맡길 계획이다.

한남대, 지역대학 최초.. '사회적경제지원단' 설립

한남대가 대전·충청지역 대학 최초로 총장직속으로 사회적경제지원단을 설립하고 2018년 3월 개관식을 가졌다. 사회적경제지원단은 앞으로 청년 사회적기업가 배출, 지역특화형 협동조합 육성, 다문화지원사업 등 사회안전망 강화, 전통시장 협력사업 등을 통해 사회적 가치와 공유경제 활성화에 나설 예정이다.

한남대는 그동안 예비사회적기업 '한남교육사랑'을 설립해 소외계층에 대한 교육지원을 진행했고, 다문화지도자 양성, 전통시장 협력사업 등 교수들과 학생들이 사회적경제 활동을 수행해왔다. 이번에 대학 본부 차원의 새로운 플랫폼을 만들어 그동안의 활동을 체계화, 활성화시킬 계획이다.

지원단장을 겸직한 이덕훈 총장은 "이제 대학은 그 역할과 기능을 확대해 경제의 주체로 나서야 한다. 사회적경제지원단은 대학이 보유한 인적, 물적, 지적자산을 활용해 나눔과 공유의 경제 가치를 구현하기 위해 노력하겠다."고 강조했다.

성균관대, 지역 산업체 호응 속에 '산학협동조합' 운영..

대학이 운영하는 가족회사에 참여하는 중소기업들이 사업자협동조합을 만든 사례가 나타나기 시작했다. 성균관대 사회맞춤형 산학협력 선도대학육성사업단이 2018년 6월 '제1회 산학협동조합(UNIC) 회원기업 통합교류회'를 개최했다.

산학협동조합 회원 기업 간 교류 및 협력 사례 공유를 위해 마련된 통합교류회에는 30개 기업 대표 및 임직원 70여 명이 참여했으며, 활동 우수기업에 산학협동조합 회원 현판이 수여됐다.

성균관대 링크플러스사업단이 산학협력에 핵심 추진체로 운영해온 산학협동조합(UNIC, University &Industry Collaboration)은 6개 특화분야(반도체/디스플레이 생산기술, 가상공학해석(CAE), IoT, 스마트팩토리, 3D프린팅, 바이오코스메틱)로 구성돼 있다.

각 분야에서는 산·학 공동연구, 기술교류 등 긴밀한 협력이 이뤄지며, 운영 1년 만에 참여기업 수가 160여 개로 늘어날 만큼 지역 기업들의 호응이 높다. 대학과 기업, 회원기업 간 다양한 협력으로 성과를 창출하면서 연간 500만 원 이상을 납부하는 멤버십 가입 기업 수도 40여 개를 돌파했다.

이번 통합교류회에서는 IoT 산학협동조합 회원기업 바른코어칩스가 대학의 밀착 기술지도와 컨설팅을 통해 기존 IoT 플랫폼 사업 외 플래시메모리 시스템 컨트롤러 소프트웨어 개발로 사업영역을 확장한 사례를 소개했다. 바른코어칩스는 창업 2년 만에 코스닥상장 중견기업 ㈜바른전자의 대형 투자를 받아 연구전담인력을 10여명 채용할 계획이다.

또, 반도체/디스플레이 생산기술 산학협동조합은 생산기술관련 전문 연구인력 양성을 위해 회원기업이 공동으로 개설한 주문식 교육과정(초미세소자생산장비 트랙) 운영과 세메스의 산·학 공동연구 확대 및 연구센터 개소 등의 사례를 소개했다. 이 외에도 3D프린팅 산학협동조합의 중국상해기술연구소 설립 및 국내 기업의 해외진출과 판로 개척 지원, 바이오코스메틱스 산학협동조합이 경기중소기업연합회와 협력해 시행하고 있는 지역 바이오산업 경쟁력 강화 프로그램 등의 사례가 공유됐다.

성균관대 링크플러스사업단은 6개 특화 분야별로 사업화 모델을 구체화해 협동조합으로 정식 등록할 계획이다.

한신대, '이탈리아와 독일 협동조합 100년 성공의 비결' 출간

한신대학교 사회혁신경영대학원이 글로벌 사회적경제 현장탐방시리즈 두 번째로 '이탈리아와 독일 협동조합 100년 성공의 비결'을 출간했다.

장종익 교수(한신대 글로벌협력대학)를 주축으로 대학원 석박사 연구원들이 펴낸 12편의 논문 가운데 특히 우리나라에 그동안 잘 알려지지 않았던 독일 소기업협동조합 사례가 주목을 끈다.

독일은 1860~1870년대 신용협동조합을 세계 최초로 태동시킬 만큼 연대와 협력을 운영원리로 하는 사회적경제 강국이다. 이러한 독일이 중소기업 강국이 될 수 있는 배경에도 소기업들이 설립한 사업자협동조합이 자리하고 있음이 이번 사례 조사로 입증됐다.

장 교수팀이 방문한 독일 상업협동조합중앙연합회는 310개 협동조합이 회원이다. 도소매, 외식, 상업, 베이커리, 자동차 부품 및 정비 등 45개 업종에서 영업하는 23만개(평균 약 10명 고용)의 소기업들이 310개 협동조합(평균 742개 기업이 조합원)에 가입해 있다. 1인 이상 고용한 독일 전체 사업체 수 240만 개의 약 10% 규모이다.

310개 협동조합의 매출액은 조합 당 한해 약 1조원 규모이다. 개별 조합원 기업은 소기업이지만 이러한 소기업들이 협력하는 둥지인 협동조합 자체는 대기업 수준이다. 대기업 규모의 협동조합을 통해 조합원인 소기업들이 전문적인 지원을 받는 구조를 갖췄다. 조합원은 평균 매출 27억 원 중 약 13억 원을 협동조합을 통해 올리고 있다. 이렇게 강한 결속력을 바탕으로 한 독일의 협동조합 중 대표 사례로 건축자재 판매시장의 76%, 가구 판매시장의 61%, 식료품 소매시장의 52%, 슈퍼마켓 체인의 1위(3800명 슈퍼마켓 주인 가입), 2위(1500명 슈퍼마켓 주인 가입)를 협동조합이 차지하고 있다.

장 교수는 독일 소기업협동조합이 이렇게 활성화될 수 있는 요인으로 독립 사업체별 소유의 독립성을 유지하면서 상향식 체인본부를 결성했기 때문이라고 평가했다. 이러한 소기업협동조합은 대기업 및 주식회사형 프랜차이즈 방식보다 독립적 소유주 체제로서 이익 실현에 민감하며, 공동 소유한 덕분에 본부와 점포 간의 이해관계 일치성이 높다. 이렇게 수평적, 수직적 협력을 통한 공동이익이 크다는 점이 독일에서 협동조합이 발전할 수 있었던 배경으로 분석됐다.

장 교수는 이러한 독일의 협동조합 사례를 바탕으로 우리가 얻을 수 있는 시사점을 세 가지로 정리했다. 우리나라의 소기업들도 독일과 같이 빈부격차와 양극화를 해소할 수 있는 효과적인 수단으로써 사회적 경제의 정신과 가치를 실현할 수 있는 조직이라는 점을 인정해야 한다는 것이다. 또한 최저임금 인상의 제약 요건을 해소하기 위해서도 자영업, 소기업의 경영 안정화가 필요하고 이를 위해서는 임대료 폭등이나 대기업의 횡포 규제뿐 아니라 근본적인 경영전략 전환이 필요하며, 이때 필요한 것이 소기업들의 협력을 바탕으로 한 협동조합임을 독일의 성공사례가 보여주고 있다는 주장이다.

덧붙여 장 교수는 정부 주도의 협동조합 육성 정책이 더 이상 오류를 되풀이하지 않아야 한다고 강조했다. 독일의 소기업협동조합은 시장과 기술의 변화에 대응하기 위해 상향식 조직체계를 발전시켜 왔지만, 한국은 개별 협동조합법에 근거해 정부가 필요한 업무를 수행하기 위한 조직으로 중앙회를 강화하고 아래가 허약한 조직으로 협동조합이 운영돼왔다.

실제로 독일은 총매출액 312조원에 달하는 310개 조합의 비사업연합 기능을 담당하는 상업협동조합중앙연합회가 직원 10명의 경량조직이다. 반면 한국은 총 매출액 6600억원에 불과한 940개 조합이 가입한 중소기업중앙회 매출이 3800억원에 달하는 피라미드 구조이다. 이러한 조직체계에서는 조합은 허약하고 중앙회는 지대추구가 강한 조직으로 변질될 수밖에 없다며, 향후 협동조합기본법을 바탕으로 설립된 1만 7000여 개에 이르는 협동조합들이 연합 본부를 결성하는 데도 이 점을 간과해서는 안 된다고 밝혔다.

끝으로 장 교수는 기술과 시장 환경이 고도화 된 현 상황에서 한국의 협동조합이 성장하기 위해서는 캐치업(catch-up) 전략이 필요하다고 제안했다.

'사회적경제'를 통한 지역사회 혁신..중앙대, 사회적경제 포럼 개최

사회적경제 대학 협의회가 주최하고 대통령직속 국가균형발전위원회, 한국사회적기업진흥원, 서울시사회적경제지원센터 등이 후원한 '사회혁신 포럼'이 2019년 10월 24~25일 중앙대학교 서울캠퍼스에서 개최됐다. 이번 포럼은 사회적경제와 관련한 7개 강좌가 이틀날 오전까지 펼쳐졌다.

첫 번째 연사인 이은청 국장(청와대 사회적경제비서관실)은 정부가 추진하고 있는 사회적경제 정책을 소개했다. 특히 소셜벤처 활성화, 사회적경제 조직을 대상으로 한 R&D 등 대학을 통한 사회적경제 활성화 계획을 밝혔다.

두 번째는 협동조합 연구자인 장종익 한신대 교수였다. 장 교수는 최근 사회적경제 강국인 이탈리아와 독일에서 소규모 사업자들이 결성한 협동조합이 그 나라 경제에 튼튼한 버팀목이 되고 있음을 현지 방문 등을 통해 밝힌 바 있다. 장 교수의 강연은 국내 235개 대학이 평균 742개의 가족회사를 산학협력에 파트너로 조직화하고 있는 상황에서, 대학 가족회사의 협동조합화와 관련해 영감을 줬다.

세 번째 강연은 대학 교수진과 가족회사 등 60명이 참여해 협동조합을 설립한 호서대 기술경영(MOT)전문대학원 사례가 소개됐다. 이종원 호서대 MOT원장이 ABL협동조합 설립배경과 운영방식, 성과 등을 설명했다. 특히, 이 사례는 대학의 산학협력단 구성원과 가족회사가 공동의 비즈니스 조직으로 협동조합을 설립해 시너지를 발휘할 수 있는 모델로 주목을 받고 있다.

네 번째는 김영배 균형발전위원회 전략기획위원장이었다. 성북구청장 재임 당시 전국사회연대경제지방정부협의회 결성을 주도하고 지방자치단체로 사회적경제를 확대·보급한 김 위원장은 '지역사회혁신과 사회적경제'를 주제로, 지역의 균형발전과 혁신 과정에서 사회적경제가 가진 의미를 행정경험을 바탕으로 소개했다.

이튿날 오전 강의는 서울시 사회적경제 사례로, 이은애 서울시사회적경제지원센터장은 광역지자체 최초로 사회적경제 지원 조직을 설립한 배경과 그동안의 활동성과, 전문역량을 지닌 대학과의 협력 방안 등을 전했다.

두 번째는 '몬드라곤의 기적'을 집필해 사회적경제 조직의 대형 비즈니스 가능성을 밝힌 김성오 한국협동조합창업경영지원센터장이 연사로 참가했다. 이어 SK그룹이 설립한 국내 최대 사회적기업 SK행복나래의 김학수 실장이 '대기업의 사회적경제'를 주제로 SK행복나래의 기업이념과 활동, 향후 계획 등을 설명했다.

사회적가치 위한 디자인 인재 키워요.. '국민대 테크노디자인전문대학원 시각디자인학과'

국민대학교 테크노디자인전문대학원 시각디자인학과가 디자인을 통해 사회적 가치를 창출하고 있다. 대학원 설립(1999년) 당시부터 브랜드디자인랩을 운영하며 사회적 가치를 위한 디자인 교육모델 구축을 추구해 온 시각디자인학과는 2018년 9월에는 '소셜디자인랩'을 신설했다. 소셜디자인랩은 지역과 커뮤니티가 서로 연결되는 방법을 탐색하고, 사회의 공동체적 가치를 위한 디자인을 연구하는 국내 최초의 사회적디자인 전문인력양성 교육과정이다.

타 대학에서 볼 수 없는 이러한 사회참여형 디자인랩 운영은 테크노디자인전문대학원 시각디자인학과가 가진 교육철학에 따른 것이다. 이 학과는 지난 2009년부터 지금까지 167개 기업 (사회적기업·스타트업·중소상공인)에 디자인을 지원했다.

실전 경험이 필요한 디자이너들과 디자인 분야에 투자할 여력이 부족한 취약계층을 연계하는 프로젝트를 통해 기업들은 비즈니스 활동에 필요한 디자인 시스템을 지원받고, 학생들은 실무 프로세스를 체험할 수 있는 기회를 얻는다. 올해로 20회를 맞이했다.

이러한 사회적가치 증진 및 사회적경제 기업의 성장에 기여한 바를 인정받아 테크노디자인전문대학원 시각디자인학과는 지난 2012년에 고용노동부장관 표창, 2013년 아산사회복지재단 아산상, 2017년 대한민국디자인대상 산업통상자원부장관 표창, 그리고 지난해 11월 고용노동부가 주최하고 한국사회적기업진흥원이 주관한 '2019 프로보노·SE 프로 성과공유회'에서 사회공헌 표창을 수상하는 영예를 얻었다.

6부 지역혁신 플랫폼

지역혁신활동 주요 사례

- 서울 동북4구 11개 대학, 산학협력단장 포럼 결성
- 경상남도, 산업체-대학 연계 트랙교육 확산
- 산학융합지구 기업들도 지역혁신플랫폼과 연계
- 가톨릭대-부천시, 문화콘텐츠 융합스퀘어 조성 업무협약
- 군산지역 '산학연관 협의체' 발족
- '제주대가 지역산업을 리드하라'.. 개교 65주년 산학연발전포럼 개최
- 한동대-포항시, "포항을 핀테크 선도 도시로"
- 경북대 '지역협력실'설치, 지역사회 연계 강화
- 지역혁신 플랫폼, 정부연구기관 지역 이전 요구할 듯..
- 충청권 14개 대학, '충청권 기술사업화 거점센터' 설립
- 강원도 산학협력 유관기관 한자리에.. 강원 산학협력 한마음대회 개최
- '산학협력 성과 확산'.. 경기권역 대학 공동 페어 개최
- 경북지역 대학들, 경북도의회와 정책지원 협력 업무협약(MOU) 체결
- 부산시 시산학협력단 신설.. "대학이 지역사회 혁신에 주체"
- 지자체와 대학 '협력', '결혼이주여성'을 전문 무역인으로 양성..
- 부산권 LINC+대학들, ESI 지수 공동 개발.."실질적 협력으로 공동 발전 모색"

1. 지산학협력 거버넌스..
지역혁신 컨트롤타워 등장

광역지자체와 지역대학이 공동 참여, 운영하는 지역혁신 플랫폼을 통해, 지역대학이 지역사회 혁신에 주체로 본격 등장하게 됐다. 2020년 1월 교육부는 지역이 기획·실행하고 중앙부처가 지원하는 방식의 대학 중심 지역혁신지원 사업을 새롭게 추진한다고 밝혔다.

이 사업의 목적은 대학이 교육혁신을 통해 지역의 핵심인재를 양성하고, 보유한 자원을 활용해 지역이 필요로 하는 과제를 수행하도록 지원함으로써 '대학의 혁신'이 '지역의 혁신'으로 이어지도록 하는 데 있다.

이를 위해 운영되는 지역혁신플랫폼은 부산시 시산학협력단과 같이 지자체와 대학, 유관기관 관계자들이 파견돼 공동으로 사업을 기획하고, 수행하는 지역혁신 컨트롤타워 역할을 하게 된다.

지역혁신 플랫폼은 핵심분야를 선정하고, 부서별 소관 업무 및 대학별 특성화 전략을 고려해 분야별 지역 혁신을 총괄할 '지자체 부서'와 '중심대학' 등을 결정한다. 이후 대학이 지역혁신에 필요한 다양한 역할(인재양성, 연구분석, 사업화지원, 지역재생 지원 등)을 수행하게 된다. 대학은 각 핵심분야를 주관하는 중심대학, 중심대학 중 1개교로 대학부문 전체를 대표하는 총괄대학, 핵심분야 내 개별 소과제를 수행하는 참여대학으로 구분된다. 특히, 교육부 및 타부처 사업현황을 플랫폼에서 공유•분석 후 사업 간 중복을 최소화하고 보완 연계하는 방향으로 새로운 과제 구성과 운영을 제시하게 된다. 플랫폼 조직은 지역협업위원회, 총괄운영센터, 대학교육혁신본부, 분야별 팀으로 구성돼 지자체와 대학의 파견 인력 등으로 구성하게 된다. 이러한 지역혁신플랫폼은 대학의 산학협력이 산업체뿐 아니라 지역사회로 영역을 확장하는 것을 의미한다.

그동안 대학들이 진행한 혁신 활동들이 이러한 플랫폼 출현에 바탕이 됐다. 지역의 컨트롤타워 역할을 수행하게 될 지역혁신플랫폼이 중앙 행정조직 간 칸막이 제거, 단기 성과에 경도된 R&D체계개선, 권역 내 경쟁을 부추겨 연대와 협력을 가로막아온 대학재정지원 사업 혁신 등을 이룰 수 있는 단초가 되기를 많은 이들이 기대하고 있다. 또한, 지역의 컨트롤타워와 같이 중앙단위의 컨트롤타워 구축으로 이어져 산학협력과 관련한 각종 사업의 일관성과 효율적 운영을 이끌어낼 수 있기를 고대하는 중이다.

지역혁신플랫폼과 관련한 대학의 주요 활동들을 정리했다.

1) 지역혁신활동 주요 사례

서울 동북4구 11개 대학, 산학협력단장 포럼 결성

서울 소재 '동북4구(성북구, 강북구, 노원구, 도봉구) 산학협력단장 포럼'이 지난 2013년 결성됐다.

2013년 보유장비 공동활용으로 시작된 동북4구 내 11개 대학 산학협력단장 포럼은 지역산업과 연구 활성화 방안을 모색하고 산학연관 협력을 증진하기 위해 정기적인 교류와 포럼행사를 개최하고 있다. 2019년 12월에도 고려대에서 포럼이 개최됐다.

이 포럼에는 △고려대 △광운대 △국민대 △덕성여대 △동덕여대 △삼육대 △서울과학기술대 △서울여대 △성신여대 △서경대 △한성대 및 서울테크노파크가 참여하고 있다.

경상남도, 산업체-대학 연계 트랙교육 확산

경상남도는 2013년부터 도내 대기업, 중견기업 등과 대학 간 연계 교육을 통해 지역 청년들과 지역 산업체를 매칭하는 사업을 추진했다. 이 트랙에는 KAI 트랙 40명, KAI 전문대학트랙 30명, LG전자트랙 15명이 진행 중이었고, 2014년에는 대우조선해양과 지역 8개 전문대학이 협약을 맺고 매년 10명씩 80명을 선발, 교육해 신규직원 채용 시 이들을 우대하기로 약정했다.

대우조선해양과 협약 맺은 전문대학은 경남도립거창대, 경남도립남해대, 김해대, 동원과학기술대, 마산대, 연암공업대, 창원문성대, 한국폴리텍Ⅶ대학이었다. 지자체, 지역산업체, 대학 간 협력으로 청년 일자리 난을 해소하기 위한 협력의 구체적 모델로 주목받았다.

산학융합지구 기업들도 지역혁신플랫폼과 연계

산학융합지구는 대학과 중앙, 지방정부 및 산업체가 연계해 지역 산업 혁신을 일구기 위한 모델로, 총 11개 지구가 조성돼 있다. 11곳에는 24개 대학 53개학과가 단지 내로 캠퍼스를 이전했고, 기업연구소 237개가 입주해있다. 문제는 지구당 총 120억원의 국고 지원이 종료돼 지구 내에서 산학협력이 원활하지 않은 상황으로, 교육부는 산학융합지구 입주기업들이 지역혁신 플랫폼의 소과제에 참여할 수 있도록 하고, 입주기업 대상을 통해 발굴된 과제에 대해 대학이 R&D·사업화 지원, 재직자 교육을 제공하도록 할 계획이다.

이 산학융합지구 가운데 경북산학융합지구는 삼성전자, LG PDP, 삼성금속, ㈜이주 등의 기업체와 산업부, 교육부 2개 중앙부처, 금오공대, 경운대, 구미대, 영진전문대 4개 대학과 경상북도, 구미시, 칠곡군 3개 지자체와 산단공 대경권본부, 구미·칠곡상공회의소 등 산학연관 기관들이 경북산학융합본부를 구성하고 있다.

가톨릭대-부천시, 문화콘텐츠 융합스퀘어 조성 업무협약

2017년 LINC+사업 시작을 앞두고 많은 대학들이 지역사회 혁신활동을 도모하기 시작했다. 이 가운데 가톨릭대가 2016년 8월 부천시와 문화콘텐츠 분야 산학협력과 인력양성을 위한 산·학·연 클러스터 구축을 협약했다.

가톨릭대는 부천시가 조성하는 문화콘텐츠융합스퀘어에 입주할 전국 대학·학회·기업·관련 단체를 유치하고 기술개발, 인력양성, 산학협력을 위한 각종 사업을 진행하기로 했다.

문화콘텐츠융합스퀘어는 웹툰, 영화, 애니메이션 등 문화콘텐츠 분야 산학협력과 교육 기능을 갖춘 공간으로 조성돼, 관련 산업 육성 및 활성화를 위한 전진기지 역할을 목표로 한다.

부천시는 상동 영상문화산업단지 내에 설치를 추진 중인 웹툰융합

창조센터 부지에 가톨릭대 전용 공간을 제공하는 한편 문화콘텐츠융합 스퀘어 운영에 필요한 행정과 재정을 지원한다.

가톨릭대는 수년간 지역 상생 협력을 강화해 왔다. 2016년 6월에는 부천시와 의생명 분야 연구개발과 교육을 위한 의생명연구센터 설치 업무협약을 맺은 바 있다.

군산지역 '산학연관 협의체' 발족

현대중공업 조선소 폐쇄 등 지역 경제 침체가 심화되는 군산지역의 유관기관들이 '산학연관 협의체'를 2017년 2월 결성했다. 군산시청, 군산국가산업단지 전북본부, 군산대학교, 대성정밀 등 19개 기관이 참여했다.

참석자들은 지역의 중소·중견기업이 국제적인 경쟁력을 가진 신기술로 무장해 세계시장을 목표로 한 제품경쟁력을 확보할 필요가 절실하다는 데 의견을 같이 했다.

군산대 김동익 산학협력단장은 "지역산업을 선도하는 산학협력 활동을 통해 5년 뒤 군산의 GRDP를 충청남도 수준까지 끌어올리겠다"고 하였으며, 이를 위해 군산지역에 소재하고 있는 70여개의 중소·중견기업을 선정해 이들 기업의 기술개발, 원가절감 및 신제품 개발을 적극 지원하겠다"고 밝혔다.

협의체는 향후 지역 발전을 선도할 수 있는 산학연관 협력체계 구축 및 추진, 지역의 현안문제를 해결할 방안 마련 및 추진, 지역경제 활성화에 기여할 수 있는 정책개발 및 추진, 미래 먹거리 창출에 기여할 수 있는 신기술 개발 및 신산업 유치에 공조할 예정이다.

'제주대가 지역산업을 리드하라'.. 개교 65주년 산학연발전포럼 개최

제주대가 2017년 5월 개교 65주년을 기념해 '제주형 미래산업 육성과 추진전략'을 주제로 산학연발전포럼을 개최했다. 허향진 제주대 총장은 제주 대학이 개방적 혁신의 열린 공간이 돼 지역 내 공동 협력을 추진하는 가교역할을 하겠다며 상생 협력에 의지를 밝혔다.

이날 김경학 도의원(제주특별자치도의회 예결위원장)은 "제주대가 지역을 주도할 특화전략을 마련해야 한다."며 포럼의 정례화를 통한 제주특별자치도와의 정책 공조를 주문했다.

각 산업을 대표해 참여한 패널들은 향후 제주대와의 협력 방향을 제시했다.

안철민 국립수산과학원 소장은 해양수산 R&D산업화 추진을 강조했다. 박순철 한국에너지기술연구원 글로벌연구센터 소장은 신재생 에너지 산업과 관련해 융합형 실무인력양성, 국내외 협력을 통한 산업발전의 선순환 구조 등의 구축을 요구했다. 박춘근 한국생산기술연구원 제주지역본부장은 4차 산업혁명 시대에 맞는 제주특화 미래산업 육성 전략이 필요하다고 언급했으며, 강성근 제주특별자치도 농업기술원장은 산·학·연 협력을 통한 기술개발과 인력양성 등 농·산업 발전 전략이 필요하다고 주문했다.

한편, 제주특별자치도는 제주대 등 지역대학과의 긴밀한 협력을 통해 대학의 산학협력을 지원하는 조례(제주특별자치도 산업교육진흥 및 산학연협력촉진에 관한 조례)를 2019년 10월 제정하고 대학의 산학협력 활성화를 통한 지역경제 발전을 추진하고 있다.

한동대-포항시, "포항을 핀테크 선도 도시로"

한동대와 포항시가 '포항포인트 서비스 론칭 및 포항사랑상품권 모바일 시스템 시범 구축 착수보고회'를 2017년 6월 열었다.

포항시는 핀테크 모바일 서비스 개발과 핀테크 인프라를 구축하고 있으며, 핀테크 모바일 서비스의 세부 사업으로 포항포인트와 포항사랑 상품권 모바일 서비스 개발을 추진하고 있다. 포항지역 가맹점에서 사용 금액의 1~3%를 적립해 현금처럼 쓸 수 있는 포항포인트는 2016년 개발 ·시범 운영했고, 이날 행사에서 해당 서비스의 공식 시작을 알렸다.

한동대는 이 사업을 포항시로부터 위탁받아 모바일 앱 개발, 인프라 구축, 시스템 운영을 담당하고 있다. 특히, 모바일 서비스 개발은 한동대 졸업생과 재학생이 개발에 참여하고 있으며, 해당 사업의 홍보 및 마케팅도 한동대 졸업생이 창업한 기업에서 맡고 있다.

장순흥 한동대총장은 "하드웨어 기반의 철강 산업과 소프트웨어 기반의 핀테크 산업을 양대 축으로 삼아 포항이 새롭게 발전할 수 있다." 라며 "포항시가 핀테크 산업의 롤 모델이 되기를 바란다."고 밝혔다.

경북대 '지역협력실'설치, 지역사회 연계 강화

경북대가 2017년 8월 지역사회와의 상생 발전을 위해 지역협력실을 설치했다. 경북대는 지자체와의 신속하고 유기적인 협력사업 추진을 위해 대외협력부총장 산하에 지역협력실을 마련했다.

지역협력실에는 대구시와 경상북도에서 각각 파견된 협력관(3급·부이

사관)과 직원(각 1명)이 상주하며, 대학 추진 사업 및 공동 사업에 대한 지방자치단체의 협력 방안을 검토하고, 각 사업별 지방자치단체 유관 부서와의 창구 역할 등을 수행하게 된다. 지역협력실 설치로 ▷ 4차 산업혁명 관련 R&D 과제 공동 개발 ▷ 현풍 및 칠곡캠퍼스를 활용한 지역 동반 발전 ▷ 각종 문화사업 추진 등 지자체와 연계되는 대학 주요 추진 사업이 탄력을 받을 것으로 기대된다.

지역혁신 플랫폼, 정부연구기관 지역 이전 요구할 듯..

전국 지역혁신 플랫폼의 구축 이후 정부출연연구소의 이전도 본격적으로 논의될 것으로 예상된다. 이와 관련한 논의가 지난 2017년 7월 국회에서 '지역균형발전을 위한 거점국립대의 역할과 발전방향' 포럼에서 다뤄졌다.

이날 행사를 주관한 경북대는 '거점 국립대학 연구 플랫폼(이하 NURP, National University Research Platform) 구축'을 제안했다. 경북대가 제안한 NURP은 과학기술분야 정부출연연구기관을 공공기관 이전과 같이 전국으로 분산시켜 거점국립대학과 통합 운영하는 것이 골자다.

또, 경북대는 NURP을 구체화하기 위해 관련 세미나를 그해 8월 대구에서 개최했다. 이날 송완흡 포스텍 엔지니어링 산학연계센터장은 지역혁신체계 구축을 위한 학·연 협력에 대한 국내 현황과 해외 우수사례를 소개했다. 이어 그는 지역 학·연 협력 구축의 기본방향으로 상생주의, 자율주의, 단계별 인프라 구축 등을 제시했다.

충청권 14개 대학, '충청권 기술사업화 거점센터' 설립

2017년 9월 충청권 소재 14개 대학(충북대, 강동대, 공주대, 극동대, 서원대, 선문대, 순천향대, 우석대, 중원대, 청주대, 충북도립대. 한국교통대, 한국기술교육대, 한밭대)과 2개 중소기업 단체(메인비즈 충북연합회, 이노비즈 충북지회)가 '충청권 기술사업화 거점센터' 구축을 비롯해 지역 우수기술 발굴 및 기술 활성화를 공동 추진하기로 협약했다.

협약 기관들은 대학 기술이전의 노하우 및 인프라 개방과 공유를 통해 기술사업화 역량을 강화하고, 시장 밀착형 상용화 지원 체계를 마련함으로써 기업의 기술사업화 수요에 대한 종합 서비스를 제공하기로 했다.

우수동 충북대 산학협력단장은 "충청권 기술사업화 거점센터는 자체 기술사업화에 어려움을 겪고 있는 대학들과 지역 중소기업들을 연계하기 위해 마련됐다"며 "우수 대학기술의 이전과 사업화를 지속적으로 확대하는 등 기술사업화 생태계를 선도하게 될 것"이라고 말했다.

강원도 산학협력 유관기관 한자리에.. 강원 산학협력 한마음대회 개최

강원지역 산업경제 활성화를 도모하기 위한 '2017 강원 산학협력 한마음대회'가 2017년 11월 열렸다.

'4차 산업혁명과 강원의 미래'를 주제로 열린 이 행사는 도내 대학과 강원지방중소벤처기업청, 강원창조경제혁신센터, 한국산업단지공단, 한국생산기술연구원, (재)강원테크노파크 등 산학협력 관련 12개 기관이 참여했다. 이번 행사는 강원지역의 산학관연 모든 기관들이 함께 모여 성과를 나누고 강원경제 활성화를 모색하기 위한 자리였다.

강원권 산학협력 주체들은 4차 산업혁명에 부응하고 지역산업 성장을 견인할 수 있도록 지역사회와의 협력을 더욱 강화해 나가겠다고 다짐했다.

'산학협력 성과 확산'.. 경기권역 대학 공동 페어 개최

2018년 1월 '산학협력 성과 확산 경기권역대학 공동 페어'가 열렸다. 경기도경제과학진흥원과 경기권역 9개 지역대학(가천대, 경기대, 명지대, 수원대, 아주대, 아주자동차대, 용인송담대, 차 의과학대, 한신대)이 참가했다.

행사는 경기도경제과학진흥원 사업 소개 및 참여대학별 산학협력 소개, 대학 간 학생, 교수 및 교직원 참여 산학협력활동 성과 공유 및 교류회, 아주대의 산학협력중점교수 양성사관학교 성과발표 및 채용설명회, 경기도경제과학진흥원과 참여대학 간 산학연협력 업무협약식 등 신히긴 협력체제 구축 및 성과 확산을 위한 프로그램들로 이뤄졌다.

최경희 아주대 산학부총장 겸 LINC+사업단장은 "산학협력 공동 페어는 지역의 대학들이 공동 발전을 도모할 수 있는 좋은 기회"라며"이번 행사를 기점으로 다양한 시너지 효과가 나타날 것"이라고 밝혔다.

경북지역 대학들, 경북도의회와 정책지원 협력 업무협약(MOU) 체결

지역혁신플랫폼 안에서 지역대학들과 지자체 의회가 협력해 지역이 안고 있는 여러 현안들을 찾고 그 해결 방안을 자문하는 체계를 구축하기도 할 것이다. 실제 경북지역 주요 대학들은 경북도의회와 입법 정책

지원을 위한 협력체계를 구성했다.

2018년 10월 열린 협약식에는 장경식 경북도의회 의장과 한동대 장순흥 총장, 경북대 김상동 총장, 안동대 권태환 총장, 영남대 서길수 총장 등 대학과 도의회 관계자들이 참석했다.

협약에 참여한 기관들은 의정활동 지원을 위한 자문 협력 체결을 구성하고, 공동 연구 및 세미나, 도의회 역량 강화를 위한 교육 협력 프로그램을 운영하기로 했다.

4개 대학은 7개 상임위원회 의정활동뿐 아니라 원자력 대책, 독도 수호, 지진 대책 등 7개 특별위원회 활동과 정부 예산 확보, 대정부 건의 등 폭넓은 영역에서 자문 활동을 펼칠 예정이다.

부산시 시산학협력단 신설.. "대학이 지역사회 혁신에 주체"

부산시가 지역대학이 시정에 참여할 수 있는 거버넌스 조직으로 '시·산·학협력단' 을 신설했다. 시·산·학협력단은 부산시 행정조직 내 신설과로 설치됐다. 시청 공무원과 산업체, 7개 대학에서 파견 나온 산학협력단 소속 직원들이 대학을 통한 지역경제 활성화와 청년 일자리 정책 등을 공동으로 수립, 실행하게 된다.

대학을 지역사회 혁신 동인으로 삼아야 한다는 주장이 지속적으로 제기돼왔지만, 부산시와 같이 행정기구 내에 대학의 참여를 보장한 경우는 이번이 처음이다.

오거돈 부산시장이 한국해양대, 동명대 총장을 역임하면서 대학 산학협력 활동의 효과와 가능성을 직시했기에 가능한 조치로, 시산학협력단 설치 기획안도 동명대가 작성해 제공한 것으로 알려져 있다.

시산학협력단은 앞으로 대학이 가진 역량을 활용한 기업체 R&D와 대학의 경쟁력 강화를 위한 지자체 지원 사업, 중앙정부의 대학에 대한 재정지원 사업 참여를 보다 효율적으로 수행할 계획이다.

신동석 동명대 산학협력단장은 "꼭 추진하고 싶은 일은 청년 일자리 문제를 해결하기 위해 현장실습 중심으로 채용문화를 개선하는 것"이라며 구체적인 활성화 방안으로 "부산시가 지방세 감면과 같은 혜택을 주어 기업의 적극적인 참여를 유도하고, 학생에게는 기업과 지자체, 대학이 부담해 최저임금을 보장해주는 형태로 운영한다면 채용 문화가 점차 개선될 수 있을 것"이라고 밝혔다. 이어" 부산시장과 경제단체장, 대학 총장들이 모여 채용문화 개선을 협약하고 이를 실천해 나가는 사업을 추진할 계획이다."고 강조했다.

지자체와 대학'협력', '결혼이주여성'을 전문 무역인으로 양성..

지역혁신플랫폼은 지역사회 현안 중 하나인 다문화가정에 대한 지원체계도 새롭게 마련할 수 있을 것이다. 경상북도와 대구대가 좋은 사례를 창출했다.

2019년 1월 경상북도 23개 시군에 거주하는 결혼이주여성 60명이 참석한 가운데 대구대에서 '결혼이주여성 글로벌인재 양성사업 발대식 및 업무 협약식'이 개최됐다.

행사는 정재휘 대구대 무역학과 학과장의 '수출 현지화 전략' 특강에 이어 60명의 여성들은 한국어 수준에 따라 3개로 분반돼 한국어 교육을 받았다.

앞으로 이들은 1년간 매월 2회 6시간씩 총 144시간 동안 한국어 교육 및 대구대 교수진과 관세사, 기업체 대표(농수산, 소호무역, 뷰티미용)등으로부터 모국과 사업을 진행하는 데 필요한 각종 비즈니스 교육을 받게 된다.

또, 교육 중 18시간은 대구대 사회적경제지원단이 마련한 사회적기업 창업교육도 이뤄진다. 이 과정을 통해 선정된 사회적경제조직 예비창업사에게는 대구·경북 사회적기업가 육성사업 지원기관인 대구대 산학협력단과 연계해 창업자금 등이 제공되고, 경상북도가 시행하는 경북형 사회적경제 청년일자리 사업과도 연계된다.

이날 발대식을 기점으로 운영을 시작한 이번 프로그램은 2018년 5월 경상북도 관계자가 국가별 대표 이주여성 사업가 8명과 간담회를 가지며 시작됐다. 날로 증가하는 결혼이주여성의 경제 활동을 지원하기 위해 마련된 이 자리에서 여성 사업가들은 국내 농산물과 화장품, 중장비 등 현지에 구축된 네트워크를 활용해 벌이는 수출활동을 소개했다. 또, 경주세계문화엑스포 당시 34명의 베트남 이주여성들이 벌인 다양한 활동을 설명했다.

경북도 관계자는 이를 참조해 결혼이주여성들의 경제활동 제고를 사업방향으로 설정하고, 다문화가정 지원 활동과 한국어 교육 시행, 취·창업 지원에 필요한 역량을 보유한 대구대와 손을 잡았다.

부산권 LINC+대학들, ESI 지수 공동 개발.."실질적 협력으로 공동 발전 모색"

지역혁신플랫폼은 대학 간에 지나친 경쟁을 부추기는 정부의 재정 지원 사업을 조정해야 한다.

대부분의 정부 재정지원사업이 권역 내 대학 간 협력보다는 경쟁을 부추기는 형태로 설계돼 있다. 이에 따라 지역 내 문제해결을 위한 활동을 하면서도 대학들은 문제에 대한 정의도, 그것을 이루기 위한 실행도 제각각이다.

그런데 2019년 11월 부산 시내 사회맞춤형 산학협력선도대학(링크플러스, LINC+) 6개 사업단(고도화형)이 공동 발전을 도모하고 나서 눈에 띄었다. LINC+사업도 비교 평가를 통해 당락이 결정됨에 따라 같은 지역 내 대학들이라도 연대와 협력보다는 경쟁에 익숙하다. 하지만 동서대, 동명대, 동아대, 동의대, 부경대, 한국해양대 LINC+ 사업단은 ‘ESI 지수를 공동으로 마련하기로 협약했다.

ESI(Economic Social Impact Index)는 대학에서 산학협력을 통해 창출하는 성과가 지역사회에 미치는 영향을 정량 및 정성적으로 측정하는 지수다. 지역사회에 대한 대학의 책무성과 지역발전을 위한 대학의 역할을 강조하기 위해 2017년 LINC+사업부터 도입됐다. 현재 대다수 LINC+ 참여 대학은 자체적으로 ESI를 개발해 사용하고 있으며, ESI 성취 정도에 따라 사업성과를 평가 받기에 그 내용을 보안 사항으로 취급하고 있다.

하지만 각 대학이 개발한 ESI지수는 객관성과 적합성을 담보하기 어렵다는 점이 문제로 제기돼 왔다. 특히 영국, 미국 등의 국가가, 대학이 입지한 지역에 미치는 영향을 평가하는 기준을 만들고 이를 홍보함으로써 권역 내 대학의 입지를 확고히 하고 있지만, 우리나라 대학은 지역사회에 대한 영향을 측정하기 위한 논리적인 지표가 부족하다. 또, 대학의 역할에 대한 업무 측정 방식이 실질적, 구체적 성과를 중심으로

하기보다는 단순 프로그램 추진 실적으로 국한됨에 따라 지역사회와 경제 활성화에 끼친 영향력을 내용으로 하는 개념이 들어설 수 없었다.

이러한 문제를 해결하기 위해 내부 보안 사항을 공개하고 ESI를 공동으로 정립하기로 뜻을 모은 6개 대학 사업단장들은 “이번 행사로 ESI 지수의 객관성 보장뿐 아니라 보다 적극적인 협력을 이룰 수 있게 됐다”며 “LINC+ 사업이 명시한 지역 성장을 견인하는 대학의 사회적 책무를 다할 수 있도록 협력을 보다 긴밀히 해나가겠다”고 의지를 밝혔다.

7부 산학협력 활성화 방안

산학협력 활성화 관련 주요 사례

- 충남대, 산학협력 강화.. 교수 평가제도 개선
- 브릿지사업, 공개평가로 대학기술 실용화에 박차
- 청년고용? … “통합 운영 위한 ‘거버넌스’가 선행돼야”
- 컨트롤타워 없는 청년고용 정책… 대학들 혼란 가중
- 대학 산학협력 활기… 교육부로 일원화 목소리
- 대학 창업활성화, 위도 아래도 ‘컨트롤타워’선행 돼야..
- 19조 넘는 정부 R&D..“성과 확대 위해 산업계 수요 반영해야”
- 대학 산학협력 파트너 ‘가족회사’, 협동조합 등 ‘협업 전문회사’로 발전 예고..

1. 산학협력 효과

산학협력은 혁신의 원동력이다. 개방형혁신 시대를 맞아, 정부, 산업체, 지역사회에서 경제적, 사회적 가치를 창출하기 위한 혁신 활동은 외부 기관과의 협력을 필요로 한다. 이 때 대학이 가진 인적, 물적 자원은 이들 기관의 혁신 활동에 필요한 핵심 자산 중 하나이며, 이를 실천하는 산학협력은 그 자체로 혁신에 원동력이 된다.

또한, 대학도 산업체, 지역사회와의 협력 속에서 교육혁신, 연구혁신을 통해 대학 혁신을 이룰 수 있는 기회를 갖게 된다. 특히, 4차 산업혁명 시대는 산학협력의 선진화를 요구한다. 사물인터넷, 로봇, 인공지능 등 새로운 혁신기술이 등장하는 4차 산업혁명 시대의 파고를 대학과 산업체, 정부 간 긴밀한 협력으로 넘어서야 하고, 이를 위해 필요한 것이 선진화 된, 혁신적인 산학협력 시스템이다.

산학협력은 생산성 증가로 이어진다. 성장 정체에 빠진 한국경제는 R&D의 사업화 역량을 제고해야 하고, 혁신적인 선도산업 육성 등을 통해 생산성 증가를 이뤄야 한다. 이를 위해 필요한 대학 R&D의 R&BD로의 전환과 함께 대학이 보유한 창업지원 역량은 혁신적인 선도산업(창업) 출현에 마중물이 된다. 또, 교육기관인 대학은 생산성 증대를 위한 인적자원의 개발에도 중추적인 역할을 수행하며, 평생교육을 담보하는 교육기관의 역할에 충실하기 위해서도 산학협력을 강화해야 한다.

산학협력은 일자리를 창출한다. 지역대학이 가진 인재와 기술, 인프라를 지역 산학협력 기업과 공유함으로써 경쟁력이 강화된 기업은 고용을 확대하는 등 일자리를 만들 수 있다. 뿐만 아니라 교직원 및 학생의 창업을 통해 일자리를 직접 만들어 내기도 한다.

산학협력은 양극화 해소에 기여한다. 대학과 협력을 맺은 기업체는 대부분 중소규모 사업체이다. 대학과의 협력을 바탕으로 한 이들 중소기업의 성장은 대-중소기업 간 임금격차를 줄일 수 있는 가능성을 높인다. 또, 대학을 통한 사회적경제 조직의 출현과 성장 및 경쟁력 향상은 양극화 해소에 효과적인 방안이 된다.

2. 산학협력 장애 요소

이렇듯 시대적 과제 해결에 효과적인 산학협력이 투입 대비 성과(산학 간 연계성)가 미흡하다는 지적을 받는 원인은(혹자는 무늬만 협력인 산학협력이 난무한다고 지적하기도 함) 정부 주도라는 데서 일차적인 원인을 찾을 수 있다.

우리나라의 산학협력은 다른 산학협력 선진국들과 달리 산학 간 상호 필요에 의해 관계 맺고 신뢰를 바탕으로 발전하기보다는 정부 주도로 시작됐고, 현재까지도 정부가 주도하고 있다. 정부가 법과 제도, 재정을 활용해 기반을 구축하고 협력을 유도할 수는 있겠지만 산학협력에 필요조건인 당사자 간 신뢰 축적에는 한계가 있을 수밖에 없다.

우리나라의 산학협력은 1963년 산업교육진흥법을 제정하며 시작됐다. 경제개발 5개년 계획을 수립하고 정부 주도로 경제 성장을 견인하던 시절이다. 이렇게 정부의 주도로 산학협력이 시작된 이래, 여전히 정부 각 부처별로 관련 정책을 마련하고 단기성과에 경도된 수십여 가지 산학협력 지원 사업을 시행하고 있다.

사업의 난립은 대학 내 이와 관련한 다양한 사업단의 설치와 해체를 불러왔다. 이 과정에서 대학과 산업체 간 신뢰 축적이 약해지고, 이것이 수준 높은 협력에 걸림돌로 작용했다.

특히, 산학 간 산학협력 목적의 상이함도 제약요인이다. 산업계는 산학협력의 목적이 기술개발 지원(정부과제 수주), 인력확보 순이지만, 대학은 인력양성과 공급(취업률과 직접적 관련), 기술개발 지원 순이다. 이러한 목표의 미스매치는 장기적인 관점에서 상호이익을 실현하는 방향으로 나가지 못하게 만든다.

R&D인력의 편중도 산학협력 활성화에 걸림돌이다. 우리나라는 미국 등과 달리 이공계 박사학위 소지자의 대다수가 기업체가 아닌 대학과 출연연구소로 진출하기를 희망하고 실제 80% 이상이 대학과 출연연구소에 있다. 전문 R&D인력은 기업에 더 필요하지만, 이들 전문 인력은 현장이 아닌 대학과 정부 연구소에 있다. 이러한 인력 수요에 미스매치가 산학협력에 걸림돌로 작용한다. 대학과 기업이 수행한 R&D 과제가 성공했음에도 실제 사업화와 생산성 향상으로 연결되지 못하는 이유가 여기에 있고, 이것이 또 기업의 참여를 소극적으로 만든다.

산학협력에 대한 대학 본부의 인식도 개선돼야 한다. 산학협력 실적을 교수 업적평가에 반영하는 비율이 점차 높아지고는 있지만, 여전히 상아탑 논리에 사로잡힌 보수적 대학 교수 사회와 경영진의 인식 부족은 산학협력에 걸림돌로 남아있다. 산학협력과 관련한 재정지원 사업의 수주에만 급급할 뿐 산학협력 사업을 통한 대학 혁신으로 나가는 데는 아직 많은 대학들이 한계를 갖고 있다. 산학협력이 활발하던 대학이 갑자기 실적이 나빠져 확인해 보면 산학협력에 이해가 낮은 신임총장이나 경영진이 원인인 경우(대학경영 방향성 변화, 전문인력 재배치, 산학협력 부서의 약화 등)가 대부분이다. 실제 2020년 1월 만난 모 대학 산학협력단장은 "산학협력을 강조하던 총장이 갑자기 젊은 교수들에게 산학협력보다 재정지원을 받을 수 있는 BK21플러스에 필요한 논문작성을 강요하고 있다"며 하소연했다.

이러한 한계와 함께 산학협력 파트너 발굴을 위한 정보와 네트워크 부족, 산학협력단에 전문인력 부족, 기업의 산학협력으로의 유인책 부족 등도 산학협력 강화 차원에서 해소돼야 할 문제이다.

3. 산학협력 활성화를 위한 개선안

1) 조직적 측면

중앙에 산학협력 컨트롤타워(플랫폼)를 세워야 한다. 현재 산학협력 활동이 주로 정부의 재정지원을 바탕으로 이뤄지는 만큼 이를 효과적으로 운영하기 위해서는 중앙에 전담 기구가 필요하다. 문재인 정부가 국무총리실 산하에 산학연협력위원회를 설치했지만, 상시적인 조직이 아닌 까닭에 컨트롤타워로서의 기능은 부족할 수밖에 없다.

중앙의 컨트롤타워 부재로 인한 정부 사업의 난립은 현장의 혼란을 가중시킨다. 산학협력의 정책 영역과 목적이 다양한 만큼 정부 부처들은 R&D, 인력양성, 인프라 구축 사업 등을 각기 다른 목표에 따라 다양한 형태로 추진 중이다.

현장에 혼란이 발생하는 이유는 사업 자체가 많아서가 아니라 부처별로 각자 다른 운영 지침을 가지고 유사한 사업을 추진하면서 형식적 산학협력을 난무하게 만든다는 데 있다.

인력양성이나 기술개발 등 부처별로 진행되는 사업의 현황을 분석한 후, 각 영역별 목표와 발전 계획에 맞게 사업을 조정하고, 이를 실현하기 위한 단일한 지침을 제시하는 등 산학협력 사업을 관장하고 통할 할 수 있는 현장과의 소통 채널이 필요하다.

이 컨트롤타워의 사업 조정을 바탕으로 청년 일자리 난 해결에 효과적인 장기현장실습(12주 이상)교육의 체계적 운영시스템을 관장하는 조직도 마련해야 한다.

대표적인 산학협력 교육인 장기현장실습을 통해 청년실업난이 해결될 수 있도록 대학 현장(학과)과 기업체를 연결해주는 한국형 장기현장실습 매칭 서비스 조직이 필요하다. (중앙과 지방정부 지원을 받으며, 지역 산업체 및 대학과 연계성 높은 테크노파크 같은 기관이 수행하는 것이 타당할 듯하다)이는 실제 취업 연계가 높은 수요자 중심의 현장실습 교육을 위해서도 필요하지만, 공채 중심의 채용문화 개선효과를 가져옴으로써 청년들의 불필요한 스펙 쌓기, 신입직원의 빠른 이탈을 막는 방안이기도 하다.

또, 창업 및 기술사업화 활성화를 위해서도 중앙에 창업 총괄 조직이 운영돼야 한다. 2020년에도 창업사업 예산이 큰 폭으로 확대되고 사업 종류도 그에 따라 다양해졌지만, 이는 그만큼 대학 내 창업지원 부서의 증가를 의미한다(계약직원의 증가와 함께). 창업지원 사업을 통해 축적된 지식과 네트워크, 성과가 대학에 내재화 할 수 있도록 컨트롤타워가 사업 목표와 운영 지침을 각 부처의 창업 관련 사업과 연계되도록 해야 한다.

현재 대학 내 창업지원 관련 기구로는 창업지원단, 창업보육센터, 창업교육센터, 기술지주회사, TMC사업단, 이노폴리스캠퍼스사업단, 예비창업패키지사업단(초기창업패키지사업단, 창업도약패키지사업단) 등으로 분포해 있다. 이들 기구에는 주로 정부 창업 과제 수행을 위한 조직으로 인력이 배치돼 있다. 창업지원 활동이 대학 내 창업역량 제고로는 연결되지 못하고 있는 상황이다.

특히, 정부의 산학협력 활성화에 의지를 확인할 수 있는 컨트롤타워 구축은 대학 경영진의 인식개선 효과를 불러올 것이다. 또, 지산학 협력의 컨트롤타워인 지역혁신플랫폼이 본격 가동되는 만큼 이들 지역혁신플랫폼과 소통하는 채널로서도 중앙에 플랫폼 설치가 시급한 상황이라고 하겠다.

컨트롤타워(플랫폼)의 가동은 '한국형 산학협력 선순환시스템 구축'을 위한 것이며, 이는 대학과 산업체 간 신뢰의 축적으로 연계될 것이다.

2) 제도적 측면

정부 지원 산학협력 사업의 지속성 보장과 함께 사업에 대한 평가제도가 공개적으로 이뤄져야 한다. 기본적으로 산학협력 사업은 대부분 정부재정지원을 통해 성과를 창출하는 공공재 성격을 갖는다. 이에 따라 대학 간 경쟁을 부추기기 보다는 상호 교류와 협력을 통해 성과를 확산할 수 있는 사업이 설계돼야 한다. 불요불급한 경우가 아니면 계획된 사업기간의 안정적 운영을 보장해 대학이 연속성을 갖고 사업단을 유지하도록 해야 하고, 사업 내용을 공개하는 평가 과정을 통해 대학 간 협력으로 시너지를 창출하도록 해야 한다.

또, 유사 사업의 지속적인 통합 노력이 필요하다. 2016년 중소기업청 등 관계부처는 사업목적과 지원내용 등이 유사한 4개 부처 16개 사업을 9개 사업으로 통·폐합했다. 당시 창업지원 분야에서는 산업부의 아이디어팩토리 지원사업(30억원)이 대학에 장비와 인력을 갖추고 아이디어 사업화를 지원하는 중기청의 크리에이티브팩토리 지원사업(70억원)과 유사해 중기청 사업으로 통합됐다. 또 특성화고교생들을 전문대, 산업체와 연계해 전문인력으로 육성하는 중기청의 기술사관 육성사업이 2015년부터 실시된 고용노동부의 고교·전문대통합교육(Uni-Tech)으로 통합됐다.

이러한 부처 간 통폐합 노력은 청년일자리 지원사업에도 필요하다. 2016년 기준 12개 부처, 67개 청년 일자리 지원 사업이 추진되고 있다. 사업가지 수는 많지만, 청년 고용문제 해소에 획기적이고 실효적인 정책 수단이 못되고 있다. 오히려 백화적식으로 나열되어 있어 청년이나 국민들의 기대감이나 신뢰가 낮다는 평가를 받는다. 이와 같은 현상은 기존 청년 일자리사업의 고용 성과나 파급효과에 대한 체계적인 검토 없이 단기 성과주의로 정책이 추진된 결과이다.

컨트롤타워가 부처 간 저항이 낮은 사업부터 선별해 순차적으로 통합하고, 정부지원 사업 간 연계을 강화해 청년일자리 사업에 효과가 개선되도록 해야 한다.

그 외 산학협력에 기업들이 적극적으로 참여할 수 있도록 산학협력 참여를 통한 자금난과 기술난, 인력난 해결 방안 마련과 함께 중소기업들이 규모화를 통한 경쟁력을 갖출 수 있도록 중소기업과 대학 간 협업을 구체화하는 산학협력 가족회사의 특수목적법인(협동조합 등)설립이 지원돼야 한다.

또, 학교기업의 사회적기업으로의 인정과 함께 인문사회 분야 교원 창업을 활성화할 수 있도록 중기부와 교육부의 협력이 필요하다. 대학사회 50%인 인문사회 예체능분야의 교원이 지닌 지식컨텐츠를 사업화로 연결해야 한다. 그렇게 하기 위해서는 관련 분야 중소기업 및 기술사업화 기관과 창업(비즈니스)경험이 거의 없지만 아이디어가 있는 대학 교원과의 매칭이 필요하다.

그외 대학평가 등 재정지원 사업에 대학이 창출한 일자리와 창업기업 숫자 비중을 강화하는 등의 한시적 조치도 대학 창업, 기술사업화를 촉진하는 방안이 될 수 있을 것이다.

3) 인적 측면

대학 산학협력단이 채용한 직원은 학교 직원이 아니기에 사학연금 등 교직원이 받는 각종 혜택을 받을 수 없다. 산학협력 발전이 결국 산학협력단 직원들의 역량에 좌우되는 만큼 이들의 처우를 개선해 학교 밖 전문 인력들이 대학 산학협력단에서 근속할 수 있도록 해야 한다.

또, 산학협력에 관심 많은 신진 연구자가 교원으로 임용돼야 산학협력이 활발해지는 만큼 만 65세인 교원의 정년을 조정할 필요가 있다. 산학협력 활성화를 위해 산학협력 중점교수제도가 시행되고 있지만, 대부분 비전임 계약직 교수로 임용되는 까닭에 경력에 비해 제대로 된 권한을 부여받지 못하고 있다.

일반 사기업체와 같이, 전임교원을 상대로 한 명예퇴직제(정년까지의 임금 보장, 원로교수 예우 등)를 확대 시행함으로써 산학협력에 열의 있는 신진 교원들이 그자리를 차지할 수있도록, 대학 교원의 세대교체를 촉진할 필요가 있다.

대학 현장뿐 아니라 산학협력 사업을 주관하는 부처 담당 공무원의 역량도 제고해야 한다. 우리나라 행정의 실효성을 제고하기 위해 순환 근무제를 폐지해야 한다는 주장이 설득력을 얻고 있지만, 실행은 요원하기만 하다. 그렇지만 다시 한 번 얘기하고 싶다. 산학협력 활성화가 진정 필요하다면, 부처별 산학협력과 관련한 담당 공무원은 적어도 5년(통상 한 개 사업의 수행기간)은 지속적인 근무를 보장해야 한다. 그리고 이러한 의지를 가진 이에게 사업에 대한 권한과 책임을 줘야 한다.

전문성을 갖춘 이의 행정력을 바탕으로 산학협력 사업이 고도화해야 함에도 불구하고 담당 공무원의 잦은 교체는 잦은 사업지침 변경과 함께 진척은커녕 퇴보를 불러오기도 한다.

4) 산학협력 활성화와 관련한 주요 사례

충남대, 산학협력 강화 ..교수 평가제도 개선

충남대학교가 LINC사업을 수행하며 교수 업적평가에 산학협력을 10%까지 적용하기로 한데 이어 2015년 기술이전 배점을 1000만 원당 40점에서 10점을 높여 50점으로 부과하기로 결정했다.

통상 교수가 국제학술논문을 1년에 2~5편 등록하는 것을 감안하자면(1편당 28점, 인용은 3점 배점) 5편에 140점을 받는 것보다 3천만 원 기술이전 실적을 거두는 것이 평가에 더 유리해진 것이다.

충남대 교수의 기술이전 실적이 2013년 교수 1인당 58만원에서

2014년 223만원으로 개선된 데에는 이와 같은 평가제도 개선이 있었기에 가능했다.

브릿지사업, 공개평가로 대학기술 실용화에 박차

서울대를 비롯해 40여 개 대학이 참여하고 있는 '대학 창의적 자산 실용화 지원사업(이하 BRIDGE)'에 대한 공개 발표 평가회가 2016년 3월 열렸다.

그동안 대부분의 정부재정지원사업 평가는 비공개로 운영됐다. 이에 따라 정부사업에 참여하지 못하는 기관은 기관대로, 참여하는 기관도 비공개에 따른 불만을 제기했었다.

이상돈 교육부 산학협력정책과장은 "평가를 공개해 참여기관 간의 경쟁을 유도하고 비참여대학의 이해도를 높였다"며 "BRIDE사업은 많은 대학이 참여하기를 원하고, 모든 대학이 가야될 방향이기에 대학 간 양극화를 해소하고 성과의 조기 확산을 위해 공개평가를 시범사업으로 채택했다"고 밝혔다.

BRIDGE사업은 대학이 가진 기술, 아이디어, 특허와 같은 창의적 자산의 실용화를 통해 기업에 새로운 성장 동력을 제공하고 기술기반 창업을 확산시키기 위해 2015년부터 시작됐다.

청년고용? … "통합 운영 위한 '거버넌스'가 선행돼야"

청년 일자리 대책이 효과를 거두기 위해서는 각 부처·지자체가 경쟁적으로 추진하는 청년일자리 사업을 통합적 연계 운영할 수 있는 거버넌스 구축이 선행돼야 한다는 주장이 제기돼 눈길을 끈다.

최근 발간된 '한국의 청년고용Ⅱ(류장수 외, 화산미디어)'에 게재된 '통합과 연계로 청년일자리사업 효율화하자'는 글에서 주무현 고용정보원 팀장은 "2016년 청년일자리 사업 관련 예산이 2.1조원으로 67개가 추진됐지만, 백화점식 사업 추진에 따른 혼선이 오히려 정책 수요자인 청년들의 신뢰를 저하시켜 효과를 거두지 못하고 있다"고 지적했다. 또한, 고용률 제고와 청년 고용 증대를 위한 정책과제를 고용노동부뿐 아니라 각 부처별, 자치단체별로 경쟁적으로 도입, 확대하면서 직업훈련, 인턴지원, 신규고용 분야에 유사중복으로 인한 비효율성이 증대하면서 재정건전성이 악화되고 있을 뿐이라고 지적했다.

더욱이 청년일자리사업의 고용효과에 대한 체계적인 성과 평가가 부재하다 보니 사업을 위한 사업이 반복적으로 추진되는 악순환이 발생하고 있다며, 청년 고용 절벽 해소를 위한 재정지원 구조의 효율화와 개편방안이 필요하다고 밝혔다. 또 청년 고용대책뿐만 아니라 일자리 대책과 관련된 정책 개발, 모니터링, 평가, 새로운 정책 발굴 및 개선을 총괄할 수 있는 안정적인 거버넌스가 마련돼, 청년이 학교교육-직업훈련-취업의 3단계 가운데 어느 곳에서든 이용할 수 있는 '청년지원 서비스' 창구가 일원화돼야 한다고 주장했다.

특히, 고용서비스 선진 국가들이 교육에서 고용에 이르는 전체 과정을 체계적으로 관리하면서 기존의 교육-취업에서 교육-직장체험-취업으로 패러다임을 전환해 고용률을 높였음을 강조했다. 이 국가들은 고용률 제고에 3개월가량의 직장체험이 가장 효과적이라고 분석했다.

컨트롤타워 없는 청년고용 정책… 대학들 혼란 가중

"예? 현장실습생 인건비 일부를 우리가 부담해야 한다구요? 다른 사업을 통해 왔던 현장실습생에게는 인건비를 부담하지 않았는데, 인건비를 부담해야 한다면 우리는 노동부 장기현장실습생은 받지 않겠습니다."(대전시 소재 기업체 인사 담당자)

"교육부 링크사업을 수행하면서 방학 때 수백 명씩 1~개월 동안 현장실습을 내보내고 있지만, 우리 학생들이 기업들로부터 인건비를 받는 경우는 별로 없습니다. 기업들에게 최저임금을 내라고 하면 업체들은 실습생을 받지 않을 겁니다."(전라남도 ㄱ 대학 링크사업단장)

"해양수산 인력 양성사업을 수행하면서 우리도 현장실습을 보내고 있는데 실습생 인건비를 기업들로부터 받는 경우는 없어요. 졸업이수학점을 취득할 수 있도록 계절 학기를 개설해 편의를 제공하고 있는데 이것을 금전으로 환산하면 최저 임금은 될 겁니다." (경기도 ㅍ 대학 교수)

대학 강단 교육만으로 부족한 현장성을 높이기 위해 현장실습 교육이 강조 되면서 2015년도 우리나라 대학생 약 16만 명이 현장실습에 참여했다. 이에 소요되는 재원은 대부분 각 부처의 재정지원사업을 통해서 해결하고 있지만, 통일된 기준 없이 각자 실습처를 확보해야 하는 대학 관계자들과 실습생을 수용하는 기업들은 어처구니없는 상황에 맞닥뜨리고 있다.

고용노동부는 현장실습생도 일정한 노동을 제공하는 만큼 최저임금을 받아야 한다고 하고, 교육부 등 인재양성사업을 수행하는 부처에서는 현장실습이 교육인 만큼 최저임금 적용 대상이 아니라고 보기 때문이다.

최저임금 지급에 대한 혼란뿐 아니라 부처별로 제각각인 사업 지침도 문제다.

충남지역 ㅅ 대학 관계자는 "현장실습을 보내야 하는 정부 재정지원 사업을 여러 건 하고 있는데 사업별로 현장실습에 대한 관리 지침 등이 제각각이라 쓸데없는 행정력 낭비가 이만 저만이 아니다" 며 불만을 쏟아냈다.

2017년 대선 이후 만난 경상북도 ㄷ대학 산학협력단장은 "일자리위원회를 어떻게 운영할지는 모르겠지만, 일자리 창출뿐 아니라 청년고용 정책을 한 단계 발전시키는 컨트롤타워로서의 역할을 해주었으면 한다. 각 부처별로 추진하고 있는 청년고용 정책을 한데 모아 표준안을 만들고 청년들이 생의 각 단계에서 필요로 하는 서비스를 제공할 수 있어야 청년 취업난을 해소할 수 있을 것"이라고 제안했다. 이어 "중소기업이 임금과 처우가 상대적으로 부족해 기피하다가도 막상 현장실습을 다녀오면 생각이 바뀌어 그 실습처로 취업하는 경우가 많다"며 청년고용 정책 전체가 아니라면 취업난 해결에 효과적인 현장실습과 관련한 내용만이라도 일자리위원회가 거버넌스가 돼 주기를 바란다"고 기대했다.

대학 산학협력 활기… 교육부로 일원화 목소리

교육부 내에 '산학협력국'을 부활시켜야 한다는 주장이 확산되고 있다. 2011년 당시 교육과학기술부는 산업체와 대학의 긴밀한 협력을 통해 대학생 취업난을 해결하기 위해 산학협력국을 신설했다. 하지만 2013년 미래부가 설립되면서 산학협력 업무에 집중하는 부서는 국 단위가 아닌 산학협력정책과만 존속해왔다. 이를 변화된 사회 현실에 맞게 개편하자는 주장이다. 대학의 역할에 있어 산학협력은 이제 부수적인 업무가 아닌 핵심 기능인만큼, 교육부도 산학협력을 대학지원 업무의 일부로만 다뤄서는 안 된다는 것이다.

서울 ㅎ대학 산학협력팀장은 “이제 대학은 산학협력 빼놓고는 할 게 별로 없다”면서 “무크(mooc)와 같은 온라인교육이 확산되면서 강단 교육은 설자리를 잃어갈 것이고, 학생 수 감소에 따라 재정 문제는 심각해져 가고 있다”며 현실을 토로했다. 그는 “이런 상황에서 기술이전, 기술사업화를 위한 연구와 산학협력 활동 없이는 대학의 생존이 어려워지고 있다”며 산학협력 부총장을 임명하고 산학협력과 창업에 집중하는 학내 분위기를 전했다.

청년 고용사업의 효율적 운영을 위해서도 교육부에 산학협력국이 필요하다는 주장이 제기된다. 경북지역 ㄷ대학 링크플러스 사업단장은 “지난 여름방학에 수백 명의 우리 학교 학생들이 현장실습에 참여했다”고 전하면서 “우리 사업단은 교육의 일환이기에 최저임금이 아닌 교통비 정도를 지급하지만, 노동부가 지원하는 IPP사업단을 통해 현장실습에 참여한 학생들은 최저임금을 받고 있다”고 강조했다. 그는 “같은 학교에서 현장실습에 참여하면서 누구는 최저임금을 받고, 누구는 못 받는 어처구니없는 상황이 발생한다”면서 “현장에서 겪고 있는 이러한 혼란을 없애기 위해서도 교육부에 산학협력국이 신설돼 타 부처와 업무를 조율하는 컨트롤타워로서의 기능을 해줘야 한다”고 주문했다.

산학협력국 설치가 산학협력단에 대한 대학본부의 인식 개선을 가져 올 것이라는 기대도 일고 있다.

충청지역 모 대학 사업팀장은 "우리 대학도 타 대학들과 같이 산학협력단이 생긴 지 10년이 넘었지만, 고참급 직원들이 거의 없다"면서 "대부분 계약직이거나 3~4년차들뿐이라서 사업 하나를 맡기기가 어렵다"고 호소했다. 이어 그는 "교육부의 산학협력국 설치는 대학들에 많은 영향을 끼칠 것"이라며 "산학협력의 중요성이 강조되는 것이기에 대학들이 더 많은 관심을 가지지 않을 수 없다"고 밝혔다. 또 "링크플러스나 프라임 등 산학협력과 관련한 재정지원 사업에 수천억 원씩 투여하고 있지만, 산학협력단이 전문성을 축적하기 위해서는 '사람'이 남아야 한다"면서 "그런 의미에서도 교육부가 산학협력을 강화하기 위해 조직을 확대하고 일선 대학에 전문성을 강조한다면 산학협력단에 전문인력들이 충원되면서 산학협력 역량이 한 단계 발전할 것"이라고 강조했다.

대학 창업활성화, 위도 아래도 '컨트롤타워'선행 돼야..

대학이 각 부처별로 추진되는 창업과 산학협력 사업에서 성과를 내기 위해서는 수행 조직을 통합·운영해야 가능한 것으로 나타났다. 정부 부처별로 각기 진행해 온 대학의 기술사업화와 관련한 중복 사업들이 대학 현장에서는 통합적으로 운영해야 효율적인 것으로 드러난 만큼, 정부도 대학 평가에서 창업을 강화하겠다는 지침을 하달하기 전에, 이를 실현하는 데 나서고 있는 컨트롤타워 부재 문제를 풀어야 할 것으로 보인다. 2017전국대학연구·산학협력관리자 협의회 추계세미나에서는 대학 내 기술사업화 조직을 통합·운영함으로써 괄목할 만한 성과를 거두고 있는 부산대학교 사례가 발표됐다.

현재 국내 대학들은 기술사업화와 관련한 조직으로 산학협력단 법인에 있는 기술이전조직(TLO)이 특허관리, 교원창업, 기술이전 등의 업무를, 별도 법인격을 가진 기술지주회사가 자회사 설립과 학생·교원창업 보육, 기술이전과 투자연계 업무를 수행한다.

또한, 중기부가 지원하는 창업보육센터는 창업초기기업 입주 공간 관리, 창업자 지원과 보육 업무를 수행하며, 교육부가 한시적으로 수행하는 재정지원사업인 산학협력선도대학(LINC+)에서는 산학연계, 창업교육, 기술이전 등을, 대학창의적자산실용화지원사업(BRIDGE)을 통해서는 우수기술 발굴과 기술이전, 기술창업을 지원하고 있다. 여기에 더해 예전 미래부는 기술이전조직과 기술지주회사를 통합하는 TMC라는 재정지원 사업을 시작해 기술이전 사후관리, 창업지원 및 자회사 지원 등을 수행토록 하고 있다. 특히 전국 40개 대학이 참여하고 있는 창업선도대학도 주요 업무가 창업자 지원과 창업교육에 맞춰져 있다.

이러한 대학에 대한 재정지원 사업들은 관련 부처가 다르기에 유사한 업무를 수행하고 있으면서도 상이한 목적을 가지고 운영된다. TLO는 기술료 수입, 기술지주회사는 자회사 EXIT(이익실현), 창업보육센터는 입주업체가 거둔 성과로 평가받는다. 또, LINC는 사업지표 달성, BRIDGE는 기술료와 창업실적, TMC는 기술료와 자회사 매출 및 EXIT, 창업선도대학은 창업자 지원 성과로 정부재정지원에 차등이 주어진다.

문제는 이러한 사업을 수행할 수 있는 역량을 보유한 대학들이 많지 않다 보니, 한 개 대학에서 여러 개의 유사 사업단이 운영되고 있다. 부산대의 경우 올해 탈락한 LINC사업을 제외하고는 열거한 사업을 다 수행하고 있다.

각 사업단이 거둔 성과가 지원금액과 직결됨에 따라 같은 대학에서 유사한 업무를 수행하고 있으면서도 사업단은 서로 목적하는 바가 다르다. 이렇게 다른 목표로 사업을 수행하다 보니 소통과 전문 인력의 부재로 이어지고, 이것은 다시 우리나라 대학이 기술사업화 역량에서 창업선진국 특히, 대학 창업은 우리보다 늦게 시작한 중국에도 턱없이 부족한 실적을 내놓은 원인으로 작용한다.

부산대는 이러한 유사 사업이 오히려 성과 창출에 걸림돌이 되는 현실을 주목하고 과감한 조직 통합을 꾀했다. 각 부처별로 요구하는 사업 목표에 맞춰 조직을 운영하면서 발생하는 비효율성을 거둬내기 위한 결단으로, 주요 간부들이 각 사업단 조직에 책임자급 업무를 겸직하는 것으로 풀었다. 별도 법인인 산학협력단과 기술지주회사 대표를 산학협력단장이 겸직하는 것은 타 대학들과 유사하지만, 그 아래 산학기획부단장이 지주회사 부사장을 겸직하고, 기술사업 부장이 기획조정실장을 병행하는 통합을 꾀했다. 또한, 산학협력단에서 기술이전업무를 수행하는 기술사업팀과 지식재산팀까지도 지주회사와 겸직하는 구조로 조직을 재편했다. 이에 따라 부산대는 담당 부처와 상관없이 기술지주회사가 액셀러레이팅, 창업펀드 등 창업 성과와 수익지향성 사업에 과감히 나설 수 있게 됐다. 교육부 인가, 미래부 주관, 산업부 지원 등 3개 부처와 연관된 기술지주회사가 대학 내 사업화 업무의 컨트롤타워로서 역할과 책임이 강화된 것이다. 이러한 통합성과는 구체적인 실적으로도 이어져 부산대 기술지주회사는 40억 규모의 상장사 지분 보유 등 다양한 사업화 성과를 창출하며 주목을 받고 있다.

2008년 우리나라 대학들이 기술지주회사를 설립할 당시, 유명 사립 대학 기술지주회사 초대 대표로 부임한 벤처기업인 출신 모 인사는 "대학에 사업화를 통해 큰 성과를 거둘 수 있는 좋은 기술들은 분명히 많이 있다. 이것이 싹을 틔우고 열매를 맺을 수 있도록 지원하고 기다리는 인내가 필요하지만, 우리나라 정부 부처와 대학들은 그렇지 않다. 필요에 따라 기술지주회사의 실적을 가져다 쓸 뿐 사업화에 대한 기본 인식이 부재하다."고 지적했다. 이어 그는 "정부의 입맛에 맞춰 일하도록 간섭하지 말고, 단일한 지원 통로를 마련하고 현장을 믿고 기다려야 창업 선진국의 대학과 같은 창업실적을 거두는 대학들이 나타날 수 있다"고 꼬집으며 수년 전 대학을 떠난 바 있다.

19조 넘는 정부 R&D.. "성과 확대 위해 산업계 수요 반영해야"

한 해 19조 원이 넘는 정부 R&D사업이 국가경쟁력 제고와 성과 확대로 이어지기 위해서는 기획 단계부터 산업계 수요를 반영해야 한다는 주장이 제기됐다. 한국산업기술진흥협회가 2018년 11월 R&D 기획을 수요자 중심으로 전환하는 내용을 골자로 한 '국가R&D사업 기획체계 개선방안'을 정부에 건의했다.

건의안은 구체적 실천방안으로 R&D사업 기획체계를 공급자 방식에서 수요자 방식으로 전환하자고 제안했다. 산업기술에 대한 거시적 R&D전략수립을 위해 부처별, 분야별로 추진하는 기획방식을 산업기술 R&D전략 수립 협의체를 통해 통합적으로 추진하자고 제안했다. 또,

산업별 R&D 기획 전문위원회를 운영해, 산업 공통기술에 대해서는 전문기관이 아닌 기업에서 직접 기획을 주관하도록 하자는 내용을 담았다.

R&D기획과정에서 산업계 전문가 참여를 확대하는 방안도 건의했다. 기업연구소 연구소장, 박사급 인력을 중심으로 산업계 전문가 풀을 구성하고 전 부처 기획 사업에 활용하자는 의견으로, 기획결과에 대한 자문 활동에는 기업체에서 퇴직한 고경력자 풀을 활용하자는 의견도 제시됐다.

수요조사방법 개선도 요구했다. 개별기업 단위에서 이루어지고 있는 수요조사 대신에 산업분야를 대표하는 협·단체를 통한 수요조사를 확대하자는 의견이다. 성과활용 단계에서는 연구사업관리전문가(PM)가 기획단계뿐만 아니라 사업수행과 사업화까지 참여하는 일관 기획체계를 도입하자고 주장했다.

이는 기업들이 R&D성과를 제대로 활용하려면 기획결과가 사업화로 이전되는 데까지 추적관리가 필요하다는 산업계 요구를 반영한 것이다. 산기협은 "산업계 입장에서 보면 현재의 국가R&D사업 기획은 정부와 전문기관이 주도하는 공급자 방식"이라고 지적하며, "이제는 민간의 기획 역량이 확충된 만큼 기업의 현장수요를 기반으로 산업계 전문가들이 기획과정에 참여하는 수요 중심의 기획을 통해 정부 R&D의 성과를 높일 필요가 있다"고 밝혔다.

한편, 20017년 정부R&D사업 집행액은 19조 3,927억원이다. 이 중 4조 5,382억원(23.4%)이 기업에 지원되었으며, 출연연에 7조 8,838억원(40.7%), 대학에 4조 4,052억원(22.7%)이 지원됐다.

대학 산학협력 파트너 '가족회사', 협동조합 등 '협업 전문회사'로 발전 예고..

대학과 기업 간 산학협력 가족회사 제도가 협업 강화를 목적으로 한 전문회사로 발전할 전망이다. 중소벤처기업부는 중소기업 간 협력을 강화하는 내용의 협업화 지원사업을 기술보증기금을 통해 실시하고 있다. 이를 통해 기술보증기금을 협업 플랫폼으로 강화함으로써 기술이전과 기술사업화, 금융지원까지 한번에 지원하는 시스템을 마련하고, 향후 특수목적법인 설립을 지원해 중소기업의 규모화를 촉진할 방침이다.

이러한 흐름에 맞춰 전국 235개 대학이 (1개 대학 당 약 742개)와 협약을 맺고 운영하는 가족회사 제도가 이 협업 네트워크의 주요 대상으로 떠오를 전망이다. 그동안 대학들이 산학협력 파트너인 기업체들과 진행해온 협력 프로그램이 중기부의 협업 지원과 맥을 같이하기 때문으로, 산학협력이 강한 상당수의 대학들은 가족회사인 기업체들과 공동법인 설립에 필요한 신뢰와 협력을 축적해 왔다. 특히 대학과의 협력에 대한 중소기업들의 기대가 높고, 대학들도 산학협력 활성화에 나서고 있는 만큼 정부가 이들이 협력하는데 필요한 동기(수익 실현과 분배)와 지원 정책(산학협력단의 가입 허용 등)을 마련한다면 대학을 중심으로 산학협력 특수목적법인 설립이 활성화될 것으로 보인다.

MOT대학원에서 교수와 중소기업 재직자인 학생 등이 협동조합을 만든 이종원 호서대 MOT대학원장은 "이게 될까 했는데, 실제 해봤더니 되더라."며 상당기간 동고동락해온 조합원 간의 신뢰가 있었기에 중소기업 기술사업화를 목적으로 설립한 협동조합이 가능했다고 밝혔다. 이어 "정부 R&D가 중소기업을 직접 지원하는 형태에서 네트워크를 지원하는 형태로 전환할 필요가 있다."며 "네트워크가 스스로의 필요에 의해 결성하고 자가 발전하는 과정에서 필요한 것만 정부가 지원하는 형태로 조직화와 협업화가 진행된다면 유럽 국가들과 같이 경쟁력 있는 중소기업 협업브랜드가 상당수 나올 수 있을 것"이라고 강조했다.

부록

대학의 사회적 경제 형태와 활성화 방안

* 2018년 경일대와 공동집필한 서적 '사회적경제, 대학이 꽃피우다'에서 발췌했습니다. 2020년 현재 언급한 조직들에 변화가 있을 수 있음을 양해해주시기 바랍니다.

1장. 사회적 경제의 이해

1. 사회적경제의 개념

사회적경제 연구자들은 성공한 사회적경제의 시초로 영국 로치데일 공정개척자 조합을 꼽는다. 1844년 등장한 로치데일 공정개척자 조합은 28명의 노동자들이 식료품의 안전한 보급을 목적으로 공동 출자해 상점을 개소하며 시작됐다. 이 공정개척자 조합을 시작으로 유럽 전역에 연대와 협력을 통해 공동의 이익을 실현하는 다양한 협동조합이 설립됐고, 이렇게 생긴 조직들이 시장의 실패를 보완하는 새로운 경제 모델로 성공하면서 전 세계로 확산됐다.

이렇듯 사회적경제가 산업혁명 이후 심화된 빈곤과 실업과 같은 시장의 실패를 해결하기 위한 경제적 약자들의 자율적, 자조적 조직으로 출발해 확산됐듯이, 국내에서는 1997년 외환위기 사태 이후 사회적경제 조직이 본격적으로 주목받기 시작했으며, 2014년부터는 사회적경제 조직을 포괄하는 기본법 제정에 대한 논의가 제도 정치권 내에서 시작됐다. 2014년 당시 여당 원내대표로서 사회적경제기본법을 발의한 유승민 의원이 발의한 기본법에는 사회적경제가 구성원 상호 간 협력과 연대, 적극적인 자기 혁신과 자발적인 참여를 바탕으로 사회서비스 확충, 복지의 증진, 일자리 창출, 지역공동체의 발전, 기타 공익에 대한 기여 등 사회적 가치를 창출하는 모든 경제적 활동으로 정의돼있다.

여당의원인 윤호중 의원이 2016년 대표 발의한 사회적경제 기본법에는 사회적경제는 양극화 해소, 양질의 일자리 창출과 사회서비스 제공, 지역공동체 재생과 지역순환경제, 국민의 삶의 질 향상과 사회통합 등 공동체 구성원의 공동이익과 사회적 가치의 실현을 위하여 사회적 경제 조직이 호혜협력과 사회연대를 바탕으로 사업체를 통해 수행하는 모든 경제 활동으로 정의하였다.

사회적경제 활성화를 강조하는 문재인 정부가 지난해 발표한 자료에는 사회적경제가 구성원이 협력·자조를 바탕으로 재화·용역 생산 및 판매를 통해 사회적가치를 창출하는 민간의 모든 경제적 활동을 의미한다. 국가·시대별 정의는 다양하나, 구성원 참여를 바탕으로 국가와 시장 간 경계에서 사회적 가치를 추구하는 경제활동을 의미한다고 정의하였다.

이와 같이, 국내에서도 사회적경제에 대한 정의가 조금씩 차이를 보이듯이 사회적경제에 대한 개념은 각 국가가 가진 역사·문화적 배경에 따라 차이를 보이고 있다. 하지만, 사회적경제 대표적 성공모델인 로치데일 협동조합이 1844년 등장한 이후 약 150년이 지난 1995년에 들어서야 국제협동조합연맹이 협동조합을 '공동으로 소유되고 민주적으로 운영되는 사업체를 통하여 공통의 경제-사회-문화적 필요와 욕구를 충족시키고자 하는 사람들이 자발적으로 결성한 자율적인 조직'이라고 정의했듯이, 사회적경제는 이론적, 선험적이기보다는 실천적 과정에서 그것이 구성원의 공통된 이익 실현에 부합하는 것이라면 사회적경제 범주에 속하는 것으로 보는 것이 합리적일 것이다.

2. 한국의 사회적경제

우리나라에서의 사회적경제는 일제 치하 일본유학파 출신의 청년 선각자들이 1920년대 경북문경, 상주 일원에서 생활협동조합을 설립했었다는 사료가 최근 발견되기도 했지만, 1960년 5월 부산에서 설립된 '성가신협'이 한국 최초의 사회적경제조직으로 알려져 있다. 이어 서울의 가톨릭중앙신협과 1962년 창설된 협동조합교도봉사회를 통해서 강원도 원주 등 전국으로 확산됐다고 보는 것이 일반적이다.

60~70년대 고리대금으로 곤란을 겪고 있던 서민층의 경제적 고충을 해결할 목적으로 신용협동조합을 설립하면서 시작한 한국의 사회적경제는 1997년 외환위기 사태 이후 대안의 정책으로 다뤄지기 시작했다.

정부는 IMF가 가져온 실업난과 서민들이 겪고 있는 경제적 고충을 해결하기 위해 1999년 국민기초생활보장법을 제정해 자활기업의 설립을 지원하기 시작했고, 이어 2007년 사회적기업, 2011년 마을기업, 2012년 협동조합기본법의 제정을 통해 경제적 양극화 해소와 일자리 창출의 방안으로 사회적경제 활성화에 주목해 왔다.

이러한 정부의 육성정책과 민간의 자발적 조직화에 힘입어 국내 사회적기업·협동조합·마을기업·자활기업 등 주요 사회적경제 기업은 2016년 기준 총 14,948개가 운영 중이며, 91,100명을 고용하고 있다.

이는 전체 경제활동 인구의 1.4%를 고용한 수준으로, 유럽연합의 6.5%에 비해 22% 수준에 불과하고, GDP도 0.3% 수준으로 유럽연합 평균 10%에 턱없이 부족하다. 하지만, 비슷한 경제규모를 가진 유럽 국가에 비해 한국의 사회적경제가 미성숙한 것은 오히려 한국에서 사회적경제가 향후 더 많은 성장 가능성을 내포함을 의미한다고 할 수 있다. 특히, 2017년 10월 문재인 정부가 사회적경제가 양질의 일자리를 창출하고, 양극화를 완화하는 중요한 정책이라며 국가 차원에서의 활성화를 강조한 만큼 민간과 정부의 효율적인 거버넌스 운영 여하에 따라 앞으로 그 성장 가능성은 무궁무신하다고 할 수 있다.

이와 같이 한국에서 사회적경제가 진화해 왔듯이 전 지구적으로도 사회적경제는 진화하고 있다. 유럽의 경우 지난 1970년 이후 전체 사회적경제 조직의 65%가 설립될 만큼 확대되고 있으며, 부유한 북유럽뿐 아니라 가난한 아프리카 국가들까지 사회적경제를 국가 주도의 공공영역과 민간의 시장경제가 가져온 실패를 보완하는 보완재이자 대체재로 활성화해 가고 있다.

3. 국내외 교육기관에서 사회적 경제

3-1. 국내 중등교육기관에서의 사회적 경제

우리나라 중등교육기관들에서도 사회적경제 조직에 대한 이론 교육과 실천적 학습이 점차 활성화되고 있다. 우리나라 중고등 학교에서 설립된 사회적경제 조직은 주로 협동조합이다. 지난 2013년 성남의 복정고등학교와 구로구의 영림중학교가 교내 매점을 학부모 등이 참여한 사회적협동조합으로 운영하면서 본격화됐다.

이 중 복정고 협동조합은 학생·학부모·교직원으로 구성된 17명의 조합이사, 학생분과위원 50명 등 모두 350명이 조합원으로 참여했으며, 출자금은 한 구좌 당 5,000원이다.

이 조합은 신설학교이기에 매점과 주변에 먹거리를 조달할 상점이 없는 상황을 해결하기 위한 목적으로 시작됐다. 교사와 학부모들은 먹거리 문제를 고심하던 중 성남시에 사회적경제 지원제도가 있음을 알고 사회적협동조합을 설립하기로 뜻을 모았다.

사회적협동조합이 운영하는 친환경매점 설립운동에 학생들도 관심을 보이면서 조합원 가입이 이뤄졌고, 교육부 설립인가를 받아 전국 제1호 학교협동조합이 탄생했다. 협동조합 설립과정에서 학생들은 분과를 나누어 참여했다. 공간을 책임지는 분과는 대학교 매점을 방문해 인테리어 조사를 하였고, 교육분과는 교육홍보를 맡아 일반조합원 모집에 힘썼다. 또 물품선정위원회를 만들어 학생들이 모든 제품을 시식한 후 입점될 물품을 결정했다. 매점과 커뮤니티공간의 이름도 전교생 대상으로 투표를 진행해 결정됐다.

이렇게 학생들의 참여로 설립된 매점은 이윤만을 목적으로 하는 다른 매점과 달리 친환경 먹거리를 판매함으로써 바른 먹을거리 교육과 학생들이 협동조합 운영에 직접 참여하고 의사결정권을 행사하면서 민주주주 원리를 체득하는 교육의 장으로 활용된다. 또, 협동조합 운영 수익금은 다시 협동조합으로 환원해 장학사업 등 학생 복지를 위해 쓰인다. 조합은 공동구매, 장학사업, 문화·나눔 체험학습 등 '건강한 생활을 나누는 학교, 실천 나눔과 배려'라는 설립 목적을 실현하기 위해 교복 물려주기 사업, 아침밥 클럽, 나눔을 위한 아나바다 행사도 수행한다. 협동조합 교육도 이뤄진다. 매년 졸업생이 배출되고 새로운 신입생 조합원이 입학하는 만큼 협동조합 기본교육이 매년 진행되며, 학부모 교육도 시행된다.

이와 같이 복정고를 시작으로 전국 중등교육기관으로 협동조합 설립이 확산돼 2017년 12월기준 전국적으로 60개가 운영 중이다. 이러한 학교 협동조합이 학교폭력 감소, 공감능력 향상, 실질적인 경제적 이득, 민주적 시민의식 배양 등에 효과가 있는 것으로 알려지면서 정부도 초、중등 교육에 사회적경제 교육을 확대하기 위해 사회적경제 교수、학습자료 개발·보급 및 교원교육을 강화하고, 사회적경제 체험이 가능한 학교협동조합의 설립、운영 지원체계를 마련할 계획으로 있다.

3-2. 국내 대학에서의 사회적 경제 교육

국내 대학에서도 수년 전부터 사회적경제와 관련한 교과목이 개설되고 있으며, 계속해서 확산되는 추세이다.

우리나라 사립대학 중 사회적경제 교육은 성공회대학교가 선도적이었다. 이 대학은 2010년부터 일반대학원에 협동조합경영학 석박사 과정을 개설해, 협동조합 경영과 관련된 연구자와 경영관리자를 육성해왔다. 아이쿱생협에서 신입생 전원에게 입학금과 등록금 전액 혹은 일부를 지원한다. 2016년에는 사회적경제대학원을 설립하고 협동조합MBA 전공과 마을공동체 전공으로 석사과정을 개설했다. 협동조합 MBA 전공은 협동조합의 실무자와 활동가의 역량을 개발, 증진하여 우리나라 협동조합 발전에 기여할 목적으로 설립되었다. 현장 중심의 교육으로 실제 협동조합의 문제를 해결할 수 있는 실무자를 양성하고 있다. 마을공동체 전공은 도시 및 농어촌지역에서 '공동체성'의 창조적 복원과 혁신을 이끌 실무자와 지도자 양성을 목표로 한다.

카이스트(KAIST) 경영대학원 사회적기업가 MBA 과정은 SK그룹과 KAIST 경영대학이 협력하여 2013년에 신설했다. 지속가능한 사회적기업 모델을 발굴하고 구체화하여 이를 창업과 성공적인 경영으로 연결할 수 있는 역량 있는 사회적기업가 양성을 목표로 한다. KAIST 경영대학 산하 SK 사회적기업가센터와 연계 운영하고 있다. 사회적기업가 교육 및 학술 활동 지원, 혁신적인 사회적기업 비즈니스모델 발굴과 카이스트청년창업투자지주㈜에서 사회적기업 창업 지원 및 멘토링, 사무공간과 창업지원금을 제공한다.

한신대는 2014년 사회혁신경영대학원을 설립하고 사회적경제전공 석사과정을 개설했다. 대학원 설립목적이 사람의 가치를 중심에 놓고 우리사회의 공공성과 연대성의 가치를 높일 수 있는 사회구성 원리를 연구하고 이를 기반으로 다양한 혁신적 프로그램을 개발하고 실천할 수 있는 협동하는 인간상, 협동하는 리더십 육성이다.

한양대는 2015년 국제학대학원에 글로벌사회적경제학과를 신설했다. 한국 사회적경제의 지속발전을 주도할 사회혁신가 양성을 목표로 한다. 국제개발협력 전문의 사회적기업가 양성을 위해서 국제관련 전문지식, 사회적기업의 경영능력, 국제어학능력 등을 교육한다. 또, 사회적금융 전문의 사회적기업가 양성을 위해서 사회적기업을 포함한 관련 생태계를 주도할 전문지식, 사회적금융의 혁신능력, 국제융합능력 등을 갖춘 인력 양성을 목표로 교육프로그램이 구성돼 있다.

부산대학교는 국립대학교 중 가장 먼저 관련 전공을 개설했다. 부산대는 2015년 정규 학위과정으로 사회적기업 석사과정을 신설했다. 사회적기업 석사과정은 경영학과 공학, 의학 및 교육학, 사회복지학 등 다양한 전공의 교수들이 참여해 학제 간 융합교육으로 이뤄진다. SK동반성장위원회, BS금융그룹이 기금을 조성해 재학생에게 2년간 등록금 전액을 지원한다. 사회적기업 관련 연구와 창업을 위한 전문가 교육으로 커리큘럼이 개설돼 있다.

그 외 2016년부터 대구가톨릭대가 사회적경제대학원 사회적경제학과를 운영 중이며, 숭실대도 사회복지대학원에 사회적기업 전공 석사과정을 신설했다. 2017년에 이화여대가 일반대학원에 신설한 사회적경제 전공은 사회복지학 등 8개 전공 분야의 과목들로 커리큘럼이 구성돼 있으며, 향후 석·박사 통합 과정으로 운영할 예정이다. SK행복나눔재단이 2020년까지 장학금을 지원한다.

2018년에는 국민대 글로벌창업대학원과 충북대 사회과학연구소가 고용부와 한국사회적기업진흥원이 지원하는 사회적경제 리더과정 운영기관으로 추가 선정돼 1년 과정의 사회적경제 현장 전문가 양성을 시작했다. 대학원 과정 외에 2015년 기준 24개 대학에서 43개의 사회적기업 창업 프로그램에 1,050명의 대학생이 참여했다.

2장. 대학에 설립된 사회적경제기업 유형

최근 들어 국내 대학들은 고유의 기능인 교육과 연구, 봉사활동 외에 경제 발전에 직접 기여하는 기업가적 대학으로의 혁신을 추구하고 있다.

기업가적 대학은 기업가적 마인드를 기반으로 연구 성과의 사업화를 추진하는 것을 뜻하며, 기업체로의 기술이전이나 기술의 직접 사업화로 드러난다. 이러한 기업가적 대학으로의 변화는 우리사회가 빈곤과 실업문제를 해결하기 위한 대안으로 사회적경제를 본격적으로 주목하기 시작한 1997년 IMF사태 이후부터이다. 당시 정부가 벤처창업 활성화에 일환으로 전국 대학에 창업보육센터를 설립하면서부터 대학은 기업가적 대학으로의 변화를 추구하기 시작했다. 이후 2004년 산업교육진흥 및 산학연협력촉진에 관한 법률(산촉법)이 제정되면서 대학 내 산학협력단을 설립하고 연구관리뿐만 아니라 산업체와의 협력을 위한 체계를 갖췄다. 이어 기술이전조직(TLO)설치와 대학 보유 기술의 직접 사업화를 수행하는 별도법인체로 기술지주회사가 설립되기 시작했고, 2013년부터 전국 대학에 창업교육센터가 설치되고 창업교육이 활성화되기 시작했다. 특히, 교육부가 2017년도 120억 규모로 대학창업전용펀드를 조성하기 시작했고, 중기부가 창업전문기관으로 지정하는 액셀러레이터에 대학도 선정하면서 창업에 대한 관심은 더욱 높아지고 있다.

국내 대학들이 창업에 기울이는 관심의 정도는 각종 수치로도 확인되고 있다. 창업휴학제 시행 대학이 ('15) 191개 → ('16) 217개, 창업 대체학점 인정제도 시행 대학은 ('15) 100개 → ('16) 105개, 창업강좌 수는 ('15) 4,262개 → ('16) 10,461개, 창업동아리 수는 ('15) 4,380개 → ('16) 5,468개, 학생 창업기업 수는 ('15) 861개 → ('16) 1,191개, 교원 창업기업 수는 ('15) 137개 → ('16) 195개 등으로 증가하고 있다.

이렇듯 대학이 창업에 관심을 기울이고 성과를 창출하기 시작하면서 주식회사나 개인사업자가 아닌 사회적경제 조직 형태의 창업도 나타나고 있다. 하지만 앞에서 본 바와 같이 국내 대학들이 사회적경제에 관심을 기울이기 시작한 것이 불과 몇 년 안 되고 그것도 소수의 대학에서 이론교육으로만 시행하다 보니 아직까지 대학에서는 보기 드문 것이 현실이다. 그러나 학생창업이 활성화되는 추세에서 상대적으로 조건이 열악한 학생들에게는 창업 리스크를 분산할 수 있고, 소규모 자본으로 시작이 가능하며, 동업의 안정성을 높일 수 있는 협동조합 방식의 창업은 더욱 확산될 것이다.

1. 대학 생활협동조합(소비자협동조합)

대학에서의 사회적경제 조직은 생활협동조합이 대표적이다. 우리나라는 1980년대 후반부터 대학교에 생협이 설립되기 시작했다. 1988년 서강대학교에서 최초로 학생소비자협동조합이 설립됐고(1992년에 해산됨), 1989년에는 이화여자대학교에서 학생소비자협동조합이 만들어졌다. 이어 1990년에 조선대학교에서 학생뿐 아니라 대학 구성원이 참여하는 지금의 대학 생협 형태인 조선대생활협동조합이 문을 열었다. 대학 생협은 2018년 기준 전국 35개 대학(국공립20개, 사립대학 10개)이 운영하고 있으며, 이들의 연합체인 한국대학생활협동조합연합회에는 30개 대학이 참여하고 있다. 35개 대학 생협에 14만 명이 조합원으로 참여하고 있고, 학생이 93%다. 35억 규모의 출자금 중 46%는 학생 조합원이 출자했다.

대학 생협의 이점은 교내에서 구성원들의 소비로 발생한 이익이 외부로 유출되지 않고 구성원들에게 환원된다는 점이다. 이렇게 대학 구성원 공동의 이익을 실현하기 위해 조직된 대학 생협이 일본에서는 여행과 공제 분야로, 미국은 주택임대사업까지로 확대됐지만, 국내 대학 생협 사업의 대부분은 매점이나 식당 운영에 그치고 있다.

한국대학생활협동조합연합회 학생위원회가 생협을 운영하는 대학의 학생 1031명을 대상으로 조사한 바에 의하면, 대학 생협을 알게 된 경로는 지인추천(40.8%), 신입생OT홍보(34.2%), 오프라인이벤트(25.4%) 순이었다. 조합원으로 가입한 가장 큰 이유는 포인트적립(78.8%), 이벤트 참여(21.5%), 배당제도(16.3%)순이다. 또, 대학생협의 장점으로는 합리적인 가격(69.2%), 후생복지서비스(36.4%), 조합원에 의한 민주적인 운영(28.4%)을 꼽았다. 학생들이 장점으로 지적한 이 세 가지가 조화롭게 운영돼야 대학 생협의 유지와 발전이 가능할 것이다.

이러한 가운데 지난해 매점을 대기업 편의점으로 교체한 한국기술교육대 생협과 일반협동조합을 설립해 대학 생협 역할을 하고 있는 강릉영동대학교 사례를 살펴보았다.

조합명	근거법령	설립	주요사업	조합원	직원	설립목적
한국기술 교육대학 생활협동 조합	소비자생활 협동조합법	2008년	직접-식당,커피숍 간접-매점,복사, 안경점 등 운영	800명	38명	-구성원 복지, 경제적 이익 증진
강릉영동 대학 협동 조합	협동조합 기본법	2013년	직접-매점,커피숍, 서점 운영	90명	5명	- 구성원 복지증진 -학교 밖 수익사업 추진

표 3-1. 한국기술교육대, 강릉영동대 생활협동조합 비교

한국기술교육대학교(한기대) 생협이 운영하는 5곳의 매점은 수년 전부터 매출이 하락세를 면치 못했다. 교내 매점이 편의점에 익숙한 학생들의 소비성향을 따라가지 못하기 때문이다. 학생들은 교내 매점을 이용하기 보다는 학교 밖에 있는 대기업 계열의 편의점을 찾았다. 그동안 식당에서 발생하는 적자를 매점 운영 수익으로 보전해 온 한기대 생협으로서는 매점의 위기는 생협 존폐와 직결된 문제였다. 이에 한기대 생협은 학생들이 선호하는 편의점으로 매점 간판을 교체할 수밖에 없었다.

입학정원이 1천명이 되지 않는 한기대의 생협 매출은 학생, 교직원 식당 3곳에서 20억 원, 5곳의 매점에서 19억 원, 2곳의 커피숍에서 5억 5천만 원, 그 외 직영으로 운영하는 서점과 외부인에게 임대해 준 안경, 미용실, 세탁소, 복사실 등을 통해 1년에 54억 원 규모이다. 이 가운데 식당은 적자가 지속되고 있다. 지난해 7년간 유지해 온 백반가격 2200원을 500원 인상했지만, 500원을 인상했어도 한 끼 당 15% 적자는 피할 수 없다. 백반 판매가격의 60%가 재료비, 35%는 인건비, 20%가 전기·수도·가스비 등으로 운영비를 감안하면 많이 팔수록 적자폭이 커진다.

2008년 설립된 한기대 생협에는 현재 38명이 일하고 있다. 800명의 조합원을 대표해 교수 4명, 직원 4명, 학생 5명이 이사회를 구성하고 학생처장이 이사장을 맡고 있다. 한기대 생협도 여타의 대학과 같이 조합원과 비조합원을 구분해 조합원에게만 특별한 혜택을 주기가 쉽지 않지만, 1만원의 가입비를 낸 조합원은 이용실적에 따라 커피숍에서 10% 포인트가 적립되고, 교내 생협 매장에서 사용할 수 있는 무료 쿠폰이 지급된다.

강릉영동대학교에는 강영협동조합이 있다. 2013년 3월 당시 이 학교 기획조정실장이 주도해 설립했다. 교수와 직원 54명, 현장직원 16명, 강릉시민 20명 등 총 90명이 조합원이다.

강영협동조합은 대학 내 있는 생활협동조합들과 달리 일반협동조합으로 설립돼, 현재 교내 서점과 매점, 카페를 운영한다.

강릉영동대가 학기 중 1800여 명이 생활하는 소규모이다 보니 조합이 생기기 전, 외부인이 운영하는 서점은 경영이 어려워 학기 초가 아니면 거의 휴업 상태였고, 매점도 빈약했다. 이러한 학내 복지문제를 해결하고 외부에서 대학 특성화 분야인 헬스케어 사업을 벌이기 위해 이 조합은 대학 생협이 아닌 일반협동조합으로 설립했다. 하지만 헬스케어 사업을 위해 강릉 시내에 개소한 유전자센터는 교비를 투입한 시설을 특정 업체에서 위탁 운영하는 것이 공정성 논란을 불러올 수 있어 현재 학교기업에서 운영한다. 협동조합 운영사업에서 제외됐다.

조합의 본격적인 활동은 2014년 강릉협동사회경제네트워크 대표를 맡고 있는 김미희 사무국장을 영입하면서부터 시작됐다. 2014년 9월 학생회관에 카페 다독다독을 오픈했고 2015년 3월 매점 운영권을 넘겨받았다. 이렇게 3곳의 사업장을 통해 연 10억 원의 매출을 올린다. 월 임대료 250만원 외의 수익은 대학발전기금과 학생 장학금 등 학생복지에 사용한다.

강영협동조합의 설립은 학생들뿐 아니라 지역의 사회적경제조직들에게도 새로운 기회가 됐다. 카페에서 사용하는 커피는 강릉시내 사회적기업에서 유기농 공정무역커피를 공급하고 있으며, 매점에서 판매하는 물품은 강릉시 슈퍼마켓협동조합에서, 김밥이나 샌드위치와 같은 간식은 지역 예비사회적기업인 찬들식탁에서 납품하고 있다. 또, 1년에 2회 열리는 토크콘서트도 지역 교육업체인 이을협동조합에서 주관하며, 주거래은행도 일반은행에서 사회적금융기관인 강릉신협으로 교체됐다. 강영협동조합은 사회적경제에 대한 교육에도 적극적이다. 주 1회 교양과목으로 개설되는 인문학 특강을 진행하면서 강릉영동대 학생들에게 인문적 소양과 사회적경제를 소개하고 있다.

특히, 학기 말이면 3번에 걸쳐 열리는 토크콘서트는 재미와 감동이 알려지면서 매회 강릉 시민과 학생들로 180여 객석을 가득 메운 채 성황리에 개최되고 있다. 또한, 이러한 인성교육은 학생들의 공동체 의식 배양으로도 이어져 지난해 2학기 이 대학에서는 학생들이 내놓은 88장의 헌혈증이 외부 의료기관에 전달됐다. 조합은 현재 5명을 고용하고 있으며, 2명은 이 학교 졸업생이다. 한편, 이 조합은 일반협동조합임에도 조합원들에게 배당을 하지 않는다. 학생들이 이용해 거둔 수익을 교수와 직원들이 조합원으로서 배당받아 간다는 것이 설립 취지에 맞지 않기 때문이다.

2. 취업경쟁력 향상을 위한 협동조합

학과(부)에서도 협동조합이 만들어지고 있다. 학과 단위 협동조합은 학생들의 취업역량 제고를 목적으로 하며, 시작 당시 교수들의 헌신에 기초해 설립되고 있다. 학과 단위에서 교수와 재학·졸업생들이 협동조합을 설립한 사례가 극히 드물지만, 조사된 두 사례는 대학에서 협동조합을 설립해 가질 수 있는 이점을 충분히 설명하고 있다.

조합 명칭	근거법령	설립	주요사업	조합원	직원	설립 목적
안다미로협동조합 (상명대학교 외식영양학과)	협동조합기본법	2015년	커피숍 운영	5명	8명	-재학생 취업경쟁력 강화
사유담협동조합 (한남대학교 사학과)	협동조합기본법	2016년	역사문화 탐방	8명	3명	-재학생 취업경쟁력 강화

표 3-2. 상명대 외식영양학과, 한남대 사학과 설립한 협동조합 비교

상명대학교 외식영양학과가 설립한 안다미로협동조합은 2015년 3월, 교수 1명과 학생 4명이 발기인으로 참여해 설립했다. 현재 상명대 서울캠퍼스에 있는 커피숍 6곳 중 3곳과 학생식당 1곳, 학교 밖 대학생 연합기숙사 1곳의 커피숍을 운영한다. 안다미로협동조합은 무보수 대표인 이승우 교수(경영학박사)와 외식영양학과 졸업생인 팀장 4명이 정규 직원으로, 부 팀장급은 재학생이 맡고 있다. 학기 중에는 재학생들이 조합이 운영하는 매장에서 시급을 받고 현장실습 교육을 수행한다. 일반협동조합으로서 정관에는 배당이 명시돼 있지만, 출자 배당과 이용 배당은 없다. 대신 매달 임대료를 내고 남은 수익의 일부를 모아 장학

금으로 3년간 4200만 원을 학교에 기부했다.

이 협동조합은 현장실습 처를 마련하기 위해 시작됐다. 2012년 미국 대학 강단과 외식업체 경험을 가지고 임용된 이승우 교수는 현장체험이 필요한 학과임에도 불구하고 현장실습과 캡스톤디자인이 없는 교육 여건을 개선할 방안을 찾았다. 이 교수는 학생들과 실습실에서 1년여 동안 카페를 운영하면서 쌓은 교내 외식 사업에 노하우를 살려 협동조합을 설립했다. 사업체로 처음부터 협동조합을 염두에 둔 것은 아니었다. 사업자등록을 어떻게 할까 고민하는 이 교수를 보고 지인이 협동조합 식 창업을 권유했다.

처음 매장을 열기는 쉽지 않았다. 학교에서는 불필요한 논란을 피하기 위해 빈 공간을 외부업체에 임대하려고 했지만, 이 교수와 학생들은 수익이 발생하면 장학금을 기부하는 조건으로 학교로부터 사용 동의를 얻었다. 초기 출자한 450만으로 커피 기계를 구입하고 안다미로협동조합이 운영하는 카페는 시작됐다. 매출은 첫해 7천5백만원에서 2017년 3억 원으로 늘었다. 학교 밖 매장이 한 곳 더 생겼기에 올해 매출은 지난해 보다 증가할 것이다. 4개 매장에서의 고용 상황은 학내 매장이라는 특성에 따라 계절에 따라 달라진다. 한창 바쁜 봄·가을 학기 중에는 46명까지 이곳에서 급여를 받아갔고 방학에는 휴업이다. 방학이면 팀장급과 부팀장급 매니저는 의무적으로 회사가 보내주는 해외연수를 가야 한다.

"학생들에게 도움이 되는 것을 알기에 시작했지만, 경제적 이익도 없고 교수 평가에도 도움이 안 된다. 다만, 현장에 대한 감각을 잃지 않고 계속 배울 수 있는 것이 장점이라면 장점"이라며, 학생의 미래를 고민해 주는 교수로서의 직업에 충실하고 싶을 뿐" 이라고 이 교수는 밝혔다.

한남대학교 사학과는 이주현 교수 등 5명의 교수와 3명의 졸업생이 1천만 원을 출자해 2016년 7월 설립한 사유담협동조합이 있다. 이 조합의 주 사업은 역사문화 탐방 프로그램 운영이다. 2017년 9월에는 대전시 예비사회적기업으로 지정됐다.

이 협동조합도 상명대 안다미로협동조합과 같이 학생들의 취업경쟁력 강화를 위한 현장실습 처로 이용하기 위해 설립됐다. 한남대 사학과는 학생들의 취업경쟁력 향상을 위해 융복합 과정을 개설하고 있다. 36명의 사학과 입학생은 2학년 말 3학년 초가 되면 3개 학과가 연계한 문화관광이나, 4개 학과가 참여한 기록관리, 6개 학과가 연합해 개설한 문화재박물관 전공으로 구분해 진로를 준비한다. 이 중 문화관광 분야는 현장경험이 필요하지만, 이를 해결하기가 마땅치 않아 사유담(史遊談)이라는 협동조합을 설립하게 됐다.

사유담협동조합은 대전·세종 지역 초등학교 고학년이나, 중학교 1, 2학년을 대상으로 탐방 프로그램을 운영한다. 1년 동안 8회에 걸쳐 국내 유적지를 탐방하는 '멀리탐방', 근현대 역사를 배경으로 하는 '근현대탐방', 그 외 드림탐방과 제주도 탐방, 해외 탐방 등 10여 가지 상품이 준비돼 있다. 탐방은 보통 한 팀이 20~25명으로 이뤄지며, 지난해 2억4천만 원의 매출을 올렸다. 이 매출로는 신규로 채용한 졸업생 1명을 더해 4명의 인건비를 감당하지 못해 대출로 부족한 비용을 충당했지만,

올해는 탐방 신청팀이 늘어났고, 지역 교육청과 협의해 중학생 자유학기제와 체험학습 등을 위탁받아서 더 많은 매출을 올릴 것으로 보인다. 특히, 서양사, 한국사, 중국사를 전공한 교수 조합원들이 경쟁력 있는 탐방 프로그램 만들어 낼 예정이기에, 성장 가능성은 충분하다고 조합은 판단하고 있다.

또, 한남대 사학과의 이색적인 이 협동조합은 현장체험뿐 아니라 재학생들에게도 좋은 아르바이트가 됐다. 탐방여행에 인솔자로 참여한 재학생 몇 명은 등록금의 상당액을 벌었다.

"애들 살길을 열어주기 위한 방편으로 시작했지만, 예비 사회적기업으로 선정됐으니 사회적경제 조직으로서 수익뿐 아니라 소외계층에게 문화체험 기회를 제공하는 일도 벌일 계획이다. 우리 조합 직원들이 안정된 삶을 살 수 있도록 임금을 현실적으로 높이는 것과 함께 더 많은 졸업생을 채용할 수 있도록 좋은 상품을 개발하는 것이 목표" 이다.

3. 창업교육을 통해 설립된 협동조합

대학가에 창업교육이 확산되고 있다. 2015년 창업강좌를 개설한 대학은 전년도 281개교에서 291개교로 증가하였고, 이수학생 수도 33.1% (217,734명→289,886명)증가하였다. 전체 291개 대학에서 4,262개 강좌가 개설되어 대학 당 평균 14.6개의 강좌가 운영되고 있다. 창업동아리 수도 18.7% 증가해 4,380개가 운영됐으며 3.9만 명이 참여하였다. 대학 당 평균 16.9개 규모이다.

이와 같이 창업교육과 창업동아리 활동에 힘입어 사회적경제 조직으로의 창업도 확산되고 있다. 창업교육과 동아리 활동을 통해 사회적경제로 창업한 사례와 학생창업기업을 지원하기 위해 교수 등이 설립한 협동조합 사례를 살펴보았다.

조합명칭	설립 배경	설립	주요사업	조합원	직원	설립목적
발그래사회적협동조합(건양대)	창업동아리	2018	수익모델 준비 중	교직원, 장애인 부동 등	-	발달장애인 고용, 교육
알배기협동조합(대구대)	창업동아리	2014	광고용역	5명	7명	사회적경제조직 마케팅, 디자인지원
인어스협동조합(인천대)	창업동아리	2015	초중고교생 대상 교육사업	3개 개인사업자	7명	청소년 전문 교육업체 지향
키다리은행(한양대)	창업 강좌	2015	소액대부	30명 이상	무급 자원봉사	대학생 금융협동조합 지향
YU BNS협동조합(영남대)	링크플러스사업단 제안	2017	학생기업지원	45명	-	학생창업지원 위한 협동조합
마중물협동조합(동명대)	링크플러스사업단 제안	2018	학생 취창업 지원위한 카페운영	400명	-	취창업교육, 중소기업제품위탁판매

표 3-3. 창업동아리 활동을 통해, 학생창업기업을 지원하기 위해 설립한 협동조합 비교

사회적협동조합 ‘발그래’를 설립했다. 발그래는 발달장애인과 함께 그리는 미래라는 뜻으로, 발달장애인과 부모들의 고용과 교육을 목표로 한다. 건양대 초등특수교육과 하주현 교수가 주축이 돼 설립한 발그래는 지난 2013년 말 구성된 창업동아리 여행나누리로 부터 시작됐다.

발달장애인 및 부모들과 여행을 함께하는 동아리다. 동아리 활동을 통해 이들은 여행뿐 아니라 18세 이후 지원이 끊기는 장애아동들의 삶

에 좀 더 관심을 가져야겠다는 생각을 하게 됐고, 지속가능한 공동체로서 사회적협동조합에 주목했다.

발그래는 발달장애인 부모와 교직원, 학생들이 조합원으로 참여해 여행뿐 아니라 반려동물을 위한 핸드메이드 용품과 먹이, 피부전문가의 재능기부에 의한 화장품제조, 두부제조기 판매 및 두부판매 프랜차이즈인 '골목두부' 출시, 장애인작업장 제조물품 온라인판매 대행, 사회적약자의 일자리매칭 프로그램 웹사이트 운영 등을 추진할 계획이다.

이와 같은 사업아이템은 대학 내 교수들의 도움으로 마련했다. 특히, 장애인을 의무 고용해야하는 50인 이상 사업장이 장애인을 직접 고용하고 있는 장애인표준사업장에 도급을 주면 부담금을 감면해 주는 장애인연계고용제도를 통해 수익모델을 만들 계획이다.

발달장애인 부모와 후견인, 건양대 교직원과 학생들이 조합원으로 참여한 발그래는 건양대가 위치한 논산시가 매입예정인 폐교를 사업장으로 사용하기로 예정돼 있다.

"발그래 설립을 준비하면서 대학에 전문가들이 이렇게 많다는 것을 알게 됐다. 각 분야 전문가들인 교수들의 도움으로 여기까지 올 수 있었다, 지역대학이 사회적경제 조직 창업을 통해 얼마든지 지역사회 문제를 해결할 수 있다는 것을 보여주고 싶다."

알배기협동조합은 대구대 창업동아리로 시작했다. 대구대는 2012년부터 링크사업을 수행하면서 인문사회 분야 학생들에게도 창업동아리와 캡스톤디자인, 현장실습과 같은 산학협력 교육을 확대했다. 이에 따라 대구대 신문방송학과 학생들이 만든 창업동아리 알배기도 만들어졌고, 2014년 11월 사회적경제 조직 전문의 광고·홍보 업체로 창업했다. 2016년에는 교내 빅데이터 전문 교수에게 기술을 이전 받아 맞춤형 홍보 서비스 시스템을 구축했다. 2016년 12월에는 경상북도 예비사회적기업으로 지정됐고, 2017년 5월에는 칠곡군으로부터 사회적경제조직을 위한 사업개발비 지원 대상에도 선정됐다.

현재 경북 칠곡군이 마련한 제3섹터 카페에 둥지를 튼 알배기협동조합에는 7명이 일하고 있다. 일자리제공형 예비 사회적기업으로 인건비의 70%를 지원받는 3명 외에 카페 업무에 종사하는 청각장애인 1인과 디자인 전문 인력 2인으로 구성돼 있다.

주 수입원은 광고용역이다. 2016년 1억3천만원에서 2017년에는 2억7천만 원의 매출을 달성했다. 올해는 제3섹터 카페(경상북도가 지원하는 프랜차이즈 카페)도 운영하면서 매출이 더 늘어날 전망이다. 알배기가 운영하는 제3섹터 카페에는 경상북도가 청년인구 유입을 위해 마련한 청년괴짜방도 한쪽에 마련돼 있다. 도비를 지원받아 조성한 이 공간은 디자인에 관심 있는 지역 청년들의 사랑방으로 쓰이고 있다.

"자퇴를 생각 중이다. 창업동아리부터 지금까지 사업에 집중하느라 휴학도 3번 다 썼고, 굳이 졸업장의 필요성도 못 느낀다. 올해 좀 더 노력하면 사업이 안정화 될 것 같다. 이후 시간에 여유가 좀 생기면 디자인 쪽 공부를 하고 싶다."

인천대학교 창업동아리 출신 인어스협동조합이 전국 학교가 주목하는 교육 전문업체로 성장하고 있다. 인어스협동조합은 인천대 창업지원단의 지원으로 2016년 협동조합을 설립했다.

인천대 체육학부 11학번인 이사장과 생명공학, 전자공학, 경제학 출신들과 타 대학 출신 2명을 포함해 7명이 구성원이다. 인천대 학생 창업동아리실에 사업장을 마련했다. 청소년 대상 전문 교육업체를 목표로 한다.

올해로 창업동아리 활동 6년차, 회사설립 3년차인 인어스협동조합은 그동안 전국 400여 개의초·중·고교를 상대로 교육 프로그램 운영과 교육용 교재 판매로 협력관계를 구축해 왔다.

협동조합은 100만원 자본금으로 시작해 첫해 6000여만 원 매출을 올렸다. 지난해는 교구 판매와 대여를 사업에 추가해서 2억 원을, 올해는 7명 중 5명이 정규 직원으로 안정적인 급여를 받을 수 있는 6억 원을 목표로 잡고 있다.

인어스협동조합의 성장에는 지원 기관의 역할도 컸다. 인천대 창업지원원단은 두 차례에 걸쳐1000만 원의 지원금과 창업 공간제공, 각종 컨설팅으로 사업기반을 마련하는 데 일조했고, 북서울 신협은 일선 학교에서 진행하는 자유학기제에 참여할 수 있는 기회와 함께 창업지원금 1000만 원도 출연했다.

“협동조합은 구성원과 합의에 시간이 걸리지만 일단 전체가 합의한 후 일을 시작하면 빠른 속도록 진행된다. 그만큼 주인의식을 가지고 임하기 때문에 성과가 나는 것으로 생각한다. 기성세대들이 청년 사업가들을 신뢰하지 못하는 경우가 있는데 이러한 인식을 개선하기 위해서도 더욱 잘해야겠다고 생각한다. 우리에게 부족한 역량은 사회적경제 조직 간의 적극적인 협업으로 해결해 나가고 있다”

한양대 키다리 은행은 2015년 11월 시작됐다. 키다리은행은 대학생들이 경제난을 스스로의 힘으로 해결하기 위한 자조(自助) 조직이다. 지난해까지 서울시립대, 단국대 천안캠퍼스, 건국대 학생들로 확산됐으며 올해 몇 개 대학에서 더 만들어질 예정이다. 한양대 키다리은행은 협동조합기본법에 의거해 사회적협동조합으로 등록하고 싶었지만, 금융업종은 제외돼 있는 까닭에 임의단체로 사업자 등록을 했다. 하지만, 운영은 협동조합 기본 원칙을 따른다.

키다리은행은 협동조합의 이해라는 과목을 이수한 학생 3~4명이 뜻을 모아 대자보를 통해 조합원을 모으면서 시작됐다. 30명이 모였고, 240만 원이 출자됐다. 출범 이후, 급전이 필요하거나 뜻에 공감한 학생들의 자발적 참여로 출자금은 1300만 원까지 늘었지만 2월에 졸업한 학생들이 조합을 떠나면서 출자 총액이 줄었다.

2018년 2월까지 급전이 필요한 90여 명에게 2천4백만 원을 대출해줬다. 급전이 필요한 학생들은 1인당 최대 30만 원까지 자율이사로 차용하고 있으며, 30만 원 이상을 원하는 경우는 출자금의 10%까지 더 융통할 수 있다,

키다리은행은 자원봉사 학생들이 금융심사국, 사업국, 운영사무국으로 편재돼 운영하며, 운영에 소요되는 비용은 조합 가입비 1만 원과 상환지연이자와 한양대 창업지원단의 창업동아리 지원금 등으로 충당하고 있다. 북서울신협은 이들의 멘토로서 금융 기관 운영 노하우와 지원금, 2016년 4월에는 정식 협약을 맺고 금융기관 간 이체 수수료 전액을 감면해줬다. 이러한 북서울신협의 지원에 힘입어 타 대학들에서도

키다리은행이 생겨나면서 중앙회가 탄생했다.

"지방에서 올라온 신입생 중 기숙사에 지불할 보증금이 없어서 월세만 내고 사용하는 고시원에 가는 학생들이 많다. 신입생 기숙사 보증금만이라도 지원할 능력이 있었으면 좋겠다. 협동조합으로 정식 등록하면 위탁기금을 운영할 수 있고, 대학 전체 구성원들이 참여하는 한양대 신용협동조합이 될 수 있다."

영남대학교가 학생창업가들을 지원하기 위해 'YU BNS(비즈니스 네트워크 서비스) 협동조합'을 설립했다. YU BNS협동조합은 영남대 링크플러스(LINC+)사업단장인 배철호 기계공학부 교수가 이사장으로, 추교철 창업전담 교수와 영남대 학생창업기업 파츠스튜디오 그리고 두 곳의 지역기업이 발기인으로 참여했다.

YU BNS는 학생 기업들의 지속성을 담보할 수 있는 창업안전망으로서의 역할을 목표로 한다. 영남대의 이 협동조합 설립은 이색적인 창업교육에 바탕을 두고 있다. 영남대는 매년 50여명의 학생들이 사업자 등록을 한다. 학기 중 개설되는 12개의 창업 교과목과 방학 때 진행되는 실전 마케팅 교육을 통해 학생들은 온라인 판매로 40여명, 기술창업에 10여명이 창업에 나선다. 하지만, 생존에 필요한 여러 조건을 갖추지 못한 학생창업가들은 대부분 졸업 시즌이 되면 주저앉고 만다. 실제로 영남대 링크플러스사업단이 조사한 바에 따르면 학생창업가들은 온·오프라인 구분 없이 시장진입을 가장 큰 애로사항으로 꼽았다. 또 고객확보의 기술부족, 유통채널 구축에 대한 기반부족, 양질의 상품을 공급할 파트너 확보에 어려움 순으로 창업의 고충을 토로했다.

영남대 링크플러스사업단은 이러한 문제를 해결하기 위해 협동조합을 설립했다. YU BNS협동조합은 학생 창업기업들이 온라인을 통해 판매할 수 있는 양질의 상품을 안정적으로 공급할 계획이다. 세계최대 소비시장인 중국 이우시 현지의 생산 및 공급업체와 협력관계를 마련했다. 지역 농축산물 판매를 희망하는 학생창업가들과 경북 농민사관학교 소속 농가들과의 매칭도 주선했다. 그동안 축적해 온 창업교육 노하우를 활용해 교육사업도 벌일 계획이다. 대학생 대상 창업교육 콘텐츠 개발과 초중학생 창의적 체험활동, 중학생 대상 자유학기제 지원 우수대학으로 평가받은 교육 노하우도 협동조합의 사업에 담았다.

"우리 협동조합은 자주, 자립, 자치적인 활동을 통해 학생 창업가들을 지원할 것이다. 안정적인 경영을 통해 협동조합에 정규 직원을 채용함과 아울러 수년 내 사회적협동조합으로 전환해 다수의 안정적인 일자리도 창출하겠다."

동명대학교가 동명 마중물협동조합을 설립했다. 2018년 2월 부산시 남구 대연동에 있는 남구청년창조발전소 1층에 문을 연 이색적인 카페는 동명 마중물협동조합이 운영하는 더위카페(THE WE Cafe)로, 일반적 카페기능과 함께 창업동아리 제품의 전시, 판매 공간도 한편에 마련돼 있다.

마중물 협동조합은 신동석 교수(링크플러스사업단장)을 이사장으로 400여 명의 학생과 기업체 인사들이 조합원으로 참여했다. 이 협동조합은 청년 일자리 문제 등 지역사회 과제를 해결하는 데 협동조합이 적합하다고 판단한 링크플러스사업단이 수개월 동안 준비해 설립했다. 마중물 협동조합은 조합원 및 예비창업자 등에게 취업·창업 등의 교육서비스 제공과 함께 창업동아리 및 지역 중소기업 제품을 위탁판매 할 계획이다. 또, 호텔, 식품, 관광 등 카페와 관련된 학과 학생들의 현장실습교육처로도 활용해 학생 조합원의 권익 증진을 도모할 계획이다. 특히, 장학금 지급 등 수익의 사회 환원을 통해 대학과 지역사회에서 협동조합이 활성화되는 데도 일조할 계획이다.

"지역 청년들의 잠재적 능력과 대학이 보유한 취업·창업 역량을 결합한다면 이 협동조합이 많은 역할을 할 수 있을 것이다. 청년들에 의한 자주적이고 자립적인 조합 활동이 조합원의 복리 증진과 함께 공동체 의식을 함양하는 새로운 교육기관으로서의 역할도 가능하게 할 것이다."

4. 대학이 설립한 사회적 기업

2012년 정부는 사회적기업 활성화를 목적으로 부처별 사회적기업 지원 사업을 실시했다. 이에 따라 대학가에 교육부가 선정한 대학주도 방과후학교 사회적기업 등이 생겨났다.

교육부가 지정한 경남대학교 방과후학교 사회적기업인 조이스쿨'과 문화재청이 지정한 문화재형 사회적기업 1호인 경북과학대학교 겨레문화사업단 사례를 살펴보자.

조직 명칭	근거법령	설립	주요사업	직원	설립목적	특징
조이스쿨협동조합(경남대학교)	협동조합기본법	2012년	방과후학교 교육사업	직원-4명 강사-16명	대학주도형 방과학학교 사회적기업 (교육부)	사회적기업에서 사회적협동조합으로 전환
겨레문화사업단(경북과학대학교)	사회적기업 육성법	2012년	문화재활용 교육사업	직원-6명	대학주도형 사회적기업 (문화재청)	-대학박물관 이용 최초의 사회적기업

표 3-4. 경남대, 경북과학대가 설립한 사회적기업 비교

경남대학교가 설립한 사회적기업 조이스쿨은 2012년 교육부가 선정한 방과후학교 프로그램을 운영하는 대학주도형 사회적기업으로, 경남지역에서는 유일하다. 조이스쿨은 경쟁이 치열한 방과후학교 교육시장에서 공공성을 강화하기 위해 법인격을 주식회사에서 지난해 말 사회적협동조합으로 전환했다.

조이스쿨에는 졸업생 2명을 포함해 4명이 정규직원으로 16명이 파트타임 강사로 재직 중이며, 41개 강좌가 관내 초등학교와 지역아동센터에 개설돼 있다. 수요처의 사정에 따라 운영기간 과 개강일이 정해지며 보통 1인 기준 월 3만원의 수강료로 15명 내외 학생이 참여해 과목이 개설된다. 최근 인기 있는 프로그램은 컴퓨터와 하와이 전통악기인 우쿨렐레 교실, 영재로봇, 뉴스포츠 등이다. 학교나 기관의 요청에 따라 돌봄교실, 자유학기제 등 기타 체험 프로그램으로도 진행한다.

조이스쿨은 대학이 설립, 운영하는 교육업체인 만큼 교육학과 교수들의 참여에 힘입어 전문적인 관리시스템을 갖추고 있으며 강사 관리가 철저하다. 일반인과 경남대 학생들 중 공개모집을 통해 우수강사를

확보하고 강사들의 역량 강화를 위해 정기적인 컨퍼런스와 함께 자가 진단평가를 실시한다.

설립 초창기 시장점유율 1위를 기록했지만, 민간 교육업체들과의 경쟁에서 밀려나면서 매출이 지난 16년에 3억 수준에서 17년에는 2억 3천만 원으로 줄었다. 조이스쿨도 다른 대학 방과후학교 사회적기업과 같이 치열한 교육시장에서 겪어야 하는 경영상의 어려움에 봉착해 있는 상황이다. 하지만 대학이 설립한 사회적기업으로서의 봉사활동은 버릴 수 없다. 사범대 학생들이 주축이 된 교육봉사단원들이 수요처의 요구에 따라 6개월에서 1년까지 창원시내 지역아동센터 곳곳에서 무료 교육을 진행하고 있고, 사회적협동조합으로서 이를 더 확대할 계획이다.

"기업체로서 수익을 올려야 하지만, 지역대학으로서 지역사회에 봉사해야 한다는 생각에 무료 봉사도 많이 하고 있다. 올해부터 사회적협동조합으로서 수익의 40%를 서비스로 환원해야 하는데 지속가능성을 생각하면 사실 고민이다. 방과후학교도 사회적기업을 우선 구매해 줬으면 좋겠다.

경북과학대학교에 있는 문화재형 사회적기업 1호인 겨레문화사업단은 대학 박물관 최초의 사회적기업이다. 대부분의 대학 소유 박물관이 특별한 날을 제외하고는 잠겨 있지만, 이 대학박물관은 지역사회에 개방된 채 사회적기업으로 살아있다. 겨레문화사업단은 2012년 설립돼 2015년 7월 사회적기업 인증을 받았다.

겨레문화사업단은 1993년 신설된 문화재관리과로부터 시작됐다. 이 학과는 유물 발굴과 보존처리, 복원 등을 수행하는 이색 학과다. 문화재 발굴 전문기관들과 대학 박물관들이 유물보존 처리를 의뢰해 왔다. 이러한 학과 특성을 인지한 당시 칠곡군수가 지역에 산재해 있는 문화재를 관광자원으로 개발해 일자리를 창출하자며 대학에 사회적기업 설립을 제안했고, 이에 따라 칠곡군과 경북과학대, 민간업체가 4억5천만 원의 비용을 마련해 겨레문화사업단이 출범했다.

회사는 무보수로 대표직을 수행하는 담당 교수와 이 대학 출신, 지역의 경력단절 여성 6명이 정규직원으로 근무하고 있다. 매출은 지난해 4억5천만 원을 달성했다. 겨레문화사업단의 사업모델은 문화재 보존처리와 문화재활용 교육사업이다. 겨레문화사업단의 문화재를 활용한 교육 프로그램은 대구를 포함한 경북지역에 소문이 나면서 자유학기제로 8천여 명, 창의적 체험활동 프로그램으로 연간 1만 5천명에서 2만 명의 초중학생들이 참여할 만큼 성황을 이룬다. 특히 창의적 체험활동이 인기 있는 것은 2001년 대학 인근 폐교를 인수해 마련한 박물관 부설 전통문화체험하교 때문이다. 1600여점의 유물을 직접 만져보고 체험할 수 있도록 조성했다. 겨레문화사업단의 활동은 지역사회에도 자극이 돼서 지역 문화재도 새로운 교육공간으로 활용되고 있다. 현재 구미 옥계서원과 구미시 일선리 문화재단지마을, 달성군의 묘골마을, 칠곡군의 매원마을, 성주군의 한개마을 등에서 각종 체험과 교육 프로그램을 개최하고 있다.

“박물관과 지역 문화재를 참여형 공간으로 개방해야 문화재도 지속적으로 보존되고 그런 가운데 새로운 일자리도 만들어질 수 있다. 대학은 문화재뿐만 아니라 조금만 주의 깊게 살펴보면 사회적 가치를 실현할 수 있는 다양한 자원들을 개발할 수 있는 인적자원과 능력을 가진 보고.”

5. 산학협력을 통한 사회적 경제 조직

대학에서 산학협력 활동이 활성화되고 있다. 고등교육법 및 그 밖의 법률에 따라 설치된 각급학교 중 대학정보공시 의무를 가지는 전국 424개 대학의 84.0%인 356개 대학이 산학협력 활동을 수행하는 조직으로 산학협력단을 운영하고 있으며, 산학협력단장 지급은 처장·본부장·실장급 (279개 대학)이 가장 많으며, 부총장급 직제를 유지하고 있는 대학도 23개였다. 산학협력단 업무 증가에 따라 전체 인력은 2015년에 7,178명으로 2011년 대비 14.1% 증가하였고, 업무의 전문성이 요구되면서 2년 이상의 근속직원도 2015년도 3,017명으로 2011년 대비 50.5% 증가하였다. 교육 및 연구 수익도 늘어나는 추세로 2013년 대비 12.3% 증가한 6,544억 원을 기록했다.

또, 전체대학 중 68.6%가 산학협력 친화형 교원 인사제도를 운영하고 있으며, 산학협력중점교수는 총 6,976명으로, 2012년 대비 59.0% 증가했다. 전임교원들이 수행한 산업체 활동의 83.6%는 산업체 직책을 겸직하고서 중소기업과 지역기업에서 진행되고 있다.

이렇듯 대학이 산학협력 활동을 중요하게 다루기 시작하면서 일반기업체뿐 아니라 대학을 통해 경쟁력을 확보하는 사회적경제 기업들이 나타나고 있으며, 새로운 사회적경제 기업이 설립되기도 한다.

조직명칭	협력 내용	설립년도	주요사업	규모	설립목적	특징
봉제섬유 새활용 사회적협동조합 등 (한양여자대학교)	패션,봉제, 디자인 관련 업체지원 및 인력양성 등	2015	봉제업체와 대학 간 협력 등	7개의 협동조합 운영	-산업체 경쟁력 강화 -인력양성 -취창업 역량 강화	-지자체, 산업체와의 협력을 협동조합 설립으로 추진 -협동조합의 이점을 경험한 후 다양한 협동조합 설립 함
ABL협동조합 (호서대 기술경영전문대학원)	산업체 경력 교수와 학생이 다양한 분야에서 협력	2018	기술경영전문대학원과 관련된 중소기업 지원	조합원 60명	구성원 공동의 이익이 실현되는 비즈니스 조직	대학 내 산업체 관계자들이 협동조합 모델
천지인초 (상지대 창업보육센터 입주기업)	창업보육센터에서 기술이전 및 마케팅 지원	2012 2015년 사회적 기업인증	건강식품 개발, 판매	직원12명	청결하고 저렴한 건강보조식품 제조	대학 지원으로 안정적인 경영환경 마련
온새미로 협동조합 (신기대 창업보육센터 기반)	동문출신 청년창업기업과 창업동아리가 설립	2016	시흥시 경력단절 여성 대상 ICT 교육, 웹시스템 구축 등	9명의 청년창업CEO와 4명의 창업동아리 대표가 조합원	협동조합통한 비즈니스경쟁력 강화, 후배 창업자 육성	협동조합 설립을 통해 창업보육센터 입주기업의 경쟁력 제고

표 3-5. 산학협력을 통해 설립된 협동조합과 경쟁력이 강화된 사회적기업

한양여자대학교에는 다양한 종류의 협동조합이 설립돼 있다. 한양여대에서 협동조합이 활성화되기 시작한 것은 2015년부터이다. 서울 성동구청과 한양여대는 경력단절여성과 결혼이주여성, 미취업 학생들을 선발해 봉제 교육을 실시했다. 교육을 이수한 취업 희망자들은 대학

에 있는 '청실홍실 마을공방'으로 취업했다. 협동조합으로 운영되는 이곳에 필요한 일감은 기존의 봉제업 종사자들이 모여 만든 사업자협동조합으로부터 제공받았다. 이곳을 통해 2015년부터 2년간 118명의 경력단절여성 등이 일자리를 찾았다. 이 청실홍실 마을공방이 확대돼 '봉제섬유 새활용 사회적협동조합'으로 재탄생했다. 이 사회적협동조합에는 섬유관련 사업을 영위하는 10개 이상의 협동조합들과 교수, 학생이 조합원으로 참여했다.

성동구, 서울시는 봉제섬유 새활용 사회적협동조합을 주축으로 '성수 소셜패션 클러스터'를 구축할 계획이다. 또, 한양여대에서는 2017년 5월 '하이유' 협동조합이 발족했다. 하이유는 한양여대가 사업에 사용하는 공동 브랜드로, 이 협동조합의 출자금은 1구좌 당 5천원이었다. 생산자 17명과 소비자 32명이 참여해 총 1244구좌가 모였다. 하이유협동조합은 현재 식품영양학과 주도로 교내 행원파크 지하 1층에서 카페를 운영하고 있으며, 조만간 전용 쇼핑몰을 오픈할 예정이다. 쇼핑몰에서는 대학에서 만들어진 제품들과 산학협력 가족회사들의 상품, 협력을 맺은 청주시 가덕면 농민 조합원들은 농산물 판매를 전담하게 된다.

또, 한양여대에는 학과별 특성에 기반한 협동조합도 있다. 리안플러스협동조합은 산업디자인과가 주축이다. 창업동아리가 만든 '펫플러스'라는 캐릭터를 이용해 반려동물용 상품을 개발해 판매한다.

인문인협동조합도 있다. 문예창작과 교수와 학생, 졸업생이 운영하는 협동조합으로, 지역 주민을 상대로 한 인문학 교육사업과 주민들이 참여하는 지역 미디어 기획과 운영을 준비 중이다.

듀나미스협동조합은 패션디자인과와 산학협력 파트너 기업인 듀나미스의 제조, 생산, 영업력을 바탕으로 패션 제품을 생산한다. 지난해 대학 행사에서 사용된 티셔츠와 모자를 납품했고, 항공운항과 학생 제복에 사용하는 스카프, 식품영양학과가 졸업선물로 사용한 실크스카프 샘플도 개발했다. 수익의 3%를 산학협력단에 기술료로 제공했다. 또, 스타트업한양협동조합은 학생들의 취·창업지원과 해외 취업 그리고 자원 재활용을 아이템으로 하는 협동조합이다.

또, 최근에는 TOFA BIZ(토탈패션비즈니스)협동조합이 설립됐다. 한양여대는 이 협동조합을 봉제섬유 새활용 사회적협동조합과 연계해 서울시 전체 패션산업을 아우르는 대규모 협동조합으로 키울 계획이다.

"청년 창업에도 산업체의 경쟁력 강화에도 협동조합이 주효하다. 우리대학의 산학협력은 협동조합으로 시작해 협동조합으로 열매 맺는다."

호서대 기술경영전문대학원(MOT)이 소속 교수와 학생 60여 명이 참여한 ABL 협동조합을 2018년 설립했다. 호서대 MOT는 기술과 경영 능력을 결합한 기술경영 고급인력 양성을 목표로 운영된다. 전임 교수 10여 명은 대기업 등에서 CEO와 임원을 거친 전문가들이며, 석·박사 과정의 대학원생들도 다양한 분야에 재직자들로 구성돼 있다.

ABL 협동조합은 다양한 분야에 전문가들이 그동안 대학원에서 쌓은 신뢰관계를 바탕으로 공동의 이익을 실현하기 위해 설립됐다.

호서대 MOT가 기술사업화를 위한 협동조합을 설립하기로 뜻을 모은 것은 동문의 안타까운 상황을 목격하면서부터이다. MOT 동문인 기업체 사장이 10여 년간 수십억 원을 투자해 개발한 탄소섬유 발열 기술을 시장에서 제대로 인정받지 못하고 있는 상황을 목도하고, 이를 주변의 동료와 교수들이 공식적인 비즈니스 조직을 통해 지원할 것에 의견이 모아지면서 설립됐다.

60명의 조합원은 1인당 100만 원씩 출자했으며, 조합원은 누구나 MOT와 관련된 중소기업에 대한 비즈니스 모델 설계, 상품화, 디자인, 영업연계, 홍보 등의 업무에 기여할 수 있고, 기여한 성과에 따라 이익 배당을 받을 수 있다.

"중소기업이 보유한 좋은 기술이 의외로 많지만, 대기업이 독점하고 있는 브랜드력, 유통망 구축 능력 등에 미치지 못해 성공하지 못하는 경우가 많아 안타까웠다. 이 협동조합을 통해 동문들이 보유한 아이디어와 인적 네트워크가 비즈니스로 승화된다면 중소기업을 위한 혁신의 플랫폼으로 발전할 수 있을 것이다."

강원도 원주의 상지대학교 창업보육센터에 입주해 있는 50여개 초기기업 중 5개가 사회적경제 기업이다. 상지대 산학협력단이 2011년부터 고용노동부와 한국사회적기업진흥원이 시작한 사회적기업가육성사업에 참여하면서 발굴한 기업들이 지금도 이곳에 자리잡고 있다. 그 중 천지인초는 '건강한 삶을 누릴 권리는 평등하다.'는 사회적 미션을 가진 사회적기업으로, 천연물 재료, 환(丸)제품, 약초, 엑기스 형태의 건강식품을 제조, 판매한다.

회사 대표는 이 대학 한약재료공학과 출신으로 첫해에 사회적기업가육성사업에 선정돼 2011 11월 법인을 설립했다. 이듬해 강원도의 예비사회적기업에 선정됐고 2015년 7월 사회적기업으로 정식 인증을 받았다. 회사의 주요 제품은 '농축 환'이다. 생산 원가가 많이 들지만, 상지대 교수에게서 전수받은 에탄올을 이용해 수율을 높인 기술 경쟁력을 확보한 데 힘입어 가격대비 질 좋은 제품을 생산한다. 회사는 골다공증 예방, 수축해소 등 천연재료를 이용한 신제품과 개발 방법 등에 대해 5개 특허를 보유하고 12개 제품을 생산, 판매하고 있다. 2017년 3억, 2018년은 4~5억 원의 매출을 예상하고 있으며, 한의사 자격을 가진 2명의 전문 인력과 정부 보조를 받는 6명, 그리고 자체적으로 고용한 2명 등 12명이 일하고 있다.

회사는 봉사활동에도 적극적이다. 대표가 원주시 사회적경제네트워크에서 이사로 활동하고 있으며, 가정형편이 어려운 아이들과 그들의 부모에게 건강보조식품을 무료로 나눠주는 건강지킴이 역할도 하고 있다. 청소년 보호센터와 독거노인들에게도 재능기부를 하고 있다.

"대학에서 사업을 시작한 것이 정말 다행이었다. 그동안 많은 도움을 받았다. 5년이 돼서 학교 창업보육센터를 나가야 하지만, 그동안 대학에서 받은 도움을 지역에 봉사활동 열심히 하는 것으로 갚아가겠다."

경기도 시흥에 위치한 한국산업기술대학교에는 'KPU 온새미로 협동조합(이사장 김준형)'이 있다. 학내 창업보육센터에 입주해 있는 9개의 동문 기업들이 주축이 된 조합으로, 대학에서 출현 가능한 사업자협동조합의 새로운 전형으로 주목받고 있다.

2016년 11월 출범한 온새미로 협동조합은 산기대 출신 9명의 학생 창업기업 CEO와 4명의 창업동아리 학생들이 2천만 원을 출자해 설립했다. 링크플러스사업단이 기술창업에 성공한 선배들과 창업을 준비하는 후배들 간 교류와 협력을 강화하기 위해 운영해온 창업 징검다리 교류회 회원들이 조합원이다. 이들은 협동조합이 서로에게 부족한 기술을 채워줘 실패 확률을 줄일 수 있고, 상호 시너지를 높일 수 있는 방안이라는 데 뜻을 같이 하고 '청년창업 공동체'인 협동조합을 설립하기로 뜻을 모았다.

조합은 측정/제조·IT웹서비스·3D프린터·제품디자인·교육콘텐츠제작 등 기술창업 기업들이 주축을 이룬다. 이에 따라 각 기업들은 조합 활동을 통해서 부족한 기술을 보완하는 등 연대와 협력을 통해 새로운 경쟁력을 확보하고 있으며, 조합이름으로 현재 수행하고 있는 교육프로그램은 지역사회에 신선한 자극이 되고 있다. 그동안 시흥시 여성새일터본부가 경력단절여성과 미취업여성을 위해 마련한'3D모델링 지브러쉬(ZBrush)전문가 양성과정 교육','3D모델링을 활용한 아트토익 전문가 양성과정 교육'등 지역사회에서 보기 드문 수준 높은 강좌를 운영하고 있으며, 시흥시 주민참여예산 웹서비스 개발용역을 수행했다.

지난 2년여 동안 호흡을 맞춰온 조합은 내년부터 본격적으로 자체수익사업을 추진할 예정이다. 지자체, 대학, 공공기관에서 운영하는 아이디어 경진대회 평가 모델로 활용할 수 있는 클라우드펀딩 모의 시스템과 경력단절 강사들의 DB 구축과 강사 매칭 사업 출시가 무르익었다.

이제는 그동안의 운영 경험을 살려 조합원 이익은 물론 후배들의 창업 성공도 적극 지원함으로써 대학을 매개로 한 협동조합의 새로운 모델을 실현해 보고 싶다."

6. 학과 동문이 만든 협동조합

사회서비스 분야는 사회적경제에 가장 적합한 영역으로 알려져 있다. 장기요양이나 보육, 바우처, 장애인활동지원 등의 업무를 위해 취약계층을 고용하고, 정부의 복지서비스가 닿지 못하는 취약한 영역을 사회적경제 조직이 해결할 수 있기 때문이다. 하지만, 민간 영리기관이 바우처 사업의62%를 차지하는 등 주로 민간 기업 위주로 사회서비스가 공급돼왔다.

그 이유로, 사회적경제 기업에 대한 관심 부족과 사회서비스 분야 종사자들의 사회적경제에 대한 이해 부족 등이 원인으로 꼽히고 있다.

이 사회서비스 분야에서 사회적협동조합을 설립한 두 대학 동문들의 사례를 살펴보자.

조직 명칭	근거법령	설립년도	주요사업	직원	설립목적	특징
이랑사회적협동조합(우석대 유아특수교육과)	협동조합 기본법	2014년	장애,발달 지연 아동 교육	10명	발달통합지원센터 설립해 발달, 장애아동 등 지원	-학과 특성을 살려 중증장애아 교육과 치료 지원 -교육대상 아동 치료뿐 아니라 자립능력 향상 위한 경제교육, 학부모 교육도 병행
두루바른사회적협동조합(한림대 언어청각학부)	협동조합 기본법	2014년	언어치료 전문	12명	고용안정과 언어치료 서비스 향상 도모	-강원도 최초의 재활치료분야 사회적협동조합 모교와의 산학협력으로 R&D 수행

표 3-6. 우석대, 한림대 같은 학과 동문이 만든 협동조합

우석대가 위치한 전북 완주군에는 장애, 발달지연 아동들을 교육하는 이랑아동발달통합지원센터가 있다. 2014년 4월 문을 연 이곳에는 현재 130명의 아동들이 치료와 교육을 받고 있다. 완주군 아동들뿐 아니라 전주와 익산, 군산 등 도시지역에서도 찾고 있는 이곳은 우석대 유아특수교육과 04학번 동기 2 명과 중등특수교사인 친구 1명이 의기투합해 2013년 3월 설립한 이랑협동조합이 운영한다. 2016년 11월 사회적기업 인증을 받았다.

3명의 청년들이 사회생활을 하면서 저축한 돈과 4억 원의 부채로 세운 이랑아동발달통합센터가 개원할 당시 완주군에는 등록된 장애아동과 언어 발달지체를 겪고 있는 다문화아동을 포함해 약 300명의 아동이 교육과 치료가 필요한 상황이었다. 하지만, 시설이 부족해 장애아 일부는 전주시나 익산시로 나가서 치료를 받거나, 대다수의 부모들은 아이의 특성에 맞는 치료나 교육을 포기한 채 지내고 있었다.

현재 센터에서는 치료·교육과 함께 장애 아동들의 자립에 필요한 직업교육과 학부모 교육도 제공하고 있다. 직업교육과 학부모 교육으로 장애 아동 가족의 해체를 조금이라도 막고 싶은 청년들의 뜻이 담겨있다.

이 협동조합은 경영상태도 안정적이다. 2014년 4천만 원 매출이 이듬해1억6천만 원, 2017년에는 2억 9천만 원으로 증가했다. 매출의 70%를 국가가 지급하는 바우처를 통해 창출하다 보니 일반 기업들이 겪는 재무적 위기 상황은 없다. 수익 증가에 맞춰 직원들도 늘어나 지금은 10명이 일하고 있다.

"치료를 받은 아이들이 건강한 사회인으로 성장할 수 있도록 돕기 위해 직업교육도 보강하고 있다. 차로 30분 이내 거리에 있는 아이들만 받고 있는데 그 너머에 다른 이랑이 또 그 너머에도 다른 이랑 센터가 만들어져서 장애발달 아동대상 특수교육을 우리 동문들이 주축이 된 사회적협동조합이 책임져 나갔으면 좋겠다."

두루바른사회적협동조합은 2001년 한림대학교 자연대학에 신설된 언어청각학부 동문들을 주축으로 설립됐다. 언어청각학부는 졸업 후 2급 재활치료사 자격증을 취득하고 병원이나 복지관, 사설 재활센터 등에 취업하지만, 대부분 프리랜서나 파견직 형태로 고용된다. 이에 따라 불안정한 고용이 잦은 이직을 낳고, 그에 따라 치료사의 잦은 교체는 환자들의 불만으로 이어진다. 특히, 언어치료가 짧게는 수개 월, 길면 몇 년씩 치료를 요하는 분야이기에 영리기관 보다는 사회적기업에 적합한 서비스 분야로 거론되고 있다. 이에, 12명의 한림대 언어청각학부 출신 치료사들은 스스로의 고용과 사회서비스 향상을 위해 2013년 뜻을 모았다. 이들은 원주협동사회경제네트워크에서 협동조합 설립과 운영에 필요한 교육을 받고 2014년 1월 강원도 최초의 재활치료분야 사회적경제 기업인 두루바른 사회적협동조합을 설립했다.

두루바른은 원주시에 언어임상심리센터를 개설해 1년 만에 손익분기점을 넘겼다. 2016년 2월에는 춘천시 동면에 두 번째 임상센터를 설립하고 12월에 사회적기업 인증을 받았다. 또, 강원도 영서북부지역의 치료 수요를 감당하기 위해 세 번째 센터를 영월이나 홍천지역에 개소할 계획으로 있다. 처음 7명으로 시작한 이 조합의 직원은 현재 대표를 포함해 17명으로 늘어났으며, 월 평균 3~4천만 원의 매출은 바우처 사업과 초등학교나 복지기관에서 시행하는 교육과 치료를 통해 거두고 있다.

특히, 두루바른에게 모교와의 산학협력은 든든한 버팀목이 되고 있다. 두루바른과 한림대 언어청각학부는 지난해 고용노동부에서 사업개발비 지원을 받아 개별 맞춤형 난독증 해결 프로그램 개발을 공동으로 수행하고 있다. 학교는 연구개발을, 조합은 교육 프로그램 개발과 교재 출판을 담당하고 있다. 이 연구개발 사업은 난독증 환자들에게 읽기에 중점을 둔 효과적인 치료 프로그램을 제공할 수 있을 것으로 기대되며 두루바른에게 또 다른 수익창출 창구가 될 것이다. 연구개발뿐 아니라 공동으로 진행한 교육프로그램도 지역사회에서 호응이 높다. 지난해 실시한 사업이 호응이 좋아 올해는 강원도 전역에 있는 어린이집에서 영유아의 언어발달 검사와 교육을 수행한다.

“언어치료 분야는 지속적으로 공부가 필요하지만, 사회적경제 조직으로서 직접 연구개발을 수행할 인력과 비용은 엄두가 나지 않는다. 그런 의미에서 지역대학과의 산학협력은 최선의 선택이다. 일반 창업기업들과 같이 투자를 받기도 어려운 사회적기업으로서 대학과의 산학협력은 사회적경제 조직에는 가뭄에 단비와 같은 역할을 한다.”

7. 그 외 대학에서 만들어진 사회적경제 기업

대학 구성원의 제안에 의해, 대학이 시행하는 정부의 사회적기업가 육성사업을 통해, 대학 구성원이 자발적으로 만든 사회적경제 기업을 살펴보자.

관련대학	조직 명칭	주요 사업	규모	설립목적	특징
여주대학교	사회적기업 통카페	교내외 3곳 카페운영	직원 10명	결혼이주여성의 일자리 창출	-마을기업, 사회적 기업 지정 -재단과 산학협력단이 주주로 설립
광주대 사회복지학부	-상만영농조합 법인 등	-농업	2017년 선정 10개 예비사회적기업 중 3팀 선정	일자리 창출, 경제적 이익, 치료서비스 제공 등	사회적기업가양성사업을 통한 사회적기업 창업
한림대학교	-동네방네협동조합 -햇살마을 -춘천시민언론협동조합 등	-도심 재생 -농촌에 마을기업, 사회적 기업 설립 -춘천 지역 신문 창간	학생, 졸업생, 교수가 사회적경제 조직 설립	일자리 창출, 지역혁신,	춘천 지역사회 혁신에 교수, 학생 들의 적극적인 참여

표 3-7. 여주대, 광주대, 한림대에서 만들어진 사회적경제 기업

여주대학교 본부건물에는 산학협력단과 대학 재단이 출자해 만든 사회적기업 통카페가 있다. 이곳의 바리스타는 태국, 우즈베키스탄, 일본, 중국, 베트남 출신 여성들로 한국인 남편을 따라 이주했다. 2009년 당시 여주군 다문화지원센터장을 맡고 있던 사회복지과 교수가 결혼이주여성들이 바리스타 교육을 받았어도 막상 취업할 곳이 마땅치 않은 현실을 개선하기 위해 대학 안에 카페를 만들면

서 통카페는 시작됐다. 2010년 마을기업으로 지정을 받아 교내 마로니에공원점이 처음 문을 열었고, 2012년에는 대학 본부건물에, 2013년 12월에는 사회적기업으로 인증을 받았다. 2016년에는 학교 밖 여주박물관에도 매장을 개소했다. 지난해까지 외부매장을 한 곳 더 운영했었지만 위탁 사업자 선정 경쟁에서 탈락해서 현재는 교내 2곳과 외부 1곳을 포함해 3곳의 매장을 운영하고 있다. 지난헤 매출은 3억 원이며, 9명의 바리스타와 1명의 관리직원인이 고용돼 있다. 3곳의 매장 중 매출 1위는 대학본부 건물에 있는 소통본부점이다. 한 층 전체가 서로 통할 수 있도록 조성된 이곳은 여주시민들에게는 소문난 명소 중 하나다. 각종 학내·외 행사가 수시로 열리면서 카페도 안정적인 매출을 거두고 있다.

설립된 지 8년째, 통카페가 소외계층 일자리를 해결하고 마을과 학교, 주민이 소통하는 공간으로 자리 잡았지만 사회적기업이 받던 정부지원이 올해 끝나는 만큼 생존을 위한 자구책 마련이 필요한 상황이다.

“교내 실습실을 이용해 베이커리를 생산해 판매하고, 지자체나 공공기관을 상대로 일상적인 간식배달도 시작할 예정이다. 학교에 있는 만큼 실습실을 이용해 베이커리를 생산하는 데 문제는 없을 것이다. 직원을 줄이는 일이 없도록 어떻게든 돌파구를 마련할 생각이다.”

2014년부터 ‘사회적기업가 육성사업’을 수행하고 있는 광주대학교에서는 사회복지학부에서 여러 명의 사회적기업가를 배출했다. 2017년 광주대 사회적기업사업단이 지원한 내·외부 예비 사회적기업 10개 팀 중 광주대 사회복지학부 학생 또는 졸업생 참여한 팀이 3개였다.

이 중 광주대 사회복지학부 출신의 창업자로 송상만(03학번) 씨가 있다. 송 씨는 2016년 광주대 사회적기업사업단이 개설한 'SEMI-MBA' 과정을 수강하며, 기존의 새송이버섯 농장을 상만영농조합법인으로 전환했다. 그해 12월 전남형 예비 사회적기업으로 인정을 받았다. 전남 함평군에 있는 영농조합법인은 비닐하우스 18동에서 새송이버섯을 재배·유통하고 있으며, 이웃들이 생산한 새송이버섯도 판매를 대행하고 있다. 이렇게 해서 지난해 20억 원의 매출을 올렸다. 종사자 15명 중 13명은 다문화여성과 고령자, 취약계층이다. 또, 버섯 종균을 자체 생산해 인근 농가들에게 저렴한 가격에 더 좋은 제품을 공급할 계획이다.

송 대표 외에 광주대 사회복지학부 4학년 재학생이 친환경 목제 장난감 체험놀이센터 '주식회사 토이즈피아'를 지난해 3월 전남 무안에 개설했다. 올해 졸업한 학생도 새터민들의 안정적인 남한 사회 정착을 목적으로 한 청소용역 업체 ㈜친환경케어를 지난해 5월 창업했고, 두 명의 동문이 청소년 색채 심리상담 업체인 ㈜마음톡을 광주 남구에 열었다.

"사회적기업을 통해 더 큰 공동체를 꿈꾼다. 고향을 떠난 선후배 친구들이 돌아올 수 있도록 일자리와 교육, 문화공간을 조성하고 싶다. 청년들이 돌아와야 농촌이 지역이 살아날 수 있다."

3장. 대학 기반 사회적경제의 효과

대학에 기반한 사회적경제 조직은 스스로 혁신 주체가 되어 자원의 재활용, 일자리 창출, 지역공동체 문제 해결, 민주적 시민의식 함양과 같은 긍정적인 역할을 수행하고 있다. 뿐만 아니라 혁신을 추구하는 조직들의 파트너로서도 그 의미가 있다. 20개 사례를 가장 우선할 수 있는 기능을 중심으로 분류했다.

구분	지역사회 혁신 파트너	자원의 재활용	일자리 창출	지역공동체 문제 해결	민주적 시민의식 함양
한기대 생협					•
강영협동조합	•				
안다미로협동조합			•		
사유담협동조합			•		
발그래협동조합				•	
알배기협동조합			•		
인어스협동조합			•		
키다리은행		•			
YUBNS협동조합		•			
마중물협동조합		•			
조이스쿨				•	
겨레문화사업단		•			
봉제섬유새활용협동조합	•				
ABL협동조합	•				
천지인초	•				
이랑협동조합				•	
두루바른협동조합				•	
통카페			•		
광주대사회복지학부			•		
한림대 동네방네 등				•	

표 4-1. 20개 대학 기반 사회적경제 조직이 가진 사회적 역할 분류

1. 혁신조직의 파트너

대학에 기반한 사회적경제 조직은 혁신 주체들의 파트너 역할도 수행하고 있다. 공공과 민간 영역에서 해결하지 못하는 혁신과제 해결을 돕는 조력자로서의 의미를 가진다.

강릉영동대가 설립한 강영협동조합은 학내 구성원들의 복지를 증진하고 일자리도 만들었지만, 지역의 사회적경제 기업들에게 새로운 시장이 되었다는 데서도 의의가 있다. 대부분 소규모로, 영세성을 벗지 못하는 강릉지역 사회적경제 조직들에게 강영협동조합은 안정적인 판매처가 되었다. 유기농 공정무역커피를 납품하는 사회적기업, 매점에서 판매하는 물품을 공급하는 강릉시 슈퍼마케협동조합, 김밥이나 샌드위치와 같은 간식류를 납품하는 예비사회적기업, 교육사업을 하는 협동조합, 강릉신협 등 강릉지역 사회적경제 조직들에게는 협동조합 간 협력이라는 협동조합 원칙에 충실한 강영협동조합이 든든한 파트너가 된 것이다.

한양여자대학교가 봉제분야 업체들과 지자체의 지원을 통해 설립한 봉제섬유새활용사회적협동조합에서는 2년 동안 118개의 일자리가 만들어졌다. 또한, 이곳을 통해 기존의 봉제업체들은 안정적인 생산라인을 확보하게 됐다. 특히, 지자체는 이 협동조합을 중심으로 '성수 소셜 패션 클러스터'를 구축해 섬유·봉제 산업의 부흥을 도모하고 있다. 일자리 창출과 지역 경제 활성화에 기여하는 지역사회 혁신의 주체이자 파트너로서의 역할을 수행한다.

호서대 기술경영전문대학원이 설립한 ABL 협동조합은 국내 사업자협동조합 모델에 새로운 전형이다. 호서대 MOT 협동조합과 같이 특정한 목적을 가지고 대학에 모여 있는 중소·벤처, 소규모 사업자들이 사업자협동조합을 만들어 시장 대응력을 높일 수 있음을 보여준다. 우리나라는 2015년 기준 전체 사업체수 1,889,567개 중 99인 미만을 고용한 사업체 수가 99%에 이르고 있으며, 고용도 72%를 수용하고 있을 만큼 소규모 사업체의 비중이 크다. 42) 중소기업들이 협동조합을 통해 더 큰 조직으로 경쟁력을 확보할 수 있음을 호서대 MOT 협동조합이 보여주고 있다.

상지대 창업보육센터에 입주해 있는 50여개 초기기업 중 사회적경제 조직은 5개가 있다. 타 대학에서는 볼 수 없는 이례적인 경우다. 상지대 창업보육센터가 사회적경제 조직에 이와 같이 호의적인 것은 국내 협동조합의 메카로 불릴 만큼 협동조합이 활성화돼 있는 원주시에 대학이 위치해 있다는 지리적 특징과 함께 상지대가 사회적기업가육성사업이 시작된 첫해부터 사업에 참여했기에 가능한 것이었다. 상지대 창업보육센터에 입주해 있는 천지인초는 상지대 교수로부터 에탄올을 이용해 수율을 높이는 특허기술을 이전받아서 가격 경쟁력을 확보할 수 있었고, 사업을 통해 거둔 수익을 지역사회 소외된 이웃들과 나누고 있다. 대학이 사회적경제 기업을 직접 설립하지 않더라도 대학에 있는 사회적경제조직과의 연계를 통해 사회적가치를 실현한 사례다.

온새미로협동조합은 산업기술대 창업보육센터에 입주해 있는 동문 출신 9개 기업이 주축이다. IT 기반의 사업을 벌이는 조합원들은 각각 자기사업을 벌이면서 부족한 기술 역량은 조합에 속한 다른 동문기업들로부터 도움을 얻는다. 특히 창업을 꿈꾸는 후배들에게도 실제 창업

멘토로서의 역할을 하고 있으며, 조합이 수주한 시흥시 경력단절 여성 재교육과 웹시스템 구축사업, 향후 추진을 계획 중인 사업들은 각 조합원들이 역할 분담을 통해 실질적 혜택을 누릴 것이다. 사회적경제를 통한 지역경제 활성화를 추진하고 있는 시흥시를 포함한 타 지자체들에도 새로운 가능성으로 주목받고 있다. 이와 같이 대학에 기반해 탄생한 사회적경제 조직들은 타 조직들과의 연계를 통해 혁신에 일조하고 있다.

2. 자원의 재활용-새로운 기회제공 (지역자원, 취약계층)

자원의 재활용을 통해 새로운 기회를 창출한다.

겨레문화사업단은 문화재를 재활용해 새로운 가치를 창출하는 사회적기업이다. 지역문화재의 가치와 활용도를 높임으로써 학생들과 시민들에게 지역 문화에 대한 자긍심을 고취시켰다. 매년 수만 명의 대구·경북지역 학생들이 이곳에서 전통문화를 체험할 기회를 얻고 있으며, 지역 곳곳에 있는 전통문화 유적도 이곳의 관리 하에 시민들에게 문호를 개방했다. 인동 장씨 문중 소유의 구미 옥계서원을 비롯해 구미시, 칠곡군, 성주군과 함께하는 '얼쑤 문화재와 함께 놀아보세' 프로그램, 칠곡군에 있는 600년 전통의 매원전통마을에서 세시풍속 체험, 구미시 일선리 문화재단지 마을의 용와종택에서 종가집 슬로우푸드 체험, 구미시 동락서원에서 선비체험 행사, 성주군 성주향교에서 인성사람 캠프와 함께 현장방문 교육이 열리는 구미시 일선리 문화재단지마을, 사육신 박팽년의 후손들이 거주하는 달성군의 묘골마을, 광주이씨 집성촌인 칠곡의 매원마을, 배산임수의 전형을 보여주는 성주의 한개마을 등도 교육장으로 재탄생했다.

키다리은행은 30명의 발기인이 평균 8만원씩 출자해 240만원으로 출범한 후 가입을 희망하는 학생들에게 문호를 개방했다. 그동안 급전이 필요한 90여 명의 학생이 2천4백만 원을 대출 받았다. 학생들이 급전이 필요했던 이유는 생활비 부족, 핸드폰 분실, 안경 파손 등이 대부분으로, 이곳이 없었다면 사채나 고금리 사금융을 찾아야 했을 것이다. 학생들이 소액을 출자해 자조(自助) 조직을 설립하고 경제적으로 곤란을 겪는 학생들에게 새로운 기회를 제공하고 있다는 면에서 소액을 재활용해 더 큰 가치를 창출한 사례이다.

YU BNS(비즈니스 네트워크 서비스) 협동조합은 대학 교수와 지역 기업체, 학생 창업기업들이 조합원으로 참여해 사업 역량이 부족한 학생 기업들에게 새로운 기회를 제공하고 있다. 대학 브랜드를 이용한 협동조합을 통해서 학생기업들에게 부족한 대외 신인도와 협상력, 인적 네트워크를 제공하고 있다. 개별적으로 존재 했던 학생창업기업들과 대학 교수, 산업체가 조합원으로 참여해 새로운 기회를 창출한 이 협동조합은, 협동조합이 필요와 상상력의 산물임을 보여주는 사례라 하겠다. 각 대학별로 학생창업기업 설립이 활성화되는 상황에서 이와 같은 협동조합은 대학가에서 더 활성화될 것으로 보인다.

마중물협동조합도 취업과 창업을 준비하고 실행하는 학생들에게 새로운 기회가 되고 있다. 동명대 링크플러스사업단이 협동조합 설립 계획을 세우지 않았다면 창업동아리 학생들과 지역 중소기업 제품의 전시, 판매가 이뤄지는 더위카페 매장은 존재하지 않았을 것이다. 또한, 이곳을 통해 창업기업들이 출시 전에 소비자들의 반응을 검증해 볼 수 있는 장소도, 관련학과 학생들이 아르바이트를 하면서 취업에 필요한 현장 경험을 쌓을 수도 없었을 것이다.

3. 일자리 창출-취업경쟁력 강화

국내 대학에서 학생들의 취업경쟁력 향상을 위한 산학협력 교육이 확산되고 있다. 대표적인 산학협력 교육 프로그램은 현장실습과 캡스톤디자인이다. 현장실습은 대학과 기업(기관)이 합의한 기간 동안 현장에서 학생의 실습교육을 실시하고 학점을 부여하는 교육과정을 의미한다. 캡스톤디자인(capstone design)은 보통 3~4학년들이 산업체가 필요로 하는 과제를 기획하고 결과를 산출하는 과정으로 진행된다. 종합적인 문제해결을 통해 창의성과 실무능력 등을 배양할 수 있는 교과목이다. 이와 같은 두 교육프로그램이 전국으로 확산되는 추세이다. 2015년 현장실습을 운영한 대학은 301개로 2011년보다 10.3% 증가했으며, 참여 학생 수는 약 16만 명으로 2011년 대비 94.7% 늘어났다. 또한, 캡스톤디자인을 운영하는 대학도 202개로 2011년보다 66.9%, 이수한 학생 수는 약 18만 명으로 2011년 대비 173.9%가 증가한 것으로 나타났다.

이렇듯 현장실습 교육이 전국 대학으로 확산되고 있지만, 이승우 교수가 상명대 외식영양학과 교수로 임용된 2012년 당시만 해도 상명대

외식영양학과에는 학생들이 재학 중 산업체를 경험해 볼 수 있는 교육이 없었다. 미국 대학 강단과 외식전문 업체를 경험하면서 학생들의 취업에 현장체험과 캡스톤디자인 교육이 중요하다고 생각하고 있던 이 교수는 해결 방안을 고심했고 학생들과 협동조합을 설립해 해결하기로 뜻을 모았다. 안다미로협동조합은 이렇게 학생들의 취업 경쟁력 강화를 위해 시작됐다. 현재 안다미로협동조합이 운영하고 있는 커피숍에서 재학생들은 시급을 받으며 2학점을 인정받는 현장실습에 참여한다. 학생들은 그동안 갖지 못했던 현장경험을 재학 중 쌓게 됐으며, 4개 매장의 팀장급인 정식 직원들은 방학이면 유급 휴가가 보장되는 등 외부업체 보다 더 좋은 근로조건 속에서 일하고 있다. 안다미로 협동조합을 통해 상명대는 외식영양학과 학생들의 취업경쟁력 향상, 일자리 창출, 협동의식 고취, 장학금 제공 등의 효과를 거두고 있다.

사유담 협동조합은 사학과 학생들 중 문화관광 분야를 전공한 학생들의 취업경쟁력 향상을 위해 설립됐다. 다른 대학에 개설된 관광 관련 학과들이 기업체들과의 협력으로 현장에 적합한 교육과정을 운영해 학생들의 취업역량을 제고하고 있지만, 한남대 사학과는 재학 중 현장 경험을 가질 수 있는 기회가 거의 없었다. 이를 해결하기 위해 협동조합으로, 학과 특성에 맞는 역사문화 탐방 상품을 개발해 재학생에게는 좋은 아르바이트이자 현장 경험을, 졸업생에게는 일자리를 제공하고 있다.

광주대 사회복지학부가 배출한 사회적기업가들이 일자리를 창출하고 있다. 상만영농조합법인은 새송이버섯 농사로 15명의 취약계층을 고용하였고, 버섯 종균 생산으로 10명의 고용을 더 늘릴 계획으로 있다. 또, 친환경 목재 장난감 놀이센터, 새터민을 고용하는 청소용역업체, 청소년 색채 심리상담 업체 등을 창업해서 스스로의 일자리를 만들고 취약계층 고용이나 사회서비스 확충에 나섰다.

사회적기업 통카페는 결혼이주 여성들에게 안정적인 일자리를 제공한다. 카페 3곳을 운영하면서 9명의 결혼이주여성과 1명의 관리직원 일자리를 창출했다.

알배기협동조합은 7개의 일자리를 만들었다. 일자리제공형 예비사회적기업으로 선정돼 인건비 지원을 받는 3명과 카페 업무에 종사하는 청각장애인 1인, 디자인 인력 2인, 대표로 구성돼 있다.

인어스협동조합은 2016년 설립돼 7명의 일라지를 만들었다. 창업 3년차인 올해 이들의 목표는 7명 중 5명을 정규직원으로 채용하는 것이다.

4. 지역공동체 문제 해결

조이스쿨은 대학주도형 사회적기업 중 경남지역에서는 유일한 곳으로, 초등학교와 지역아동센터에서 방과후수업을 운영한다. 방과후학교 교육시장의 공공성을 강화하기 위해 2017년 말 주식회사에서 사회적협동조합으로 법인격을 전환했다. 그동안 교육봉사단을 운영하며 저소득층 아이들에게 제공해온 무료수업을 확대할 계획이다.

이랑협동조합은 완주군에 부족했던 장애 아동들의 치료와 교육을 위한 시설인 이랑아동발달통합지원센터를 설립하고서 치료가 필요한 아동들에게 편의를 제공한다. 특히 치료·교육과 함께 장애 아동들의 자립에 필요한 직업교육과 학부모 교육도 제공해, 경제적 어려움 등으로 해체되는 장애 아동 가정을 지키기 위해 노력하고 있다.

한림대와 관련한 두루바른협동조합은 언어임상심리센터를 원주시에 설립한데 이어 춘천시에 두 번째 임상센터를, 강원도 영서북부지역에 세 번째 센터를 설립할 예정이다. 또, 동네방네협동조합은 춘천시 근화동을 여행 명소로 만들고, 지역 소상공인 상권 활성화에 기여했다. 이기원 교수는 인제군 남전리에서 마을기업과 사회적기업을 설립해 지역공동체 복원을 도왔고, 정연구 교수는 시민참여형 언론 매체를 발간해 지역 공동체 활성화를 추진한다.

발그래 사회적협동조합은 대전 충남지역의 발달 장애인 부모들이 육아부담과 일자리를 나누며 서로를 위로 하는 공동체를 지향한다.

5. 민주적 시민의식 함양

대학생활협동조합은 구성원들의 경제적 이익뿐 아니라 학생들의 민주적 시민의식 함양에도 일조한다.

대학 구성원인 교직원과 학생들의 필요와 자발적인 참여에 의해 실현되는 대학 생협은 협동조합 운영 원칙에 따라 1인 1표의 의결권을 가지며, 학생조합원들도 생협의 사업이나 정책 결정에 참여해서 함께 토론하고 논의한다. 성공한 협동조합의 시초로 불리는 로치데일협동조합이 여성참정권이 보장되기 훨씬 이전에 여성 조합원에게도 1인1표를 보장하고 민주적으로 운영됐듯이, 대학 생협도 민주적인 운영으로 학생들이 민주적 시민의식을 함양하는 데 기여하고 있다.

4장. 대학 기반한 사회적경제 활성화 필요조건

대학에 기반한 사회적경제 조직은 혁신의 파트너, 자원의 재활용, 일자리 창출, 지역공동체 문제 해결, 민주적 시민의식 함양과 같은 순기능을 발휘한다.

이러한 기능을 가진 사회적경제 조직을 대학이 설립하는 데 있어 고려할 요인들을 앞서 본 20개 사례를 통해 살펴보면 학과 특성에 적합한 창업아이디어로, 설립을 추진할 초기 핵심인력이 필요하며, 사회적경제로의 창업동아리 활동과 사회적기업가 배출을 위한 창업 강좌의 활성화가 필요하다. 또, 대학 경영진의 사회적경제에 대한 이해와 함께 대학이 산업체와 벌이는 협력 활동이 강화돼야 대학에서의 사회적경제가 더욱 활성화 될 것이다.

1. 학과 특성에 적합한 창업아이디어

대학 내 사회적경제 창업은 공동체 단위인 학과별 특성에 적합한 아이템을 가지고 학생들의 취업경쟁력 향상과 일자리 창출을 목적으로 설립되고 있다.

상명대 외식영양학과가 설립한 안다미로협동조합, 한남대 사학과가 설립한 사유담협동조합과 같이 재학생들이 이 조직을 통해 취업에 필요한 현장경험을 쌓고, 졸업생들은 이곳에서 일자리를 구하기 위해 설립됐다.

또한, 졸업생이나 교수들도 학과 단위에서 사회적경제 조직을 설립하고 있다. 건양대 초등특수교육학과에서 시작된 발그래 협동조합, 대구대 신문방송학과 창업동아리로 시작한 알배기협동조합, 경북과학대 문화재관리과가 주축인 겨레문화사업단, 경남대 교육학과가 주도해 설립한 조이스쿨, 우석대 유아특수교육학과 졸업생들이 만든 이랑협동조합, 한림대 언어청각학부 동문들이 의기투합한 두루바른협동조합, 한림대 사회복지학부가 주축이 된 동네방네협동조합 등 생활과 학문을 공유하는 학과별로 사회적경제 조직이 출현하고 있다.

2. 헌신적인 사회적기업가 등장

대학에서의 사회적경제 창업도 사회적기업가, 혁신가를 필요로 한다.

강릉영동대의 강영협동조합 설립에는 당시 기획조정실장이 있었다. 상명대 안다미로협동조합과 한남대 사유담협동조합도 학생들의 취업 역량을 강화할 방안을 고민하고 이를 협동조합 설립으로 실천한 이승우 교수와 이주현 교수가 있었기에 가능했다. 건양대 발그래협동조합은 하주현 교수가 설립을 추진했으며, 영남대 YU BNS 협동조합과 동명대 마중물 협동조합은 링크플러스 사업 단장이 주도했다. 여주대 통카페도 당시 여주군 다문화센터장을 맡고 있던 사회복지과 교수가 있었다.

이와 같은 교수들의 사회적경제 설립이, 이들에게 경제적 이익을 가져다 주지는 않았다. 열거한 대학 중 모 대학에서는 학내 구성원들의 반발과 갈등에 소재가 되기도 했고, '돈도 안 생기고 고생만 하는 이런 일을 왜 벌이느냐'는 핀잔을 듣기도 했다. 하지만 이들은 학생과 발달장애인, 학생창업자들, 결혼이주여성을 위해 사회적경제 조직을 설립하고서 사회적 가치를 창출했다.

또, 청년 사회적기업가들이 설립한 기업을 보면, 알배기협동조합은 창업동아리 멤버들이 졸업 후 취업 등으로 조직을 떠나고 이사장 한 명이 협동조합을 만들어 지금에 이르렀다. 인어스 협동조합은 체육학과 출신의 이사장이 창업동아리를 3년째 운영한 경험을 살려 협동조합을 설립했다. 키다리은행은 처음 대자보를 붙일 것에 뜻을 모은 3~4명의 청년들이 있었기에 국내 대학가에 새로운 협동조합 모델로 나타날 수 있었다. 이랑협동조합은 우석대 유아특수교육과 동기 2명과 친구인 중등특수교사 1명이 스스로 일자리를 만들고 장애 아동들의 치료와 교육에 새로운 모델을 만들어보고자 나선 도전이 있었기에 완주군의 장애아동들에 대한 사회서비스가 한층 강화될 수 있었다.

두루바른협동조합은 한림대 언어청각학부가 설립될 2001년 당시 입학한 협동조합 이사장이 후배와 친구들을 조직화해 설립됐고, 상만영농조합법인은 사회복지학부를 졸업하고 지자체 산하기관에서 복지업무를 하다가 사회적약자의 일자리를 실제로 만들어내는 것이 더욱 중요하다고 판단한 조합 이사장이 있었기에 가능한 일이었다. 동네방네협동조합은 한림대 사회복지학부 출신 이사장과 4명의 친구들이 '좋아하는 일을 하면서 사회적 문제도 해결해 보기'로 의기투합 하면서 시작됐다.

3. 창업동아리 & 창업 강좌 활성화

대학가에서 확대되는 창업 동아리와 창업 교육이 사회적경제 창업으로 이어졌다.

발그래 협동조합은 건양대 초등특수교육학과 재학생 창업동이리가 발달장애이동을 위한 여행상품을 준비하면서 생겨났고, 알배기협동조합은 대구대 신문방송학과 창업동아리, 인어스협동조합은 인천대 창업동아리, 키다리은행은 한양대가 개설한 협동조합의 이해라는 교과목을 통해 설립됐다. YUBNS협동조합과 마중물협동조합도 창업동아리를 거쳐 설립된 학생창업기업을 지원하기 위한 목적으로 만들어졌으며, 상만영농조합법인은 광주대 사회적기업사업단이 개설한 SEMI-MBA 과정을 수강하면서 사회적기업으로 재탄생했다.

4. 대학 경영진의 사회적 경제에 대한 이해

대학에 사회적경제 조직이 출현하는 데는 대학 경영진의 이해와 수용도 중요한 요인에 하나이다. 대학생활협동조합이 기본적으로 대학 경영진이 수용하지 않으면 추진할 수 없는 일로, 학생 구성원들의 이해를 구해야 하고 기존에 있던 임대 사업자들과의 계약이 수정 혹은 종료돼야 가능한 일이기 때문이다. 대학에 있는 자원과 공간을 점유하는 사회적경제 조직이라면, 대학 경영진의 협조는 필수적이다.

강릉영동대학에 만들어진 강영협동조합도 대학 본부의 승인 없이 진행할 수 없는 일이었으며, 상명대 안다미로협동조합이 운영하는 커피숍도 외부 업체에 임대하려는 대학 본부를 설득해 사업권을 보장받은 것이다. 조이스쿨과 겨레문화사업단도 대학본부의 결제 하에 지원사업에 선정돼 추진하게 됐으며, 한양여대의 봉제섬유 새활용 사회적협동조합이 서울시와 성동구청과 협력해 소셜패션 클러스터에 중심이 될 수 있는 것도 대학 경영진의 협조 없이는 가능하지 않은 일이다. 여주대 통카페는 재단과 산학협력단이 공동 투자해 설립한 사회적기업이 운영한다. 대학 경영진이 사회적기업을 이해하지 못했다면 불가능한 일이겠다.

5. 산학협력 활동 활성화

대학이 산업체와 벌이는 협력 활동도 사회적경제 활성화에 중요한 요인이다. 안다미로협동조합과 사유담협동조합이 학생들에게 현장 경험을 쌓을 수 있는 실습처가 되기 위해 직접 협동조합을 설립한 경우이고, 겨레문화사업단은 대학과 지자체, 산업체의 협력이 금전적인 투자로 이어져 사회적기업으로 탄생했다. 봉제섬유 새활용 사회적협동조합은 대학 구성원과 봉제, 패션 관련 산업체들이 조합원으로 참여했으며, 호서대 기술경영전문대학원이 만든 ABL협동조합은 산업체 인사들을 교육하는 전문대학원의 교수와 학생들이 협력해 비즈니스 조직을 만든 경우다. 천지인초도 상지대가 창업기업 육성을 위해 운영하는 창업보육센터에서 시작해 대학으로부터 각종 지원을 받고 있다. 온새미로 협동조합은 산학협력 사업을 벌이고 있는 각 대학들이 주요 임무 중 하나인 창업 활성화 특히 사회적경제 강화를 추진하는 데 있어 창업보육센터가 효과적인 수단이 될 수 있음을 증명하는 사례이다.

참고 문헌

1. 지난 10년간 산학협력정책 추진 성과와 향후 발전방향
(한국연구재단 이슈리포트 2013. 3호)

2, 제3기 대학TLO 지원체계 혁신방안 연구(한국연구재단 이슈리포트 2016. 3호)

3. 산학협력 정책방향 (교육과학기술부 산학협력관 최은옥 2011. 8 발표자료)

4. 2016 대학 산학협력활동 조사보고서(교육부 한국연구재단 2017. 12)

5. 2017 대학 산학협력활동 조사보고서(교육부 한국연구재단)

6. 통합과 연계로 청년일자리사업 효율화하자
(한국의 청년고용2 中 주무현 한국고용정보원 일자리모니터링팀장)

7. '창조경제시대 글로벌 전문기업 육성을 위한 산학협력 혁신방안'
(박희재 산업통상자원부 R&D 전략기획단장 '산학협력 혁신방안 정책 토론회' 2013. 9 발표자료)

8. 사회적경제 대학이 꽃피우다(김동홍 강형구외 삼일사. 2018)

9. 지자체-대학 협력기반 지역혁신 사업 주요사항 발표(교육부 보도자료 2020. 1)

10. 대학지원단 설치 운영계획(안)(부산광역시 교육협력과)

11. 일자리정책 재정사업 분석(국회예산정책처 2018.8)

12. 지역 및 기업과 상생하는 산학협력 포럼(국회 토론회 자료집 2015.11)

13. 머니투데이 대학경제 사이트(2011~2015.12 키워드 '김동홍'검색 뉴스 중)

14. 브릿지경제 사이트(2016~2020.4 키워드 '김동홍'검색 뉴스 중)

15. 각 대학 보도자료

16. 과학기술인력정책의 효과성 제고방안:이공계 석-박사 노동시장 분석을 중심으로
(과학기술정책연구원 정책연구 2012-6. 홍성민 외)

17. 대학 창의적 자산 기반 창업길잡이 (교육부 한국연구재단 2016.)

지은이 **김 동 홍**

80년대 마지막 학번이다. 대학 시절 단무지라는 별명을 가지고 있었고,
학교앞 시위로 6개월 정도 구속됐었다.
지금도 1심에서 실형을 선고한 판사 이름을 잊지 못하고 있다. 1학년짜리에게..

졸업 후 내일신문 의정부 사업부에서 일을 했다.
IMF가 터지고 난 후 달러를 벌어보겠다고 다니던 회사를 그만두고
몇 차례 러시아를 오갔다. 별 소득없이 주변사람들 고생만 시켰다.
지금도 미안하다.

30살에 IT업체를 창업해 35살에 망했다.
창업가의 고충을 안다고 얘기할 수 있다.

중소기업인신문에 다니면서 중소기업 정책과 문제점 특히 소상공인 현실에 눈을 떴다.
MB정부의 관련 정책들에 화가 나서 소상공인 대변지로 소상공인신문 창간을 추진했다.
2011년 소상공인신문 창간호를 발간하고 좋아하는 선배에게 넘긴 후
머니투데이에 입사해서 대학경제 부장을 지냈다.
대학가 창업, 산학협력, 청년문제에 집중했다.
2015년 전국 대학생 사회적경제 한마당 행사 개최 등 사회적경제를
산학협력 테이블 위에 올리기 위해 노력했다.

2016년 브릿지경제신문사로 옮긴 후에도
산학협력을 중심으로 한 대학 혁신을 주목하며 현장을 뛰고 있다.

산학협력에 답있다

초판 발행 2020년 6월 15일
지은이 김동홍
감 수 김창완
펴낸이 정유진
디자인 구웅희
펴낸곳 노북(no book)
주 소 경기도 수원시 영통구 광교중앙로 145 A432
전 화 031-8025-9200 팩 스 050-4211-8560
https://blog.naver.com/nobookorea
이메일 nobookorea@gmail.com
출판등록 2018년 7월 27일 제2018-000072호
인 쇄 새한문화사

ISBN 979-11-90462-08-2 (03320)